Ernst Brückner / Das faktische Dienstverhältnis

Schriften zum Öffentlichen Recht

Band 68

Das faktische Dienstverhältnis

Von

Dr. Ernst Brückner

DUNCKER & HUMBLOT / BERLIN

Gedruckt 1968 bei Alb. Sayffaerth, Berlin 61
Printed in Germany

Inhaltsverzeichnis

Abkürzungsverzeichnis

AnVG	=	Angestelltenrentenversicherungsgesetz i. d. F. vom 23. 2. 1957 (BGBl I S. 88)
AöR	=	Archiv für öffentliches Recht
ARS	=	Arbeitsrechtssammlung
AS	=	Amtliche Sammlung
BAG	=	Bundesarbeitsgericht
Bay VBl	=	Bayerische Verwaltungsblätter
BB	=	Betriebsberater
BBG	=	Bundesbeamtengesetz i. d. F. vom 1. 10. 1961 (BGBl I S. 1801)
BDH	=	Bundesdisziplinarhof
BDO	=	Bundesdisziplinarordnung i. d. F. vom 21. 8. 1961 (BGBl I S. 1361)
BGB	=	Bürgerliches Gesetzbuch
BGBl	=	Bundesgesetzblatt
BGH	=	Bundesgerichtshof
BGHSt	=	Entscheidungen des Bundesgerichtshofs in Strafsachen
BGHZ	=	Entscheidungen des Bundesgerichtshofs in Zivilsachen
BMVtg	=	Bundesminister für Verteidigung
BRRG	=	Beamtenrechtsrahmengesetz i. d. F. vom 22. 10. 1965 (BGBl I S. 1753)
BSG	=	Bundessozialgericht
BVerfG	=	Bundesverfassungsgericht
BVerwG	=	Bundesverwaltungsgericht
BW	=	Baden-Württemberg
CE	=	Conseil d'Etat
DBG	=	Deutsches Beamtengesetz vom 26. 1. 1937 (RGBl I S. 39)
DöD	=	Der öffentliche Dienst
DöV	=	Die öffentliche Verwaltung
DO NW	=	Disziplinarordnung des Landes Nordrhein-Westfalen i. d. F. vom 1. 6. 1962 (GVBl S. 305)
DRiG	=	Deutsches Richtergesetz vom 8. 9. 1961 (BGBl I S. 1665)
DVBl	=	Deutsches Verwaltungsblatt
EheG	=	Ehegesetz vom 20. 2. 1946 (Amtsblatt des Kontrollrats in Deutschland 77)
ErstG	=	Erstattungsgesetz vom 18. 4. 1937 (RGBl I S. 461)
GG	=	Grundgesetz für die Bundesrepublik Deutschland vom 23. 5. 1949 (BGBl S. 1)
GVBl	=	Gesetz- und Verordnungsblatt
HGB	=	Handelsgesetzbuch
HRR	=	Höchstrichterliche Rechtsprechung
JW	=	Juristische Wochenschrift
JZ	=	Juristenzeitung
LAG	=	Landesarbeitsgericht
LBG BW	=	Landesbeamtengesetz für Baden-Württemberg vom 1. 8. 1962 (GVBl S. 89)
LBG NW	=	Landesbeamtengesetz für Nordrhein-Westfalen i. d. F. vom 1. 6. 1962 (GVBl S. 271)
LM	=	Lindenmaier-Möhring, Nachschlagewerk des Bundesgerichtshofs
LVO NW	=	Laufbahnverordnung für Nordrhein-Westfalen i. d. F. vom 30. 6. 1964 (GVBl S. 219)

MDR	=	Monatsschrift für Deutsches Recht
MinBliV	=	Ministerialblatt für die preußische innere Verwaltung
NJW	=	Neue Juristische Wochenschrift
OLG	=	Oberlandesgericht
OVG	=	Oberverwaltungsgericht
p.	=	page
PGAG	=	Gesetz über den Personalgutachterausschuß der Streitkräfte vom 23. Juli 1955 (BGBl I S. 451)
PrOVG	=	Preußisches Oberverwaltungsgericht
RAG	=	Reichsarbeitsgericht
Rec	=	Recueil
RG	=	Reichsgericht
RGBl	=	Reichsgesetzblatt
RGSt	=	Entscheidungen des Reichsgerichts in Strafsachen
RGZ	=	Entscheidungen des Reichsgerichts in Zivilsachen
RHO	=	Reichshaushaltsordnung i. d. F. vom 14. 4. 1930 (RGBl II S. 693)
RhPf	=	Rheinland-Pfalz
RiA	=	Das Recht im Amt
SG	=	Soldatengesetz vom 19. 3. 1956 (BGBl I S. 114)
StGB	=	Strafgesetzbuch
StPO	=	Strafprozeßordnung
SVG	=	Soldatenversorgungsgesetz i. d. F. vom 8. 8. 1964 (BGBl I S. 650)
U. S.	=	United States Supreme Court (Band und Seite der amtlichen Entscheidungssammlung)
v	=	versus = gegen
VerfBay	=	Verfassung des Freistaates Bayern vom 2. 12. 1946 (GVBl S. 333)
VerfHess	=	Verfassung des Landes Hessen i. d. F. vom 22. 7. 1950 (GVBl S. 131)
Verf.NW	=	Verfassung für das Land Nordrhein-Westfalen i. d. F. vom 27. 7. 1965 (GVBl S. 220)
Verf.RhPf.	=	Verfassung für Rheinland-Pfalz i. d. F. vom 3. 2. 1964 (GVBl S. 19)
VerwRspr	=	Verwaltungsrechtsprechung in Deutschland
VG	=	Verwaltungsgericht
VGH	=	Verwaltungsgerichtshof
VMBl	=	Ministerialblatt des Bundesministers für Verteidigung
VWGO	=	Verwaltungsgerichtsordnung vom 21. 1. 1960 (BGBl I S. 17)
VwVG	=	Verwaltungsvollstreckungsgesetz des Bundes i. d. F. vom 21. 4. 1961 (BGBl I S. 425)
VwVG NW	=	Verwaltungsvollstreckungsgesetz für das Land Nordrhein-Westfalen vom 23. 6. 1957 (GVBl S. 216)
WBO	=	Wehrbeschwerdeordnung vom 23. 12. 1956 (BGBl I S. 1066)
WDO	=	Wehrdisziplinarordnung i. d. F. vom 9. 6. 1961 (BGBl I S. 697)
WP	=	Wahlperiode
WPflG a. F.	=	Wehrpflichtgesetz i. d. F. vom 25. 5. 1962 (BGBl I S. 349)
WPflG	=	Wehrpflichtgesetz i. d. F. vom 14. 5. 1965 (BGBl I S. 390)
WStG	=	Wehrstrafgesetz vom 30. 3. 1957 (BGBl I S. 298)
ZBR	=	Zeitschrift für Beamtenrecht
ZgesStW	=	Zeitschrift für die gesamte Staatswissenschaft
ZPO	=	Zivilprozeßordnung

Der Berliner Prozessualist James Goldschmidt hielt im Sommersemester 1927 eine Vorlesung über Strafprozeßrecht. Bei der Behandlung der Vollstreckung rechtskräftiger Todesurteile erklärte er die Besonderheiten der Intramuranhinrichtung, bei deren Vollzug zwölf unbescholtene Bürger als Solemnitätszeugen anwesend sein mußten. Goldschmidt fuhr fort: „Sind es nur elf, dann ist die ganze Hinrichtung nichtig!"

Aufgabenstellung

Beamter und Soldat stehen zu ihrem Dienstherrn in einer personenrechtlichen Dauerbeziehung. Sie wird begründet durch den Verwaltungsakt der Einstellung[1], beim Wehrpflichtigen durch Musterung und Einberufung. Ihr Inhalt ist gesetzlich fest umrissen. Rechtliche Konstruktion und tatsächlicher Ablauf des Dienstverhältnisses entsprechen sich fast immer. In manchen Fällen weichen beide jedoch voneinander ab. Irrtümlicherweise werden von Scheindienstherrn und Gewaltunterworfenem auf das Verhältnis zueinander dienstrechtliche Vorschriften angewandt, die — bei nachträglicher Betrachtungsweise — unanwendbar gewesen sind. Oft dauert es Jahre, ja sogar Jahrzehnte, bis der Fehler erkannt wird.

Eine Person, die mit Wissen und Wollen einer juristischen Person des öffentlichen Rechts in deren Organisation eingegliedert worden ist und dort wie ein Beamter oder Soldat Dienste geleistet hat, ohne auf Grund eines gültigen Einstellungsaktes dazu verpflichtet gewesen zu sein, soll als de facto Beamter (de facto Soldat) bezeichnet werden[2].

Gegenstand der folgenden Untersuchung ist die Frage, ob bei der so entstehenden Abweichung des tatsächlichen vom gewollten Geschehensablauf eine gerechte Lösung durch Anwendung allgemeiner Rechtsgedanken erreichbar ist.

---

[1] Einstellung ist eine Ernennung unter Begründung eines Beamten-(Soldaten-)verhältnisses; § 3 Abs. 1 Laufbahnverordnung für Nordrhein-Westfalen i. d. F. vom 30. 6. 1964 (GVBl S. 219).

[2] Die Bedenken, die Schröder DVBl 1957, 644 gegen die Bezeichnung „faktisches Beamtenverhältnis" geltend macht, überzeugen nicht, zumal inzwischen im Soldatenrecht der Begriff des „de facto Soldaten" und des faktischen Wehrdienstverhältnisses allgemein anerkannt ist, *Scherer* § 1 IV und der dort zitierte Erlaß des BMVtg vom 31. 3. 1959 P I 1 — Az 20-05-00; *Scherer-Krekeler* § 21 I 7; *Hahnenfeld* § 4 Anm. 11; BDH RiA 1966, 38 f.

§ 1. Entstehungstatbestände faktischer Dienstverhältnisse

Eine Dauerbeziehung, von deren Beamten-(Soldaten-)rechtscharakter alle Beteiligten fälschlich ausgegangen sind, kann auf verschiedenen Tatbeständen beruhen.

A. Anfängliche Unwirksamkeit

Der Akt der Einstellung oder Einberufung (beim Wehrpflichtigen) war von Anfang an unwirksam und damit untauglich, das angestrebte Dienstverhältnis zu begründen.

I. Einstellung

1. Zuständigkeitsmängel

Die von einer sachlich unzuständigen Behörde ausgesprochene Einstellung ist nichtig, §§ 8 Abs. 1 BRRG, 11 Abs. 1 BBG, 11 Abs. 1 LBG NW[1]. Die sachlich zuständige Behörde kann durch Bestätigung der Einstellung den Fehler rückwirkend heilen, §§ 8 Abs. 1 BRRG, 11 Abs. 1 BBG, 11 Abs. 3 LBG NW.

Im Soldatenrecht fehlt eine ausdrückliche Vorschrift, nach der die sachliche Unzuständigkeit der Einstellungsbehörde Nichtigkeit des Einstellungsaktes nach sich zieht. Diese Rechtsfolge ergibt sich jedoch aus einer Analogie zu den einschlägigen beamtenrechtlichen Bestimmungen. Zwar wird im allgemeinen Verwaltungsrecht aus Gründen des Vertrauensschutzes grundsätzlich nur die *offensichtliche* Kompetenzabweichung als nichtigkeitsbegründend angesehen[2]. Da jedoch insoweit die Interessenlagen bei Einstellung eines Soldaten und eines Beamten kongruent sind, ist angesichts der ausdrücklichen beamtenrechtlichen For-

---

[1] Die Zitierung der Vorschriften des Landesbeamtengesetzes für Nordrhein-Westfalen ist nur beispielhaft gemeint. Auf wesentliche Abweichungen zu den entsprechenden Bestimmungen anderer Länder wird ausdrücklich hingewiesen.

[2] *Forsthoff* § 12 S. 214; *Wolff* I § 51 III b.

mulierung für die Anwendung des allgemeinen Prinzips auch im Soldatenrecht kein Raum[3].

Diese Fehlerhaftigkeit der Ernennung zum Soldaten kann jedoch die zuständige Behörde durch ex tunc wirkende Genehmigung heilen[4]. Wenn auch dafür eine ausdrückliche Bestimmung fehlt, so widerspricht doch die Bestätigung eines zunächst unwirksamen Verwaltungsaktes nicht den Eigenarten öffentlicher Dienstverhältnisse, wie die angeführten beamtenrechtlichen Vorschriften zeigen. Dieser allgemeine Rechtsgedanke findet lediglich für Richter in Hinsicht auf ihre besondere Rechtsstellung keine Anwendung, § 18 Abs. 1 Satz 2 DRiG[5].

Durch eine solche Heilung werden nämlich weder Dienstherr noch Staatsdiener ungewollt belastet. Es ist keinem von beiden verwehrt, bis zur Genehmigungserklärung die Konsequenzen aus dem Einstellungsfehler zu ziehen. Die gewonnene Rechtsklarheit und Rechtssicherheit rechtfertigen die juristische Konstruktion des ex tunc Entstehens der statusrechtlichen Bindung.

2. Mangelnde Dienstherrnfähigkeit

Eine Einstellung ist unwirksam, wenn sie von einer Behörde ausgesprochen wurde, der es an der Fähigkeit mangelte, Dienstherr zu sein, § 121 BRRG[6]).

3. Verfahrensmängel

a) Mangelnde Mitwirkung einer anderen Behörde

Fehlt die erforderliche Mitwirkung einer anderen Behörde, so ist eine Beamteneinstellung ebenfalls nichtig, §§ 10 Abs. 1 BRRG, 11 Abs. 1 Satz 2 LBG NW. Eine entsprechende Bestimmung fehlt im Soldatenrecht. Als mitwirkende Behörde kam der Personalgutachterausschuß — seine Tätigkeit ist inzwischen abgeschlossen[7] — in Betracht, § 1 Abs. 1 Satz 2 PGAG[8], § 67 SG. Solange er die Eignung eines Bewerbers nicht bejaht hatte, konnte dieser nicht wirksam eingestellt werden, § 1 Abs. 2 PGAG. Auch die mangelnde Mitwirkung des Personalgutachterausschusses führte zur Nichtigkeit. Die Bestimmungen der §§ 10 Abs. 1 BRRG, 11 Abs. 1

---

[3] *Scherer* § 4 II. 3; ungenau *Rittau* § 1 Anm. 1 I.

[4] *Scherer* § 4 II. 3; *Rittau* a.a.O.; *BDH* DVBl. 1965, 694 f., 695.

[5] BDH a.a.O.

[6] *Wiedow* § 12 Anm. 12; *Schütz* LBG § 11 Anm. 2; Bay VGH Bay VBl 1956, 279 f.

[7] Gesetz vom 4. 9. 1967 (BGBl I S. 965).

[8] Gesetz über den Personalgutachterausschuß der Streitkräfte vom 23. 7. 1955 (BGBl I S. 451).

Satz 2 LBG NW tragen nämlich lediglich dem allgemeinen verwaltungsrechtlichen Prinzip Rechnung, daß es nicht in das Belieben der Verwaltung gestellt werden kann, eine vom Gesetzgeber ausdrücklich angeordnete Voraussetzung zum Erlaß eines Verwaltungsaktes, sei es auch nur vorübergehend, unbeachtet zu lassen[9]. Daraus ergibt sich gleichzeitig die Grenze des Grundsatzes. Die Nichtigkeitsfolge ist auf die echten Fälle einer Mitwirkungsbedürftigkeit beschränkt. Ein Zustimmungserfordernis, das nur im Innenverhältnis zwischen Behörden besteht und keine Außenwirkungen hat, wird von dieser Sanktion nicht erfaßt[10]. Daher zählen die Beamtengesetze die Behörden, deren Mitwirkung zur gültigen Beamteneinstellung unerläßlich ist, enumerativ auf, § 11 Abs. 1 Satz 2 LBG NW, §§ 10, 61 BRRG.

Die erforderliche Mitwirkung kann mit heilender Kraft nachgeholt werden, § 10 Abs. 1 BRRG, § 11 Abs. 3 LBG NW. Nach Ablauf von zwei Jahren wird sie im Land Nordrhein-Westfalen überflüssig, § 11 Abs. 3 LBG NW, weil die Heilungswirkung damit automatisch eintritt. Die Heilungsmöglichkeit ist im Soldatenrecht nicht ausdrücklich normiert. Sie geht aus einem argumentum a majore ad minus hervor. Die Einstellung eines Soldaten durch eine sachlich unzuständige Behörde kann rückwirkend geheilt werden. Dieser Grundsatz muß erst recht bei einer von der zuständigen Behörde ausgesprochenen Einstellung gelten, wenn nur die Mitwirkung des Personalgutachterausschusses fehlte und nachgeholt wurde.

b) Unwirksamkeit einer Wahl

Durch Gesetz kann bestimmt werden, daß eine Beamteneinstellung dann nichtig ist, wenn die ihr zugrunde liegende Wahl, §§ 49, 54 GO NW, unwirksam gewesen ist, § 10 Abs. 2 BRRG. Im Land Baden-Württemberg ist von dieser Möglichkeit Gebrauch gemacht worden, § 13 Abs. 2 LBG Baden-Württemberg. § 10 Abs. 2 LBG NW bestimmt, daß kommunalen Wahlbeamten die Einstellungsurkunde erst dann ausgehändigt werden darf, wenn die Wahl nicht innerhalb eines Monat nach ihrer Durchführung beanstandet worden ist. Eine entgegen diesen Vorschriften, d. h durch vorzeitige Aushändigung vorgenommene Einstellung ist auch bei Unwirksamkeit der Wahl als gültig anzusehen, da der Landesgesetzgeber eine der Bestimmung des § 13 Abs. 2 LBG Baden-Württemberg entsprechende Vorschrift nicht geschaffen hat[11].

---

[9] *Forsthoff* § 12 S. 218.

[10] *Forsthoff* § 12 S. 218; OVG Lüneburg DVBl 1954, 547 hinsichtlich der Mitwirkung des Finanzministers bei der Festsetzung des Besoldungsdienstalters eines Beamten.

[11] *Schütz* LBG § 10 Anm. 11, der darauf hinweist, daß eine die Nichtigkeit vorsehende Bestimmung nicht Gesetz geworden ist.

4. Formmängel

Die anfängliche Unwirksamkeit einer Einstellung kann auf Formverstößen beruhen[12]. Sie ergibt sich aus dem zwingenden Charakter aller Formvorschriften, der z. B. in § 125 BGB seinen Niederschlag gefunden hat[13]. Das Dienstverhältnis wird nicht begründet, wenn eine Einstellungsurkunde dem Bewerber nur bekannt gegeben, nicht aber ausgehändigt worden ist[14], die Urkunde in der Formulierung nicht den gesetzlichen Anforderungen der §§ 5 Abs. 2 BRRG, 5 Abs. 2 BGB, 9 Abs. 2 LBG NW, 41 SG entsprach, z. B. die Worte fehlten „unter Berufung in das Beamtenverhältnis“[15], die Urkunde nicht formgerecht unterschrieben worden ist[16]. Ganz geringfügige Formfehler stehen jedoch in Anwendung des in § 319 ZPO kodifizierten Rechtsgedankens der Gültigkeit einer Einstellung nicht im Wege. Es wäre völlig sinnwidrig, „absurd“[17], an inhaltlich gänzlich bedeutungslose Fehler die schweren materiellrechtlichen Folgen einer unwirksamen Einstellung zu knüpfen[18].

Man wird allerdings nicht die gesetzliche Formulierung durch zwar gleichbedeutende, aber anderslautende Ausdrucksweise und Wortfolge ersetzen können. Wenn auch der Dienststrafhof a.a.O. S. 4 f. folgende Ernennungsformel für ausreichend hielt: „Mit Zustimung der Militärregierung ... bestelle ich hiermit den ... zum planmäßigen ordentlichen Professor ... Die Ernennung erfolgt auf Lebenszeit. Die Aushändigung dieser Urkunde hat rechtsbegründende Wirkung. Der Empfänger wird ... Beamter im Sinne des Deutschen Beamtengesetzes ...“, so berief er sich doch dabei ausdrücklich auf die Rechtsunsicherheit und Rechtsunklarheit der Nachkriegszeit.

Bedeutungslos für die Bindungswirkung einer Einstellung ist es, wenn bei Wahrung der gesetzlichen Form die Durchführungsbestimmungen zur Anordnung des Bundespräsidenten über die Ernennung und Entlassung der Bundesbeamten und Bundesrichter[19] nicht beachtet worden sind[20]. Diese Durchführungsbestimmungen regeln u. a. eingehend, in welcher Form Ernennungsurkunden vorbereitet, gegengezeichnet (§ 4) und vollzogen werden (§ 3).

---

[12] *Wiedow* § 6 Anm. 9; *Schütz* LBG § 8 Anm. 4; § 11 Anm. 2; *Scherer* § 41 I 2.

[13] *Forsthoff* § 12 S. 218 f.

[14] RGZ 142, 56.

[15] OVG Koblenz DVBl 1954, 127.

[16] BayVGH n. F. 7 I 110.

[17] *Dölle*, Absurdes Recht, in Festschrift für Nipperdey I, S. 27.

[18] Dienststrafhof Rheinland-Pfalz AS 1, 1 (3) „unstreitig dürfte sein, daß kleinere Schreibfehler ... rechtlich unerheblich sind“.

[19] Vom 14. 10. 1955 (BGBl I S. 681).

[20] *Wiedow* § 6 Anm. 6.

5. Inhaltliche Mängel

Der Einstellungsakt kann an inhaltlichen Mängeln gelitten haben.

a) Einstellung unter Nebenbestimmungen

Eine nicht vorbehaltslos, sondern unter einer Bedingung ausgesprochene Einstellung ist in der Regel unwirksam[21]. Die Einstellung ist ein statusbegründender Akt. Rechtsklarheit und Rechtssicherheit verbieten es, seine Wirkungen in der Schwebe zu lassen. Dieser Grundsatz hat Ausdruck gefunden in der Bedingungsfeindlichkeit gestaltender Erklärungen im Zivilrecht wie der Aufrechnung, §§ 387, 388 Satz 2 BGB[22], der Kündigung z. B. §§ 620, 626 BGB[23] und insbesondere der Eheschließung, § 13 Abs. 2 Ehegesetz. Allerdings gilt auch im öffentlichen Recht der Grundsatz, daß Teilnichtigkeit eines Rechtsgeschäfts nur dann dessen Vollnichtigkeit nach sich zieht, wenn nicht anzunehmen ist, daß das Rechtsgeschäft auch ohne den nichtigen Teil vorgenommen sein würde (§ 139 BGB)[24]. Im Zweifel läßt jedoch die zugefügte Bedingung erkennen, daß die Behörde den Bewerber nicht unbeschränkt einstellen wollte. Daraus folgt die grundsätzliche Unwirksamkeit einer bedingten Einstellung[25].

Dagegen ist die mit einer Auflage verbundene Einstellung wirksam[26]. Die Auflage hat nämlich, anders als eine Bedingung, auf den Bestand des Verwaltungsaktes, dem sie beigefügt ist, keinen unmittelbaren Einfluß[27]. Daher läßt die Fehlerhaftigkeit einer Auflage die Wirksamkeit der Einstellung, der sie beigefügt ist, unberührt[28].

b) Entmündigung und mangelnde Fähigkeit, öffentliche Ämter zu bekleiden

Eine Beamteneinstellung ist nichtig, wenn der Bewerber im Einstellungszeitpunkt entmündigt gewesen ist oder nicht die Fähigkeit zur Bekleidung öffentlicher Ämter hatte, § 8 Abs. 2 Satz 2 und 3 BRRG, § 11 Abs. 2 Satz 2 und 3 BBG, § 11 Abs. 2 und 3 LGB NW.

---

[21] Dagegen nehmen *Schütz* LBG § 11 Anm. 2; *Wiedow* § 11 Anm. 7; § 6 Anm. 7 und OVG Koblenz AS 1, 37 (39) *stets Unwirksamkeit, Otto* ZBR 1955, 7, *stets Wirksamkeit* der bedingten Einstellung an.

[22] RGZ 66, 153.

[23] *Palandt-Danckelmann* Einführung vor § 158 Anm. 6; Überblick 3 d vor § 104; *Erman-Hefermehl* vor § 158 Anm. 4.

[24] *Forsthoff* § 12 S. 230; *Wolff* I § 49 II c.

[25] Vgl. zur ähnlichen Problematik PrOVG 61, 345 (346).

[26] *Otto* ZBR 1955, 7; a. A. *Schütz* LBG § 11 Anm. 2; *Wiedow* § 11 Anm. 7, § 6 Anm. 7.

[27] *Wolff* I § 49 I d; *Forsthoff* § 11 S. 197.

[28] *Wolff* I § 49 II c.

Eine Entmündigung steht rechtlich der Soldateneinstellung nicht im Wege, §§ 37, 38 SG.

Die mangelnde Fähigkeit zur Bekleidung öffentlicher Ämter ist zwar im Soldatenrecht auch Berufungshindernis, § 38 Abs. 1 Satz 2 SG, begründet aber nicht die Nichtigkeit einer dennoch vorgenommenen Einstellung[29]. Das ergibt sich aus § 46 Abs. 2 Satz 1 SG, wonach der Berufssoldat zu entlassen ist, wenn er aus einem der in § 38 SG genannten Gründe nicht hätte eingestellt werden dürfen. Die Bestimmung geht also zwar von der Fehlerhaftigkeit, nicht aber der Nichtigkeit einer solchen Einstellung aus, andernfalls wäre ein soldatisches Dienstverhältnis, das durch Entlassung beendigt werden könnte, § 43 Abs. 2 Satz 1 SG, nicht entstanden.

c) Mangelnde deutsche Staatsangehörigkeit des Eingestellten

Eine Beamteneinstellung ist weiterhin nichtig, wenn der Ernannte nicht Deutscher im Sinne des Art. 116 GG war, § 8 Abs. 2 Satz 1 BRRG, § 11 Abs. 2 Satz 1 BBG, § 11 Abs. 2 Satz 1 LBG NW.

Auch für die Soldateneinstellung ist der Besitz der deutschen Staatsangehörigkeit Voraussetzung, § 37 Abs. 1 Satz 1 SG. Eine den beamtenrechtlichen Vorschriften vergleichbare, die Nichtigkeit der Einstellung eines Ausländers anordnende Bestimmung fehlt dem Soldatenrecht jedoch. Diese Rechtsfolge läßt sich auch nicht aus § 46 Abs. 1 Satz 1 SG (der Berufssoldat ist entlassen, wenn er seine Eigenschaft als Deutscher verliert) herleiten. Die Anwendbarkeit dieser Vorschrift setzt nämlich den Verlust der deutschen Staatsangehörigkeit *nach* der Einstellung voraus.

Aus der Tatsache jedoch, daß ein Ausländer überhaupt, nämlich mit Genehmigung des Bundesverteidigungsministers, Soldat werden kann, § 37 Abs. 2 SG, ist auf die Wirksamkeit der irrigen Einstellung eines Ausländers zu schließen[30].

d) Mangelnde Mitwirkung des Bewerbers

Sowohl im Beamten- wie auch im Soldatenrecht ist anerkannt, daß mangelnde Mitwirkung eines Bewerbers die Unwirksamkeit seiner Einstellung nach sich zieht[31]. Wenn auch diese Rechtsfolge *allein* mit dem Grundsatz der Gesetzmäßigkeit der Verwaltung nicht zu erklären ist, so ergibt sie sich doch konkludent aus den im Sinne dieses Prinzips ausgelegten Beamtengesetzen und dem Soldatengesetz. Der Grundsatz der

---

[29] *Scherer* § 38 I; *Rittau* § 38 Anm. 1.

[30] *Scherer* § 37 I 1 d unter Berufung auf *Dreher-Lackner-Schwalm* § 1 Anm. 9; im Ergebnis zustimmend *Hahnenfeld* § 4 Anm. 10; a. A. wohl *Rittau* § 37 Anm. 5.

[31] *Wiedow* § 6 Anm. 8; *Fischbach* § 6 I 1; *Schütz* LBG § 11 Anm. 2; *Scherer* § 41 I 1.

Gesetzmäßigkeit der Verwaltung verlangt für staatliche Eingriffe in rechtlich geschützte Sphären des Bürgers eine materiell-rechtliche Ermächtigung[32]. Eine Verletzung dieses Erfordernisses bewirkt jedoch nach allgemeinen verwaltungsrechtlichen Lehren nur die Rechtswidrigkeit, nicht die Nichtigkeit des fehlerhaften Verwaltungsaktes[33]. Jede Beamten-(Soldaten-)einstellung hat die Besonderheit, dem Bewerber nicht nur eine einzige Pflicht, sondern einen ganzen Pflichtenkomplex aufzuerlegen, der sich zudem noch weit in die Zukunft erstreckt. Die gesetzliche Ermächtigung, einen so schwerwiegenden Eingriff vorzunehmen, gewähren die Beamtengesetze und das Soldatengesetz unter der Voraussetzung des Einverständnisses des Bewerbers. Da aber dessen gesamte Person erfaßt und in den Dienst der neuen Aufgabe gestellt wird, würde er in unerträglichem Maße belastet, wollte man — sei es auch nur vorübergehend — auf das Mitwirkungserfordernis verzichten und die Einstellung zwar als rechtswidrig, aber dennoch zunächst gültig qualifizieren. Damit ist die Einwilligung des Bewerbers unerläßliche Wirksamkeitsvoraussetzung einer jeden Beamten-(Soldaten-)einstellung[34]. In diesem Sinne müssen die Beamtengesetze und das Soldatengesetz ausgelegt werden, die zur Einstellung die „Aushändigung" einer Urkunde erfordern. Zur Aushändigung gehört die gewollte Entgegennahme des Schriftstückes durch den sich der Rechtsfolgen bewußten Bewerber[35].

Der Grundsatz der Mitwirkungsbedürftigkeit von Beamten (Soldaten) im Zeitpunkt der Einstellung bedarf jedoch einer Einschränkung. Wegen der schwerwiegenden Rechtsfolgen, die dieser statusbegründende Akt nach sich zieht[36], müssen im Interesse aller Beteiligten Nichtigkeitsgründe auf ein unbedingt erforderliches Mindestmaß zurückgedrängt werden. Daher sind auch die Unwirksamkeitsgründe in den Beamtengesetzen, §§ 8, 9 BRRG, 11, 12 BBG, 11, 12 LBG NW, erschöpfend aufgezählt. Fehlt die Mitwirkungserklärung des Bewerbers im Augenblick der Einstellung, ist sie fehlerhaft oder nichtig, so kann er oder sein gesetzlicher Vertreter diesen Mangel rückwirkend durch genehmigungsähnliche Erklärung heilen, wie sich aus dem Gedanken der §§ 8 Abs. 1 BRRG, 11 Abs. 1 BBG, 11 Abs. 3 LBG NW, 184 BGB ergibt[37]. Diese Rechtsfolge dient der Rechts-

---

[32] *Wolff* I § 30 III a; *Peters* S. 71.

[33] *Forsthoff* § 12 S. 206; *Wolff* I § 51 III; *Jellinek* Verwaltungsrecht § 11 S. 268.

[34] *Jellinek* Verwaltungsrecht § 11 S. 251; *Peters* S. 257, 259; *Forsthoff* § 11 S. 196; *Fleiner* § 13 S. 193; OVG Koblenz AS 1, 89; a. A. noch Otto *Mayer* II § 41 S. 151.

[35] *Otto* ZBR 1955, 7.

[36] *Wiedow* § 6 Anm. 2; *Scherer-Krekeler* § 21 I 1 und I 3.

[37] *Scherer* § 40 V; *Scherer-Krekeler* § 21 I 7; andeutend *Schütz* LBG § 11 Anm. 6: „War der Ernannte zur Zeit der Aushändigung der Urkunde in einem die freie Willensbildung ausschließendem Zustand, ... ist eine Ernennung *zumindest* in diesem Zeitpunkt nicht zustande gekommen."

klarheit und Rechtssicherheit. Sie belastet weder Beamten (Soldaten) noch Dienstherrn ungewollt.

Die gleiche Rechts- und Interessenlage ist ausdrücklich in § 18 Ehegesetz geregelt. Auch die Eheschließung begründet für die Gatten einen neuen familienrechtlichen Status[38]. Die nichtige Erklärung des Ehegatten wird rückwirkend geheilt, wenn er zu erkennen gibt, die Ehe fortsetzen zu wollen.

Dabei ist zu beachten, daß der hier vertretene Grundsatz der rückwirkenden Heilungsmöglichkeit über die Anwendungsbreite des § 184 BGB hinausgeht. Nach dieser Bestimmung können nur schwebend unwirksame Willenserklärungen geheilt, nicht jedoch nichtige oder nicht vorhandene Willenserklärungen durch Genehmigung rückwirkend ersetzt werden.

II. Einberufung

Der Einstellung — Ernennung unter Begründung eines Beamten-(Soldaten-)verhältnisses — der bisher untersuchten Fallgruppen entspricht im Wehrpflichtrecht die Einberufung.

Das Wehrdienstverhältnis eines Wehrpflichtigen wird dann nicht wirksam begründet, wenn der Einberufungsbescheid, § 21 Wehrpflichtgesetz, nichtig ist. Dieser Verwaltungsakt konkretisiert nämlich erst die allgemeine Wehrpflicht auf die Ableistung eines bestimmten Wehrdienstes an einem bestimmten Ort zu einer bestimmten Zeit[39]. Durch ihn wird erst das hoheitliche Unterwerfungsverhältnis eines Soldaten geschaffen, das mit dem im Bescheid angegebenen Dienstantrittszeitpunkt beginnt, § 2 SG.

1. Nichtigkeitsgründe des allgemeinen Verwaltungsrechts

Die Unwirksamkeit eines Einberufungsbescheides kann sich aus allen im allgemeinen Verwaltungsrecht anerkannten Nichtigkeitsgründen eines Verwaltungsakts ergeben[40].

Insbesondere der Bescheid, der nicht den Namen des Einberufenen oder Ort oder Zeitpunkt des Dienstantrittes enthält, ist inhaltlich sinnlos. Ihm kann nämlich in keiner denkbaren Weise Folge geleistet werden. Er ist nichtig[41].

---

[38] *Palandt-Lauterbach* Einführung I vor § 1353.

[39] *Scherer-Krekeler* § 21 I 1.

[40] *Forsthoff* § 12 S. 204 ff.; *Wolff* I §§ 50 f.; *Jellinek* Verwaltungsrecht § 11 S. 268 ff.

[41] *Scherer-Krekeler* § 21 I 2 g.

2. Mangelnde Mitwirkung

Die Mitwirkungsproblematik ergibt sich im Wehrpflichtrecht, wenn der minderjährige Wehrpflichtige ohne Einwilligung des gesetzlichen Vertreters den Antrag stellt, ihn zur vorzeitigen Ableistung seines Wehrdienstes einzuberufen, §§ 4 Abs. 3, 5 Abs. 4 WPflG. Der Antrag ist in der Regel unwirksam[42]. Diese Rechtsfolge ergibt sich aus einer entsprechenden Anwendung des § 111 BGB[43]. Hahnenfeld[44] behauptet dagegen, der Antrag sei in Anwendung der allgemeinen Grundsätze der §§ 107, 108 BGB lediglich schwebend unwirksam[45]. Er verkennt, daß es sich um eine amtsempfangsbedürftige Willenserklärung, also ein einseitiges Rechtsgeschäft handelt, das der Spezialregelung des § 111 BGB unterworfen ist[46].

Es fragt sich, ob der Einberufungsbescheid, der auf Grundlage des unwirksamen Antrags ergangen ist, nichtig sein kann. Ein bedeutender Unterschied zu den oben aufgeführten Fällen liegt darin, daß man Beamter, Berufssoldat und Soldat auf Zeit überhaupt nicht werden kann, ohne selbst dazu bereit zu sein. Bei der Einberufung des Wehrpflichtigen ist die Verwaltung dagegen auf sein Einverständnis nicht angewiesen. Sie folgt grundsätzlich eigener Initiative und bedarf nur in Ausnahmefällen der Mitwirkung des Betroffenen. Nach allgemeinen verwaltungsrechtlichen Lehren ist in diesen Fällen seine mangelnde Mitwirkung zwar rechtswidrigkeits-, nicht jedoch nichtigkeitsbegründend[47].

Diese Erkenntnis wird gestützt durch eine Entscheidung des Bundesverwaltungsgerichts[48] zu § 21 Abs. 4 WPflG. a. F. Nach § 21 Abs. 2 dieses Gesetzes legten die Kreiswehrersatzämter Einberufungslisten an, in denen die Wehrpflichtigen nach einer durch das Los bestimmten Reihenfolge erfaßt wurden. In dieser Reihenfolge mußten sie zum Wehrdienst einberufen werden, § 21 Abs. 3 WPflG a. F. Von der Reihenfolge konnte abgewichen werden, wenn ein Wehrpflichtiger beantragte, sofort einberufen zu werden, § 21 Abs. 4 WPflG a. F. Das Bundesverwaltungs-

---

[42] *Scherer-Krekeler* § 5 II 5 a; *Hahnenfeld* § 4 Anm. 11; § 5 Anm. 7; § 19 Anm. 3.

[43] *Forsthoff* § 11 S. 167.

[44] WPflG § 4 Anm. 11.

[45] Die Unterscheidung ist bedeutsam für die Heilungsmöglichkeiten durch Genehmigung.

[46] *Palandt-Danckelmann* § 111 Anm. 1 und Überblick 3 a vor § 104.

[47] *Hahnenfeld* § 4 Anm. 11 mit Nachweisen; *Jellinek* Verwaltungsrecht § 11 S. 250, 251; dagegen spricht auch nicht der von *Jellinek* a.a.O. zitierte, in RGSt 56, 19 veröffentlichte Fall: der angeklagte Minderjährige hatte freiwillig dienen, nicht jedoch vorzeitig seine Wehrpflicht erfüllen wollen; a. A. *Scherer-Krekeler* § 21 I 7.

[48] DVBl 1964, 928.

gericht hat einen solchen Antrag, der von einem Minderjährigen gestellt worden war und dem der gesetzliche Vertreter nicht zugestimmt hatte, sogar für voll wirksam angesehen. Der Unterschied zum Fall des § 5 Abs. 4 WPflG ist lediglich graduell. Immer handelt es sich um Wehrpflichtige. Der Wehrpflichtige des § 21 Abs. 4 WPflG a. F. ist bereits gemustert, er beantragt, sofort einberufen zu werden[49]. Der Wehrpflichtige des § 5 Abs. 4 WPflG ist noch nicht gemustert. Er beantragt, vorzeitig zum Grundwehrdienst herangezogen zu werden. In beiden Fällen wird freiwillig die Erfüllung einer gesetzlich begründeten Wehrpflicht vorgezogen. Auch die Entscheidung des Bundesverwaltungsgerichts läßt also erkennen, daß der Wehrpflichtige durch Antrag auf vorzeitiges Dienen seine Rechtsposition nicht entscheidend schmälert.

Wird daher gegen den Einberufungsbescheid, der auf einen solchen nicht genehmigten Antrag des minderjährigen Wehrpflichtigen ergeht, nicht in der Frist des § 33 Abs. 1 WPflG Widerspruch eingelegt, so kann sich der minderjährige Wehrpflichtige nicht auf die Unwirksamkeit seines Antrages berufen[50].

3. Nichtigkeit des Musterungsbescheides

Da der Einberufungsbescheid „in Ausführung des Musterungsbescheides", § 21 Abs. 1 Satz 1 WPflG, ergeht[51], ist dessen Bestand grundsätzlich zwingende Voraussetzung für die Einberufung des ungedienten Wehrpflichtigen, § 16 Abs. 1 WPflG. VG Aachen[52] spricht vom „Einberufungsbescheid als Vollzugsakt des Musterungsbescheides". Scherer[53] schließt aus der Koppelung beider Verwaltungsakte, daß mit Aufhebung des Musterungsbescheides *notwendig* auch der Einberufungsbescheid entfalle. Die Nichtigkeit des Musterungsbescheides hat demnach auch die Nichtigkeit des Einberufungsbescheides zur Folge, so daß auch in diesen Fällen ein Wehrdienstverhältnis nicht begründet werden kann.

B. Rückwirkende Vernichtung der Einstellung

Die Rücknahme des Einstellungsaktes hat ebenfalls zur Folge, daß das von allen Beteiligten ursprünglich gewollte Dienstverhältnis nicht entstehen konnte. Sie wirkt nämlich ex tunc[54].

---

[49] Vgl. *Hahnenfeld* § 21 Anm. 1, § 5 Anm. 4 ff.

[50] *Hahnenfeld* § 4 Anm. 11; a. A. *Scherer-Krekeler* § 21 I 7, die nur das Entstehen eines faktischen Soldatenverhältnisses annehmen.

[51] Vgl. auch BVerwG DVBl 1965, 689.

[52] In DVBl 1965, 700.

[53] *Scherer-Krekeler* § 21 I 2 f.

[54] Einhellige Meinung; z. B. *Wiedow* § 12 Anm. 13; *Schütz* LBG § 14 Anm. 2;

Das Soldatenrecht kennt eine ex tunc wirkende Vernichtung des Einstellungs-(Einberufungs-)aktes nicht, sondern lediglich die ex nunc Entlassung, § 46 SG.

Da die Rücknahme einer Beamteneinstellung immer auf den Zeitpunkt des ursprünglichen Einstellungsaktes zurückwirkt, ist gleichgültig, wann sie ausgesprochen wird. Auch die Beendigung des Beamtenverhältnisses durch einen der in § 30 LBG NW normierten Tatbestände steht einer Rücknahme nicht im Wege, so ausdrücklich § 12 Abs. 3 LBG NW[55]. Sie kann also auch noch nach dem Tod des Beamten erklärt werden[56]. Erklärungsempfänger sind, jedenfalls in Nordrhein-Westfalen kraft ausdrücklicher gesetzlicher Vorschrift, § 13 Abs. 2 LBG NW, die versorgungsberechtigten Hinterbliebenen. Der Gesetzgeber des nordrhein-westfälischen Beamtengesetzes (§ 13 Abs. 2 LBG NW), die zitierte Entscheidung des OVG Münster sowie die Rechtslehre[57] gehen — soweit ersichtlich — nur davon aus, daß die Rücknahme im Hinblick auf und gegenüber den versorgungsberechtigten Hinterbliebenen eines verstorbenen Beamten zu erklären sei. Es werden aber auch Fälle vorkommen, in denen solche Personen nicht vorhanden sind und der Beamte sein aus den Gehältern zusammengespartes Vermögen testamentarisch einem Dritten vermacht hat. Problematisch ist dann, ob auch durch Erklärung gegenüber dem nicht versorgungsberechtigten Erben das Beamtenverhältnis des Erblassers rückwirkend vernichtet werden kann. Grundsätzlich ist nämlich Zugang an den, dessen Rechtsverhältnisse hoheitlich geregelt werden sollen, Voraussetzung für einen gültigen Verwaltungsakt[58].

Da der Beamte, dessen Dienstverhältnis zum Erlöschen gebracht werden soll, bereits tot ist, fragt sich, ob das Prinzip durch die Besonderheiten des Erbrechts modifiziert wird. Das wäre dann der Fall, wenn die Stellung des virtuellen Empfängers einer beamtenrechtlichen Rücknahmeerklärung vererblich wäre. Öffentliche Rechtspositionen können grundsätzlich nicht nach den bürgerlich-rechtlichen Vorschriften des § 1922 BGB vererbt werden[59]. Wenn das öffentliche Recht der Verwaltung die Begründung einer Rechtsbeziehung gestattet, so ist auch die Wahl des Begünstigten oder Belasteten von öffentlich-rechtlichen Motiven bestimmt. Deren Unübertragbarkeit bedingt den persönlichen Charakter

---

ausdrücklicher Gesetzeswortlaut des § 14 Abs. 1 LBG NW; amtliche Begründung zu § 12 BBG Deutscher Bundestag 1. WP. Drucksache 2846 S. 38.

[55] Vgl. auch *Schütz* LBG § 12 Anm. 1 a.

[56] *Wiedow* § 12 Anm. 13; OVG Münster AS 15, 54.

[57] *Schütz* LBG § 12 Anm. 1 a; *Wiedow* § 12 Anm. 13; *Baring* DVBl 1952, 62 f.

[58] *Jellinek* Gesetz und Gesetzesanwendung § 11 S. 225; *Klinger* § 42 F II e mit Nachweisen; *Forsthoff* § 11 S. 202; *Fleiner* § 13 S. 191; *Wolff* I § 51 II d.

[59] BVerwG Familienrechtszeitschrift 1963, 563 (564).

öffentlicher Rechtspositionen[60] und verbietet es, sie einem anderen als dem ursprünglichen Inhaber zuzuordnen. Rechtspositionen jedoch, die lediglich vermögenswerten Inhalt haben, ohne daß mit ihrer Realisierung ein *besonderer* öffentlich-rechtlicher Zweck (etwa Sicherstellung des Existenzminimums eines Fürsorgeunterstützungsberechtigten) erreicht werden sollte, entbehren der Bindung an den ursprünglichen Inhaber. Es besteht kein Grund für eine Verknüpfung. Daher können solche Positionen jedenfalls dann auf Erben übergehen, wenn ihre Unübertragbarkeit nicht gesetzlich normiert ist[61]. Die Stellung des Empfängers einer Rücknahmeerklärung nach §§ 9 BRRG, 12 BBG, 12 LBG NW ist jedenfalls nach dem Tod des Eingestellten rein vermögensrechtlicher Natur. Die einzige Rechtsfolge, die eine Rücknahme danach auslöst, besteht nämlich in der Begründung etwaiger Bereicherungsansprüche von Leistungen, die — wie sich jetzt herausstellt — irrtümlich auf Grund der Einstellung erbracht worden sind.

Auch der diskreditierende Effekt, den die Rücknahmeerklärung im Hinblick auf die Person des Verstorbenen haben mag, schließt die Übertragbarkeit nicht aus. Dieser Effekt ist nämlich nicht gewollter Inhalt, sondern nur unbeabsichtigte Nebenfolge der behördlichen Erklärung. Der ehemalige Dienstherr kann in keiner Weise mehr ein Interesse daran haben, z. B. einen eingeschlichenen Beamten durch Rücknahme seiner Einstellung gleichsam zu „bestrafen". Eine Reaktion mit diesem Ziel ist auf die Mittel des Disziplinarrechts beschränkt.

Daß die Besonderheiten des öffentlichen Rechts dem Übergang einer solchen Erklärungsempfängerstellung nicht widersprechen, ergibt sich auch aus § 13 Abs. 2 LBG NW. Die Rücknahmeerklärung „ist dem Beamten und im Falle seines Todes den versorgungsberechtigten Hinterbliebenen zuzustellen". Die Vorschrift ordnet nämlich den Übergang nicht an, sondern setzt ihn voraus und regelt seine prozessuale Realisierung.

Allerdings könnte in der Bestimmung ein Verbot liegen, die Rücknahme gegenüber anderen als den dort erwähnten Personen zu erklären, weil z. B. sonst der ehemalige Beamte gegenüber Personen, die nicht „die Seinen" sind, post mortem ohne Rechtfertigungschance diskreditiert wird. Ein solches Verbot läßt sich aber aus dem Wortlaut der Vorschrift weder unmittelbar noch im Wege der Auslegung entnehmen. Es bestehen keine Anhaltspunkte dafür, daß der Gesetzgeber dem bloßen prozessualen Hinweis eine solche materielle Bedeutung hat beilegen wollen.

Es fragt sich, ob der Gedanke der Gesamtrechtsnachfolge den Übergang der Erklärungsempfängerstellung vom Beamten auf seinen Erben

---

[60] *Forsthoff* § 10 S. 177; OVG Hamburg DVBl 1957, 948.
[61] *Forsthoff* § 10 S. 177.

rechtfertigen kann. Mit dem Erbfall geht das Vermögen als Ganzes auf die Erben über, § 1922 BGB. Unter den Vermögensbegriff fallen alle Forderungs-, Gestaltungs- und dinglichen Rechte[62]. Darüber hinaus werden auch überwiegend tatsächliche Positionen, wie etwa der Besitz, vom Erbfall erfaßt, § 857 BGB. Sogar die gutgläubige Eigenbesitzzeit des Erblassers geht auf den Erben über, der sie sich anrechnen lassen kann, um so eher die Voraussetzungen einer Ersitzung — zehn Jahre gutgläubigen Eigenbesitzes — erfüllen zu können, § 943 BGB. Daraus ergibt sich, daß dem Prinzip der Universalsukzession ein möglichst übergangsloses volles Eintreten der Erben in alle übertragbaren, auch *tatsächlichen* Positionen des Erblassers entspricht. Es ist daher folgerichtig, anzuerkennen, daß im Zivilrecht die rein tatsächliche Stellung des Erklärungsempfängers einer Anfechtung, §§ 119, 120, 123 BGB, auf den Erben übergeht[63].

Im Sozialrecht ist die Zulässigkeit der Rücknahme eines Rentenbescheides durch Erklärung gegenüber den Erben des Berechtigten anerkannt[64].

Es bestehen demnach keine Bedenken, dem Dienstherrn zu gestatten, auch durch Erklärung gegenüber nicht versorgungsberechtigten Erben das Beamtenverhältnis des Erblassers ex tunc zu vernichten.

I. Rücknahmepflicht des Dienstherrn

Die Rücknahme einer Beamteneinstellung muß ausgesprochen werden,

wenn sie durch Zwang, arglistige Täuschung oder Bestechung herbeigeführt worden ist, §§ 9 Abs. 1 Satz 1 BRRG, 12 Abs. 1 Satz 1 BBG, 12 Abs. 1 Satz LBG NW,

wenn nicht bekannt war, daß der Ernannte ein Verbrechen oder Vergehen begangen hatte, das ihn der Berufung in das Beamtenverhältnis unwürdig erscheinen läßt, und er deswegen rechtskräftig zu einer Strafe verurteilt war oder wird, §§ 9 Abs. 1 Satz 2 BRRG, 12 Abs. 1 Satz 2 BBG, 12 Abs. 1 Satz 2 LBG NW.

II. Rücknahmerecht des Dienstherrn

Der Dienstherr hat ein Recht, die Einstellung zurückzunehmen, wenn

bei einem nach seiner Ernennung Entmündigten die Voraussetzung für die Entmündigung im Zeitpunkt der Ernennung vorlagen oder

---

[62] *Palandt-Rechenmacher* § 1922 Anm. 3; *Erman-Bartholomeyczik* § 1922 Anm. 2, 3; BGHZ 32, 367 (369).

[63] *Enneccerus-Nipperdey* II § 203 III 1 S. 1226; *Palandt-Danckelmann* § 143 Anm. 4 a.

[64] *Kilian* NJW 1962, 1280 mit Nachweisen; *Haueisen* DVBl 1962, 550; vgl. auch BSGE 15, 14; BGH DVBl 1961, 333 mit Anmerkung von *Haueisen* DVBl 1961, 452.

nicht bekannt war, daß der Ernannte in einem Disziplinarverfahren aus dem Dienst entfernt oder zum Verlust der Versorgungsbezüge verurteilt worden war, §§ 9 Abs. 2 BRRG, 12 Abs. 2 BBG, 12 Abs. 2 LBG NW.

III. Vernichtung durch den Eingestellten

Eine Beamten- und Soldateneinstellung wird auch dann rückwirkend vernichtet, wenn der Eingestellte seine Einverständniserklärung zulässigerweise angefochten hat. Diese Vernichtbarkeit öffentlich-rechtlicher Willenserklärungen ergibt sich aus dem allgemeinen Rechtsgedanken, daß der beeinflußte Wille mindere Rechtsverbindlichkeit haben soll[65]. Zur Abgrenzung des erheblichen vom unerheblichen Willensmangel wenden Rechtsprechung[66] und Schrifttum[67] die Anfechtungstatbestände des Zivilrechts, §§ 119 ff. BGB, entsprechend an. Ist der Beamte (Soldat) getäuscht oder bedroht worden[68], war er über den Inhalt der abgegebenen Erklärung, über verkehrswesentliche Eigenschaften im Irrtum oder hatte er eine Erklärung dieses Inhalts nicht abgeben wollen[69], kann er seine Zustimmung zur Einstellung mit rückwirkender Kraft anfechten[70] und damit diesen Hoheitsakt selbst vernichten.

C. Tatsächliches Weiterdienen trotz rechtlicher Beendigung des Dienstverhältnisses

Ein fehlerfrei Eingestellter kann dadurch zum de facto Beamten (de facto Soldaten) werden, daß die Wirkungen der Einstellung erloschen sind, ohne daß er und der Dienstherr die rechtlichen Konsequenzen aus dieser Tatsache gezogen haben.

I. Sich selbst vollziehende Beendigungsgründe

In doppelter Weise kann bei Tatbeständen, die das Verhältnis eo ipso lösen, sich also selbst vollziehen, ein Irrtum des Dienstherrn dazu führen,

---

[65] *Wiedow* § 2 Anm. 22; *Schütz* LBG § 33 Anm. 6.

[66] Hess.VGH AS 1, 42 (45, 46) mit weiteren Hinweisen.

[67] *Wolff* I § 44 II a; *Forsthoff* § 14 S. 256; *Turegg-Kraus* S. 105.

[68] Vgl. RGZ 134, 162 (171 ff.).

[69] Vgl. RGZ 141, 240 (258); *Wiedow* § 2 Anm. 22.

[70] *Schütz* LBG § 33 Anm. 6; vgl. Landesverwaltungsgericht Hannover DVBl 1953, 116; OVG Münster DVBl 1952, 605.

daß er es verabsäumt, die Konsequenzen aus der Beendigung des Dienstverhältnisses zu ziehen. Ihm können entweder der Beendigungstatbestand selbst oder seine Rechtsfolgen unbekannt sein.

1. Fristablauf

Das durch die Einstellung begründete Dienstverhältnis eines Zeitbeamten und Zeitsoldaten endet mit Ablauf des in der Urkunde angegebenen Zeitraums, §§ 3 Abs. 1 Satz 2 BRRG, 5 Abs. 4 BBG, 5 Abs. 1 Satz 2 LBG NW[71], 54 Abs. 1, 40 SG.

Im Soldatenrecht[72] faßt der auf Zeit Verpflichtete oft kurz vor Beendigung der Dienstzeit den Entschluß, länger dienen zu wollen. Bevor der Dienstherr auf seinen Antrag die Dienstzeitverlängerung verfügt hat, ist die Dienstzeit abgelaufen. Der Soldat bleibt im stillschweigenden oder ausdrücklichen Einverständnis mit seinen Vorgesetzten im Dienst, in der Erwartung, daß durch die baldige Verlängerung seiner Dienstzeit sein Soldatenstatus rückwirkend wieder hergestellt werde. Die Zulässigkeit einer solchen ex tunc Heilung des fehlerhaften Dienstverhältnisses durch die wirksame Dienstzeitverlängerung ergibt sich aus einer Analogie zu §§ 8 Abs. 1 BRRG, 11 Abs. 1 BBG, 11 Abs. 3 LBG NW. Das Einverständnis des Dienstvorgesetzten ist die — nichtige — Dienstzeitverlängerung durch eine sachlich unzuständige Behörde. Die Fehlerhaftigkeit des Aktes wird rückwirkend durch Vornahme seitens der zuständigen Behörde geheilt[73].

2. Wechsel von Dienstverhältnis und Dienstherrn

Ein sich selbst vollziehender Beendigungsgrund des Dienstverhältnisses eines Beamten ist nach § 125 Abs. 1 BRRG (die Bestimmung gilt einheitlich und unmittelbar im Bundesgebiet, Überschrift vor Abschnitt I des Kapitels II) seine Ernennung zum Zeit- oder Berufssoldaten oder Angehörigen des Zivilschutzkorps. Gleiches gilt für Berufs- und Zeitsoldaten, die zum Beamten oder Angehörigen des Zivilschutzkorps ernannt werden.

Das Dienstverhältnis eines Beamten endet ferner kraft Gesetzes, wenn er in das Beamtenverhältnis zu einem anderen öffentlichen Dienstherrn tritt, §§ 22 Abs. 2 BRRG, 29 Abs. 1 Satz 3 BBG, 32 Abs. 1 Satz 3 LBG NW.

---

[71] *Schütz* LBG § 30 Anm. 3.

[72] Vgl. z. B. den vom BDH DVBl 1965, 694 entschiedenen Fall.

[73] BDH DVBl 1965, 695; zweifelnd: *Scherer* § 40 VI.

3. Strafurteil

Ein Beamter, der durch ein deutsches Gericht zu Zuchthaus, wegen vorsätzlich begangener Tat zu mindestens einem Jahr Gefängnis oder wegen vorsätzlicher hochverräterischer, staatsgefährdender oder landesverräterischer Handlung zu mindestens sechs Monaten Gefängnis verurteilt worden ist, verliert mit Rechtskraft des .Urteils seinen Beamtenstatus, §§ 24 Abs. 1 BRRG, 48 BBG, 51 Abs. 1 LBG NW. Gleiches gilt mit geringen Abweichungen für den Berufs- und Zeitsoldaten, §§ 48, 54 Abs. 2 Satz 2 SG.

4. Verlust der bürgerlichen Ehrenrechte

Dieselbe Rechtsfolge tritt ein, wenn einem Beamten oder Soldaten durch Urteil die bürgerlichen Ehrenrechte oder die Befähigung zur Bekleidung öffentlicher Ämter aberkannt werden, ferner, wenn ein Beamter auf Grund der Entscheidung des Bundesverfassungsgerichts nach Art. 18 GG ein Grundrecht verwirkt, der Soldat Maßregeln der Sicherung und Besserung nach §§ 42 c—42 e StGB unterworfen ist, §§ 24 Abs. 1 BRRG, 48 BBG, 51 Abs. 1 LBG NW, 48, 38, 54 Abs. 2 SG.

II. Vollzugsbedürftige Beendigungsgründe

Neben diesen sich selbst vollziehenden Beendigungsgründen gibt es Tatbestände, die auch kraft Gesetzes das Dienstverhältnis zum Erlöschen bringen, bei deren Vorliegen es aber neben der Tatbestandserfüllung einer Entscheidung der obersten Dienstbehörde bedarf. Der Beamte und Soldat, der seine Eigenschaft als Deutscher verliert oder ohne Zustimmung der obersten Dienstbehörde seinen Wohnsitz oder dauernden Aufenthalt im Ausland nimmt, ist entlassen, §§ 22 Abs. 1 BRRG, 29 Abs. 1 BBG, 32 Abs. 1 LBG NW, 46 Abs. 1 SG. Die oberste Dienstbehörde entscheidet, ob diese Voraussetzungen vorliegen, und stellt den Tag der Beendigung des Dienstverhältnisses fest. Die Bestimmung, daß Beamter und Soldat entlassen seien, deutet auf eine sich selbst vollziehende Beendigung des Dienstverhältnisses hin. Die Entscheidung der Dienstbehörde hätte dann — so könnte man folgern — nur „deklaratorische“ Bedeutung[74]. Die Ansicht, die Entscheidung habe kein eigenes juristisches Gewicht, sie verdeutliche ohne eigene Rechtswirkungen nur eine vom Gesetz bereits vollzogene Rechtsänderung, trifft nicht zu[75]. Das Dienst-

---

[74] *Wiedow* § 29 Anm. 14; *Schütz* LBG § 32 Anm. 13 und LBG § 30 Anm. 2, der sogar die Möglichkeit einer Anfechtungsklage gegen die Entscheidung ausschließen will; vgl. dagegen OVG Hamburg ZBR 1955, 185.

[75] *Scherer* § 46 I, 3; a. A. ohne Begründung *Rittau* § 46 Anm. 1.

verhältnis eines Beamten oder Soldaten, der seine deutsche Staatsangehörigkeit verloren oder seinen dauernden Wohnsitz im Ausland genommen hat, endigt auf Grund dieser Tatsache *allein* nicht. Denn das Entscheidungs- und Feststellungsmonopol liegt bei der obersten Dienstbehörde. Wenn diese von den Beendigungstatbeständen Kenntnis bekommt, kann sie den Entlassungszeitpunkt nicht nach ihrem freien Ermessen festsetzen. Sie ist durch das Gesetz an den Zeitpunkt des Verlustes der Staatsangehörigkeit, des dauernden Wohnsitzverlegens gebunden. Dieser muß naturgemäß vor Erlaß des Feststellungsverwaltungsakts liegen, wobei die Differenz zwischen diesen beiden Zeitpunkten je nach Kenntniserlangung des Dienstherrn verschieden groß sein kann. Bis zum Ausspruch des Feststellungsverwaltungsaktes ist der entsprechende Staatsdiener rechtlich und tatsächlich noch Beamter (Soldat). Mit dem Ausspruch wird dem Dienstverhältnis die Rechtsgrundlage rückwirkend bis zum Zeitpunkt des festgestellten Beendigungstatbestandes entzogen. Der Ausspruch gestaltet also die Rechtslage, er ist nicht nur deklaratorisch[76]. Daraus folgt gleichzeitig, daß, vom festgestellten Beendigungstatbestand bis zum Ausspruch der Feststellung, der Staatsdiener zwar in einem tatsächlichen, nicht aber von einer Einstellung umfaßten Dienstverhältnis gestanden hat.

III. Suspensiveffekt

Faktische Dienstverhältnisse können sich ferner aus dem Suspensiveffekt eingelegter Rechtsmittel ergeben, § 80 VWGO[77].

Der Dienstherr kann aus bestimmten, gesetzlich normierten Gründen die Entlassung eines Beamten, §§ 23 ff. BRRG, 28 ff. BBG, 31 ff. LBG NW, oder Soldaten, § 46 Abs. 2 SG, aussprechen, die Einstellung eines Widerrufsbeamten widerrufen, §§ 23 Abs. 3 BRRG, 32 BBG, 35 LBG NW. Die Entlassungsverfügung, der Widerruf beenden das Dienstverhältnis, §§ 21 Abs. 1 Satz 1 BRRG, 6 Abs. 3 Satz 1 BBG, 30 Nr. 1 LBG NW, 49 SG. Sie greifen in den Rechtsstatus des Betroffenen ein und können auf dem Verwaltungsrechtsweg, §§ 126 Abs. 1 BRRG, 59 Abs. 1 SG, durch die gestaltende Anfechtungsklage, § 42 VWGO, auf ihre Rechtmäßigkeit kontrolliert werden[78].

Zulässigkeitsvoraussetzung für die Klage ist das durchgeführte Widerspruchs- bzw. Beschwerdeverfahren, §§ 68 VWGO, 22 WBO. Anders als

---

[76] *Scherer* § 46 I, 3; vgl. auch OVG Hamburg ZBR 1955, 185.

[77] OVG Münster AS 15, 198; Bay. Dienststrafhof n. F. 7 III 4; BGH VerwRspr 7, 1009.

[78] *Schütz* LBG § 32 Anm. 12; *Koehler* § 42 A IV 2 b.

der Widerspruch, § 80 VWGO, hemmt die Beschwerde grundsätzlich die Vollziehung des angefochtenen Verwaltungsakts nicht, §§ 3 Abs. 1, 22 Abs. 4 WBO. Jedoch tritt auch hier spätestens mit Erhebung der Anfechtungsklage die aufschiebende Wirkung ein, § 80 VWGO. Vorerst kann also die auf Beendigung des Dienstverhältnisses abzielende Entlassungs-(Widerrufs-)verfügung ihre Wirkungen nicht voll entfalten. Entscheidet sich das Verwaltungsgericht für ihre Rechtmäßigkeit, so stellt sich die Frage nach der statusrechtlichen Beurteilung des Entlassenen in der Zeit zwischen Entlassungsverfügung und Urteil. Angriffsziel der Klage und damit Gegenstand des Urteils ist der ursprüngliche Verwaltungsakt in der Form, die er durch den Widerspruchsbescheid gefunden hat, § 79 VWGO. Wenn das Gericht also die Entlassungs-(Widerrufs-)verfügung bestätigt, war der Beamte (Soldat) in dem von der Behörde festgesetzten Zeitpunkt rechtlich bereits entlassen. Tatsächlich aber hat er bis zur Rechtskraft des Urteils in einem faktischen Beamten-(Wehr-)dienstverhältnis gestanden.

Dieses Ergebnis ist unabhängig davon, ob man in der Anordnung der aufschiebenden Wirkung durch § 80 VWGO lediglich ein Vollziehungshemmnis erblickt[79] oder ob man dieser Vorschrift materielle, rechtsgestaltende, das Dienstverhältnis verlängernde Eigenschaft zumißt[80]. Nach der Vollziehbarkeitslehre wird die Wirksamkeit der Entlassungsverfügung und damit des darin festgesetzten Entlassungszeitpunktes durch die aufschiebende Wirkung ohnehin nicht berührt. Nach der Wirksamkeitslehre vernichtet die Klageabweisung alle Rechtsfolgen der aufschiebenden Wirkung ex tunc auf den von der Behörde festgesetzten Entlassungszeitpunkt[81]. Immer schafft also der Suspensiveffekt zwischen festgesetztem Entlassungszeitpunkt und Rechtskraft des klageabweisenden Urteils ein faktisches Dienstverhältnis.

---

[79] BVerwG 8. Senat AS 13, 1; OVG Münster AS 15, 198 (199); OVG Lüneburg VerwRspr 3, 562 (563); *Kreßel* BayVBl 1958, 12 ff.; *Fromm* BB 1962, 985; *Fromm* DVBl 1966, 241 ff., 245.

[80] *Redeker-v. Oertzen* § 80 Anm. 1 mit Nachweisen; *Eyermann-Fröhler* § 80 Anm. 4; *Gröbe* DöV 1957, 233 ff.; *Schäfer* DVBl 1962, 848 ff.; OVG Münster MDR 1950, 697; BGH VerwRspr 7, 1008 (1009); VG Minden DVBl 1965, 697 (698); unentschieden BayDienststrafhof n. F. 7 III 4; VGH Stuttgart VerwRspr 9, 966.

[81] *De Clerck* DöV 1964, 152; *Siegmund-Schultze* DVBl 1963, 747.

§ 2. Der Rechtscharakter des faktischen Dienstverhältnisses

Allen dargelegten Tatbeständen ist gemeinsam, daß die Beteiligten ihren Beziehungen beamten-(soldaten-)rechtliche Vorschriften während eines Zeitraumes zugrunde gelegt haben, der von einer gültigen Einstellung bzw. Einberufung nicht erfaßt war. Daher bestand auf Grund der Einstellung (Einberufung) jedenfalls für die Leistungen des Dienstherrn ebensowenig ein gesetzlicher Grund, wie der Scheinernannte Anlaß zur Erfüllung seiner dienstrechtlichen Arbeits-, Treue-, Verschwiegenheits- und sonstigen Pflichten hatte. Erman[1] stellt — bezüglich der Personalgesellschaften auf mangelhafter Vertragsgrundlage — fest, daß das Unwirksamkeitsgebot, dem die hier aufgeführten Tatbestände entsprechen, nur eine „vorläufige Ordnung" schaffe, die mittels besonderer Rechtsbehelfe erst zur „endgültigen Ordnung" entwickelt werden müsse. Das faktische Dienstverhältnis als „vorläufige Ordnung" muß, dem Gesetzesbefehl folgend, in die „endgültige Ordnung" der vollständigen Rückabwicklung überführt werden. Bei der Erarbeitung der Grundsätze und des Instrumentariums dieser Rückabwicklung stellt sich zunächst die Frage nach der Anwendbarkeit bürgerlich- oder öffentlich-rechtlicher Vorschriften. Von dieser Entscheidung hängen nämlich Voraussetzung, Inhalt, Umfang und Modus des Geltendmachens der beiderseitigen Pflichten ab, deren vollständige Erfüllung erst den erstrebten Zustand der endgültigen Ordnung schafft.

Da die Rückabwicklung rechtlich erheblicher Vorgänge lediglich das Spiegelbild des zugrunde liegenden Rechtsverhältnisses ist, muß das „Abwicklungsverhältnis" immer dem gleichen Rechtskreis angehören wie das ursprüngliche Rechtsverhältnis[2]. Es bedarf also einer Untersuchung des faktischen Dienstverhältnisses, der vorläufigen Ordnung, auf seinen bürgerlich- oder öffentlich-rechtlichen Gehalt. Scheinunterworfener und Scheindienstherr stehen zueinander in einer sozialen Beziehung, die von der Rechtsordnung — sie hat sie selbst durch die einschlägigen Vorschriften erst geschaffen — sanktioniert wird[3]. Eine gesellschaftliche,

---

[1] Personalgesellschaften, S. 60.

[2] *Koehler* § 40 VII b spricht in Anschluß an *Jellinek* Verwaltungsrecht § 3 S. 51 von „Umkehrung". *Jellinek* verwendet den Ausdruck „Abwicklung" in anderem Sinne.

[3] *Schröcker* DVBl 1957, 664.

von der Rechtsordnung anerkannte Beziehung ist ein Rechtsverhältnis[4]. Es fragt sich, ob dieses Rechtsverhältnis dem öffentlichen oder dem bürgerlichen Rechtskreis zugeordnet werden muß.

A. Spezialität des Dienstrechts

Wenn sich bei der Analyse des Verhältnisses zwischen Scheindienstherrn und Scheinverpflichtetem aus der Spezialität des öffentlichen Dienstrechts keine Anhaltspunkte ergeben, muß auf allgemeine Grundsätze zur Abgrenzung zwischen öffentlichem und privatem Recht zurückgegriffen werden.

Es steht fest, daß das öffentlich-rechtliche Verhältnis, dessen Existenz die Beteiligten ihrer Beurteilung der Rechtslage zugrunde legten, durch den Einstellungsakt nicht begründet werden konnte, bzw. im Falle des tatsächlichen Weiterdienens (oben § 1 C) rechtlich beendet war.

Das öffentliche Dienstrecht ist gekennzeichnet durch das Prinzip des Typenzwanges[5]. Grundsätzlich soll es keine anderen Formen des dauernden „im hoheitlichen Dienst Tätigseins" geben als diejenigen des Beamten, Art. 33 Abs. 4 GG; § 2 Abs. 3 BRRG, des Richters und des Soldaten in ihrer jeweiligen gesetzlichen Ausprägung[6]. Wenn also das gewollte Beamten- oder Soldatenverhältnis nicht begründet worden ist, könnte als einzige Alternative die gewesene Beziehung jeglichen hoheitlichen Charakters entbehren. Sie wäre dann völlig dem Privatrecht zuzuweisen und müßte nach den Grundsätzen des Arbeitsrechts abgewickelt werden[7]. Eine solche Auslegung verkennt jedoch die Tragweite des beamtenrechtlichen Ausschließlichkeitsgrundsatzes. Er beruht auf dem Prinzip der Gesetzmäßigkeit der Verwaltung. Ein Dienstherr kann ohne materiell-rechtliche Ermächtigung einen Bewerber selbst mit dessen Einverständnis nicht in ein hoheitliches Dienstverhältnis berufen. Jede Verwirklichung der damit eingeräumten hoheitlichen Befugnisse des Dienstherrn stellte nämlich einen Eingriff in die Rechte des Unterworfenen dar. Dieser wäre besonders schutzlos, da nicht nur die Voraussetzungen, sondern auch die

---

[4] *Enneccerus-Nipperdey* I § 71 I, S. 427; vgl. zum Begriff „Rechtsverhältnis" und „besonderes Gewaltverhältnis" BVerwGE 1, 263 (264).

[5] *Schröcker* DVBl 1957, 663; vgl. auch die Aufzählung von *Schütz* LBG § 2 Anm. 22.

[6] A. A. *Pieck* DöV 1966, 217 ff.; dagegen *Wilhelm* DöV 66, 221 ff.

[7] Landesarbeitsgericht Frankfurt NJW 1954, 248 nahm ein faktisches Arbeitsverhältnis an.

Grenzen[8] einer solchen Machtausübung keinen gesetzlichen Schranken unterlägen. Diese Erkenntnis der Funktion des Typenzwanges macht zugleich die Grenze des Grundsatzes deutlich. Er ist ein Postulat, das zwangsläufig nur auf zukünftiges Verhalten gerichtet sein kann. In dem Verbot, ein öffentlich-rechtliches Dienstverhältnis sui generis zu *begründen,* ist nicht das Verbot enthalten, ein in der Vergangenheit liegendes Dienstverhältnis, das keinem der gesetzlich vorgeprägten Typen entspricht, als öffentlich-rechtlich anzuerkennen[9].

Der Typenzwang des öffentlichen Dienstrechts ist als Erkenntnisquelle zur rechtlichen Qualifikation des faktischen Dienstverhältnisses ungeeignet.

B. Neuere Subjektslehre

Die von Wolff[10] entwickelte neuere Subjektslehre grenzt das öffentliche vom privaten Recht nach dem Charakter der Normen ab, derer sich eines der am Rechtsverhältnis beteiligten Subjekte bedient. Verpflichten und berechtigen sie nicht jedermann, sondern nur einen Träger hoheitlicher Gewalt, so soll ein öffentliches, sonst ein privates Rechtsverhältnis vorliegen[11]. Gegenstand der vorliegenden Untersuchung ist jedoch gerade die Frage nach dem Charakter der auf das faktische Dienstverhältnis anwendbaren Rechtsvorschriften. Hierbei kann die neuere Subjektslehre eine weitere Erkenntnis nicht vermitteln.

C. Subjektionslehre

Die Subjektionslehre[12] trennt öffentliches und privates Recht nach den Kriterien der Über- und Unterordnung, die die Rechtsverhältnisse des

---

[8] Besonders *Schröcker* DVBl 1957, 663 weist auf die Gefahr hin, durch Zulassung öffentlich-rechtlicher Dienstverhältnisse sui generis die gesetzlichen Rechtsgarantien sowohl des Beamten- als auch des Arbeitsrechts auszuschalten.

[9] So auch OVG Koblenz AS 1, 23 (42 ff.).

[10] AöR 76, 205 ff.

[11] AöR 76, 208.

[12] BGHZ 14, 222 (227); BGH DVBl 1962, 102; BVerwGE 12, 64 (65); *Rosenberg* § 11 S. 38 f.; *Forsthoff* § 6 S. 99; *Redeker-v. Oertzen* § 40 Anm. 5 und 6; mit Einschränkungen *Fleiner* § 4 S. 48 f.

ersten, und denen der Gleichordnung, die solche des zweiten Systems kennzeichnen. Zutreffend hat Wolff[13] auf die Vielgestalt des Begriffes „Rechtsverhältnisse" verwiesen. Er umfaßt einen Lebenssachverhalt und einen Rechtssatz. Als Übereinstimmung beider ergibt sich eine Rechtsfolge. Die Subjektionslehre erklärt nicht das rechtssatzmäßige, sondern das tatsächliche Über- und Unterordnungsverhältnis als maßgeblich für die Abgrenzung zwischen öffentlichem und privatem Recht[14].

Das tatsächliche Über- und Untergeordnetsein kann sich nur in der Möglichkeit, Macht auszuüben, manifestieren. Nicht jede Ausübung tatsächlicher Macht schafft ein Hoheitsverhältnis[15]. Dem Arbeitgeber-Arbeitnehmer-, dem Eltern-Kindverhältnis ist die sich im Befehlen und Gehorchen ausdrückende Gewaltausübung wesenseigen (Beispiele von Wolff[16]). Weder die eine noch die andere Beziehung kann dem öffentlichen Recht zugeordnet werden. Gleiches gilt vor der Gewalt, die ein Verein auf Grund der Satzung gegenüber seinen Mitgliedern ausüben kann. Neben die tatsächliche Machtausübung muß also ein weiterer einschränkender Gesichtspunkt treten. Er ergibt sich aus der Struktur der von öffentlichem und privatem Recht gestalteten Sozialbeziehungen. Gewisse Tätigkeiten hat der Staat grundsätzlich sich selbst vorbehalten. Genannt sei das staatliche Strafmonopol oder das Vollstreckungsmonopol von Ansprüchen jeder Art. Alles andere die Rechte der Umwelt nicht beeinträchtigende Tun steht jedermann frei. Daraus ergibt sich, daß eine hoheitliche Beziehung zwischen zwei Rechtsträgern dann vorliegt, wenn ein im Weg der Staatswillensbildung Legitimierter (Ku-Klux-Klan und sonstige Femegerichte schaffen keine hoheitlichen Verhältnisse zum „Verurteilten") eine Macht ausübt, die generell dem Staat vorbehalten ist.

Macht bedeutet die Chance, innerhalb sozialer Beziehungen den eigenen Willen auch gegen Widerstreben durchzusetzen, gleichviel worauf die Chance beruht[17]. Der Dienstherr gibt seinem eigenen, in Bezug auf den de facto Beamten (Soldaten) geformten Willen einen Inhalt, wie er lediglich Trägern hoheitlicher Gewalt vorbehalten ist. Er behandelt nämlich den de facto Beamten (Soldaten) genau wie einen Unterworfenen im Rahmen eines fehlerfrei begründeten Beamten-(Soldaten-)Verhältnisses, eines hoheitlichen Dienstverhältnisses. In Bezug auf die Willensbildung ist also die Vorstellung des Dienstherrn entscheidend. Dessen Chance, diesen hoheitlichen Willen durchzusetzen, beruht nicht auf einer Mög-

---

[13] *Wolff* AöR 76, 205.

[14] *Wolff* AöR 76, 205.

[15] Vgl. im übrigen zum Problemkreis „Macht gleich Hoheitsgewalt": *Huber* Gestalt des deutschen Sozialismus S. 8 ff.

[16] *Wolff* AöR 76, 205.

[17] *Weber* Wirtschaft und Gesellschaft Kapitel I § 16 S. 38.

lichkeit, die ihm durch Gesetze eingeräumt worden ist, sondern lediglich auf dem Irrtum des Dienenden, der sich gesetzlich vorgesehenen Sanktionen unterworfen glaubt. Da es aber gleichgültig ist, worauf die Durchsetzungschance beruht[18], schließt diese Tatsache das Bestehen eines Machtverhältnisses und — unter Beachtung der erörterten einschränkenden Kriterien — eines Hoheitsverhältnisses nicht aus. Insoweit ist also der Irrtum und damit die Vorstellung des Untergebenen maßgebend.

Im Ergebnis prägen die Vorstellungen des Dienstherrn und des de facto Beamten (Soldaten) von ihren rechtlichen Beziehungen zueinander den rechtlichen Charakter des faktischen Dienstverhältnisses.

Es fragt sich, ob diese Erkenntnis auch dann zutrifft, wenn entweder einer der Beteiligten oder sogar beide, wie etwa im Soldatenrecht bei tatsächlichem Weiterdienen trotz rechtlicher Beendigung[19], die Mangelhaftigkeit der Rechtsgrundlage des Dienstverhältnisses kennen. Gemeinsam ist diesen Fallgruppen, daß der Wissende die wirkliche Rechtslage nicht realisieren will. Immer geht seine Vorstellung auf eine Verhaltensweise aller Beteiligten, die tatsächlich genau dem gesetzlichen Typus des jeweiligen öffentlichen Dienstverhältnisses entspricht. Tatsächlich nimmt der Dienstherr genau denselben Einfluß, übt dieselbe Hoheitsmacht aus wie im Rahmen eines fehlerfrei begründeten Dienstverhältnisses. Der de facto Beamte (Soldat) unterwirft sich auch tatsächlich dieser Hoheitsgewalt, wobei wiederum gleichgültig ist, auf welchen Motiven diese Unterwerfung beruht. Sie kann auch in der Scheu des de facto Beamten (Soldaten) begründet sein, durch Berufung auf den Einstellungsfehler den Dienstherrn auf seine Pflicht aufmerksam zu machen, das als faktisch erkannte Dienstverhältnis zu lösen. Beendet jedoch der faktisch Dienende seine „unterwürfige" Haltung durch Berufung auf die Fehlerhaftigkeit der Rechtsgrundlage des Dienstverhältnisses, ist auch die tatsächliche Machtausübung des Dienstherrn beendet und damit gleichzeitig das Hoheitsverhältnis abgebrochen.

Zusammenfassend wird festgestellt, daß auch im Rahmen eines fehlerhaft begründeten Dienstverhältnisses der Dienstherr eine tatsächliche Macht ausübt, die generell von der Rechtsordnung Trägern hoheitlicher Gewalt vorbehalten ist. Auch das Dienstverhältnis eines de facto Beamten (de facto Soldaten) gehört damit dem öffentlichen Recht an[20].

---

[18] *Weber* Wirtschaft und Gesellschaft Kapitel I § 16 S. 38.

[19] Vgl. oben § 1 C I 1.

[20] So ausdrücklich Art. 13 Abs. 1 des Bayerischen Gesetzes über kommunale Wahlbeamte vom 16. 6. 1964 (GVBl S. 113); *Wiedow* § 14 Anm. 5; *Schröcker* DVBl 1957, 664; *Siegmund-Schultze* DVBl 1962, 509; OVG Koblenz AS 1, 23 (29 ff.); BayVGH n. F. 7 I 110 (113); a. A. Landesarbeitsgericht Frankfurt NJW 1954, 248.

D. Begründungstatbestände faktischer Verwaltungsrechtsverhältnisse

Diese Erkenntnis bedarf einer Einschränkung. Nicht jedes Rechtsverhältnis, in dessen Rahmen ein Scheinunterworfener wie ein Beamter oder Soldat Dienste leistet, kann als öffentlich-rechtlich angesehen werden.

I. Erfordernis eines Anknüpfungspunktes

Der Dienstherr übt gegenüber de facto Beamten und de facto Soldaten eine Macht aus, die durch das allgemeine Gewaltverhältnis zwischen Bürger und Staat nicht mehr gedeckt ist. Also befinden sich auch de facto Beamter und de facto Soldat zum Dienstherrn in einem besonderen Gewaltverhältnis[21]. Eine solche, aus der Masse der Privatrechts- und allgemeinen Gewaltverhältnisses hervorgehobene Beziehung bedarf eines Begründungstatbestandes, eines Anknüpfungspunktes. Schon die Privatrechtsordnung schützt grundsätzlich vor Zwangsbindungen, wie sich aus § 814 BGB, dem Verbot des Vertrages zu Lasten Dritter und § 516 Abs. 1 BGB ergibt, der sogar zur Rechtswirksamkeit einer Schenkung die Einigungserklärung des Beschenkten verlangt. Der gleiche Grundsatz ist Bestandteil der Lehre der im Zivilrecht anerkannten Figuren des faktischen Arbeitsverhältnisses und der faktischen Gesellschaft geworden. Derartige auf mangelhafter Vertragsgrundlage beruhende Rechtsverhältnisse werden nicht nach allgemeinen Bereicherungs- und Deliktsvorschriften, sondern nach Bestimmungen abgewickelt, die denjenigen der Behandlung fehlerfrei begründeter Verhältnisse weitgehend angenähert sind. Die Anwendung dieser Vorschriften wird jedoch immer von dem Bestehen eines Vertragstatbestandes überhaupt, sei er auch fehler- und lückenhaft, abhängig gemacht[22].

Wenn schon dem Teilnehmer am Privatrechtsverkehr keine, ihm nicht zurechenbare, Rechtsbeziehung aufgezwungen werden darf, muß dieser

---

[21] *Siegmund-Schultze* DVBl 1962, 509; zum Begriff: vgl. *Wolff* I § 32 IV c 3; *Forsthoff* § 7 S. 115.

[22] *Hueck* § 21 S. 112, der auf folgende Entscheidung des BGH (BGHZ 11, 190) hinweist: „Von einer faktischen Gesellschaft kann nach der insoweit gefestigten Rechtsprechung nur dann gesprochen werden, wenn ein Gesellschaftsvertrag vorliegt, dieser jedoch aus Rechtsgründen nichtig oder anfechtbar ist. Auch eine faktische Gesellschaft setzt wie jede Gesellschaft einen Gesellschaftsvertrag voraus"; *Fischer* NJW 1955, 849; *Siebert* S. 45; *Hueck* AcP n. F. 29, 1 (4); *Nikisch* I § 23 S. 185: „Überhaupt nicht hierher gehört der ... Fall, daß ein Arbeitnehmer sich ohne Wissen der zur Einstellung legitimierten Personen in den Betrieb eingeschlichen hat. Daß hier kein Arbeitsverhältnis, auch kein faktisches entsteht, sollte klar sein."

Grundsatz in viel stärkerem Maße für den Hoheitsträger Staat gelten. Es kann nicht in der Macht des Bürgers liegen, durch eigenmächtige Eingliederung in den staatlichen Organismus ein besonderes Gewaltverhältnis, besonders enge Rechtsbeziehungen zwischen sich und dem Staat zu schaffen[23]. Liegt jedoch ein vom Staat veranlaßter Begründungstatbestand eines solchen engeren Verhältnisses vor, wird seinem Willen keine Gewalt angetan.

II. Qualifizierung des Anknüpfungspunktes

Die Beschaffenheit dieses Anknüpfungspunktes ergibt sich aus der ihm zugedachten Aufgabe. Er soll bewirken, daß dem Staat ein Lebenstatbestand in irgendeiner Form zugerechnet werden kann. Der Anknüpfungspunkt muß also vom Staat selbst geschaffen worden sein, denn diesem kann von niemandem eine solche Beziehung aufgezwungen werden.

III. Einstellung als Anknüpfungspunkt

Begründungstatbestand jeden faktischen Dienstverhältnisses eines Beamten (Soldaten) ist der Verwaltungsakt der Einstellung (Einberufung beim Wehrpflichtigen).

Hat die Staatsäußerung einmal ihre rechtsschöpfende Kraft ausgeübt, so kann diese auch über die rechtlich vorgesehene Dauer eines Dienstverhältnisses hinauswirken. Auch in den Fällen des tatsächlichen Weiterdienens trotz rechtlicher Beendigung des Dienstverhältnisses dauert also ein einmal begründeter öffentlich-rechtlicher Charakter der Beziehung an.

Dieser Einstellungs- (Einberufungs-)akt oder ein ähnlich zu qualifizierendes Verhalten eines Dienstherrn bedarf eines Minimums an rechtlicher Kraft, um ein besonderes Gewaltverhältnis begründen zu können. Eine solche rechtliche Wirkung hat nicht nur der fehlerfreie, sondern auch der fehlerhafte, grundsätzlich zunächst gültige und sogar der nichtige Verwaltungsakt. Auch er läßt gewisse hoheitliche, wenn auch nicht die beabsichtigten Rechtsfolgen entstehen[24]. Er verweist nämlich als Hoheitsakt allein durch seine Existenz auf staatliche Autorität[25] und ruft

---

[23] A. A. *Scherer-Krekeler* § 21 I 6, die auch in diesen Fällen das Entstehen eines öffentlich-rechtlichen Dienstverhältnisses annehmen.

[24] *Peters* S. 165; *Turegg-Kraus* S. 139; *Huber* Wirtschaftsverwaltungsrecht § 107 S. 681.

[25] *Forsthoff* § 12 S. 209.

dadurch einen Rechtsschein hervor, den sich der Staat zurechnen lassen muß[26]. Dieser Rechtsschein kann mit der verwaltungsgerichtlichen Feststellungs- und sogar Anfechtungsklage beseitigt werden[27].

Von den nichtigen Verwaltungsakten müssen die sogenannten Nichtakte unterschieden werden[28]. Dabei handelt es sich um Äußerungen, die, in mehr oder minder hohem Maße amtlichen Inhalt vortäuschend, dem Staat in keiner Weise zugerechnet werden können und deshalb außer möglichen straf- und zivilrechtlichen keine weiteren Rechtsfolgen nach sich ziehen können[29]. Sie vermögen nie, ein hoheitliches Unterwerfungsverhältnis zu begründen.

1. Rechtsfolgen von nichtiger Einstellung und Nichteinstellung

Eine Gegenüberstellung der rechtlichen Folgen einer nichtigen und einer Nichteinstellung macht schwerwiegende Unterschiede deutlich.

a) Wirksamkeit von Amtshandlungen

Die Amtshandlungen eines nichtig Ernannten werden durch §§ 14 Satz 1 BBG, § 14 Abs. 2 Satz 1 LBG NW in ihrer Wirksamkeit geschützt. Alle „Amtshandlungen" eines Nichternannten sind dagegen für jedermann ein rechtliches Nichts[30].

b) Bezüge

Auf die durch einen Nichtakt begründete Beziehung ist § 14 Satz 2 BBG und § 14 Abs. 2 Satz 2 LBG NW, wonach dem Nichtigernannten die gezahlten Bezüge belassen werden können, nicht anwendbar.

c) Nachversicherung

Nach allgemeiner Anschauung[31] muß der Nichtigernannte nachversichert werden. Dagegen besteht für den Dienstherrn gegenüber dem Nichternannten keine derartige Pflicht[32].

---

[26] *Huber* Wirtschaftsverwaltungsrecht § 107 S. 681; *Jellinek* Verwaltungsrecht § 11 S. 262, 263, der allerdings die hier als Nichtigkeit bezeichnete Rechtsfolge Unwirksamkeit nennt.

[27] *Redeker-v. Oertzen* § 42 Anm. 11; *Koehler* § 43 VIII.

[28] *Turegg-Kraus* S. 139 und 144; *Wolff* I § 51 II; *Huber* Wirtschaftsverwaltungsrecht § 107 S. 678.

[29] *Peters* S. 165 spricht von rechtlichem Nichts; vgl. auch *Wolff* I § 51 II; *Huber* Wirtschaftsverwaltungsrecht § 107 S. 679; *Forsthoff* § 12 S. 210; *Bender* DVBl 1953, 33; *Jellinek* Verwaltungsrecht § 11 S. 262.

[30] Auf die Bedeutung der Ausnahmeregelung des § 11 Abs. 2 Ehegesetz wird unten § 2 D III 2 a aa eingegangen.

[31] Für alle: *Brackmann* S. 626 d IV mit Nachweisen; vgl. aber unten § 3 A I 1 e.

[32] *Hanow-Lehmann-Bogs-v. Altrock* § 1232 Anm. 6; zweifelnd *Brackmann* S. 626 d V.

d) Straf- und haftungsrechtliche Beamteneigenschaft

Der durch Nichtakt in ein „Dienstverhältnis" Berufene kann weder Beamter im straf- noch im haftungsrechtlichen Sinne sein. Diese Eigenschaft ist immer an die Ausübung hoheitlicher Tätigkeit geknüpft, es muß sich um Dienstverrichtungen handeln, die aus der Staatsgewalt abgeleitet sind[33]. Um eine Dienstverrichtung aus der Staatsgewalt ableiten zu können, bedarf es eines hoheitlichen Aktes[34]. Anders als die nichtige Einstellung kann eine Nichternennung diesem Erfordernis nicht genügen. Weder ist es möglich, einen Hauptmann von Köpenick zu bestechen, noch haftet er für gegenüber Dritten begangene „Amtspflichtverletzungen". Er kann in den besonderen straf- und haftungsrechtlichen Pflichtenkreis nicht gelangen.

e) Rechtsweg

Zur Entscheidung von Streitigkeiten aus Rechtsverhältnissen zwischen Nichternannten und ihren Scheindienstherrn sind immer die ordentlichen Gerichte berufen. Weder §§ 126 BRRG, 172 BBG, 180 LBG NW noch § 40 Abs. 1 VWGO eröffnen den Verwaltungsrechtsweg. Man mag den Begriff des „früheren Beamten" in § 126 BRRG noch so weit ausdehnen[35], nie wird man die Person darunter fassen können, die ohne jeglichen öffentlich-rechtlichen Anknüpfungspunkt rein tatsächlich in die staatliche Organisation eingegliedert worden ist. Aber auch § 40 Abs. 1 VWGO läßt sich zur Begründung des Verwaltungsrechtswegs nicht heranziehen. Da die Nichteinstellung ein verwaltungsrechtliches nullum ist, kann sie weder das hoheitliche Verhältnis begründen, das sie beabsichtigt, noch ein anderes. Die Folge eines Nichtaktes muß allein nach bürgerlichem Recht mit Bereicherungs-, Schadensersatz- und Besitzstörungskonsequenzen abgewickelt werden.

2. Minimalanforderungen an den Einstellungsakt

Es fragt sich, nach welchen Kriterien die Unterscheidung zwischen nichtigem Einstellungsakt und Nichtakt, an die die aufgezeigten unterschiedlichen Rechtsfolgen geknüpft sind, vorgenommen werden soll.

a) Allgemeine Prinzipien

Es gibt gewisse Abgrenzungskriterien zwischen nichtigem und Nichtakt, die nicht nur auf das öffentliche Dienstrecht, nicht nur auf das Ver-

---

[33] *Schönke-Schröder* § 359 Anm. 6; *Wiedow* § 2 Anm. 12 und 13; RGSt 60, 139 (140); RGSt 75, 396.

[34] *Schönke-Schröder* § 359 Anm. 6.

[35] *Wiedow* § 142 Anm. 12 und 13; *Schütz* LBG § 180 Anm. 25.

waltungsrecht, sondern auf jede staatliche Äußerung, so z. B. jegliche Art von Urteilen[36], zutreffen.

aa) Staatsautorität als Ursprung des Aktes

Nur der Staat kann sich selbst binden. Nur Handlungen, die von ihm oder von einem von ihm Legitimierten ausgehen, können öffentliche Rechtswirkungen herbeiführen. Damit sind alle Äußerungen Privater, die Anspruch auf hoheitlichen Inhalt erheben, als Nichtakte zu qualifizieren[37]. Dabei kommt es nicht auf einen etwa verursachten Rechtsschein an. Selbst wenn die Machtusurpation des Hauptmanns von Köpenick auch einem objektiven Beobachter als solche nicht erkennbar gewesen wäre, entbehrten seine Handlungen jeglicher öffentlicher Rechtswirkungen. Eine echte Ausnahme bilden die Akte desjenigen, der öffentlich das Amt eines Standesbeamten ausgeübt hat. Obgleich sich seine Handlungen in keiner Weise auf eine staatliche Autorität zurückführen lassen, sind sie kraft gesetzlichen Befehls voll wirksam, § 11 Abs. 2 Ehegesetz.

bb) Rechtsschein

Die zweite Gruppe der Nichtakte wird von Äußerungen gebildet, die „an sich" in irgendeiner Form von einem Hoheitsträger ausgehen, die jedoch entweder noch Behördeninternum[38] oder für jeden erkennbar so fehlerhaft sind, daß sie nicht einmal von einem Schein staatlicher Autorität getragen werden und aus diesem Grunde überhaupt keine öffentlichen Rechtswirkungen hervorrufen, etwa ein Lehrbeispiel, ein Scherzakt[39].

cc) Möglichkeit des Staates, einen Willen zu bilden

Schließlich sind Fälle denkbar, in denen eine von staatlicher Autorität und staatlichem Rechtsschein getragene Handlungsweise dem Staat dennoch nicht zugerechnet werden kann. Durch eine Verwechslung des Briefträgers geht ein Verwaltungsakt nicht dem gemeinten Adressaten, sondern einem benachbarten Namensvetter zu. Statt des einberufenen X meldet sich zur Ableistung des Wehrdienstes der mit dessen Papieren ausgestattete Y. Er wird in die staatliche Verteidigungsorganisation aufgenommen, und die Staatsautorität erweckt gegenüber Außenstehenden den Rechtsschein, ihn einberufen und mit hoheitlichen Befugnissen ausgestattet zu haben. Eine Person schleicht sich in eine Behörde ein, wird

---

[36] *Koehler* § 107 IV; *Redeker-v. Oertzen* § 107 Anm. 10; *Rosenberg* § 73 III S. 337; *Baumbach-Lauterbach* vor § 300 Anm. 3.

[37] *Huber* Wirtschaftsverwaltungsrecht § 107 S. 680 spricht von Fällen echter Machtusurpation.

[38] „Dem Betroffenen noch nicht bekannt gegebene Verwaltungsakte" *Wolff* I § 51 II; *Jellinek* Verwaltungsrecht § 11 S. 263.

[39] *Wolff* I § 51 II; *Bender* DVBl 1953, 33.

durch ein Mißverständnis nicht entfernt und erläßt mit Billigung der Behördenleitung „Verwaltungsakte". In diesen Fällen kann dem Staat die angeknüpfte Beziehung deshalb nicht als hoheitlich zugerechnet werden[40], weil er nicht einmal die Möglichkeit hatte, sich einen dem gesetzten Rechtsschein entsprechenden Willen zu bilden. Vor einer solchen unveranlaßten Zwangsbindung muß im Privatrechtsverkehr der Bürger[41], im hoheitlichen Bereich der Staat geschützt werden[42]. Hatte letzterer jedoch die Möglichkeit, einen Willen zu bilden, kann er sich von dem Hoheitsgehalt seines Aktes nicht mehr lösen. Hat die Behörde sich im Vornamen des Einzuberufenden geirrt und ist daraufhin der nicht gemeinte Bruder zum Dienstantritt erschienen, entsteht zu diesem ein hoheitliches Rechtsverhältnis.

Im Ergebnis liegt nach allgemeinen Lehren immer bereits dann ein nichtiger Verwaltungsakt im Gegensatz zum Nichtakt vor, wenn der Staat *zurechenbar* den Rechtsschein einer hoheitlichen Äußerung gesetzt hat.

b) Besonderheiten des öffentlichen Dienstrechts

Die Rechtswissenschaft nimmt überwiegend an, eine Beamten(Soldaten)einstellung sei dann als Nichtakt zu qualifizieren, wenn der Bewerber nicht mitgewirkt hat[43], wenn sie unter Nebenbestimmungen ausgesprochen wurden[44], wenn ihr erhebliche Formmängel anhaften[45]. Es wird zunächst untersucht, ob die Besonderheiten des öffentlichen Dienstrechts eine Abweichung von den dargelegten allgemeinen Lehren erfordern (aa); danach sollen die Bedenken aufgezeigt werden, die einer solchen Abweichung entgegenstehen (bb).

aa) Erforderlichkeit einer Abweichung

aaa) Mangelnde Mitwirkung

Das Leugnen jeglichen Hoheitsgehaltes eines Dienstverhältnisses, das ohne Mitwirkung des Bewerbers begründet worden ist, könnte aus zwei

---

[40] A. A. *Scherer-Krekeler* § 21 I 6 für den Fall, daß sich nicht der einberufene Wehrpflichtige, sondern für ihn ein Dritter zur Ableistung des Wehrdienstes stellt.

[41] Vgl. Fußnote 22 dieses Paragraphen.

[42] Unabhängig von dieser Problematik ist die Frage, ob der unaufmerksame Vorgesetzte sich gegenüber Dritten schadensersatzpflichtig gemacht hat.

[43] *Schütz* LBG § 11 Anm. 2; *Wiedow* § 11 Anm. 4; *Turegg-Kraus* S. 144; für das Soldatenrecht insgesamt: *Scherer* § 41 I 2.

[44] *Schütz* LBG § 11 Anm. 2; *Wiedow* § 11 Anm. 7; a. A. *Otto* ZBR 1955, 7.

[45] Für alle: *Wiedow* § 6 Anm. 6 und 7; *Wolff* I § 51 II c, sich ausdrücklich widersprechend I § 51 III b 3; *Fischbach* Anm. IV zu Vorbemerkung zu §§ 11—14, sich ausdrücklich widersprechend § 6 II 2, a. A. *Forsthoff* § 12 S. 220, ohne sich allerdings mit der Problematik auseinanderzusetzen.

Gesichtspunkten erforderlich sein. Sie sind in dem dualistischen Charakter der Mitwirkung begründet. Jene ist einmal materiellrechtliche Willenserklärung, das Einverständnis, in den besonderen Pflichtenkreis treten zu wollen, zum anderen — in Gestalt der Entgegennahme der Urkunde — zwingende formelle Voraussetzung für die Begründung des beabsichtigten Rechtsverhältnisses. Insoweit nimmt das Mitwirkungserfordernis den Charakter einer Formvorschrift an.

Einmal könnte also das Fehlen der materiell-rechtlichen Einverständniserklärung ein schutzwürdiges Interesse des Bewerbers begründen, nicht in die besonders enge hoheitliche Bindung zum Dienstherrn treten zu müssen, zum andern könnte seine Mitwirkung durch Entgegennahme der Urkunde ein Tatbestandsmerkmal des hoheitlichen Aktes Einstellung selbst sein, bei dessen Fehlen jener als nullum zu qualifizieren wäre. Es ist ein Irrtum, anzunehmen, daß der im Rahmen eines hoheitlichen Verhältnisses Unterworfene gegenüber demjenigen minderen Schutz genieße, dessen Beziehungen zum Scheindienstherrn lediglich auf Privatrecht beruhen. Im Hinblick auf das Ausmaß des Unterworfenseins stehen beide einander gleich. Nie hat der Scheindienstherr eine rechtliche Handhabe, sie zu einem Verhalten zu zwingen. Immer beruht seine Macht über sie auf dem allseitigen Irrtum. Es können, da niemand die Verschiedenheit ihres Rechtsstatus kennt, nicht einmal tatsächlich Maßnahmen verschiedenen Inhalts gegenüber beiden getroffen werden. Dem Dienstherrn obliegen jedoch gegenüber dem in engerer, nämlich hoheitlicher Bindung Stehenden erhöhte Obhutspflichten. Überdies schützen nur jenen eine Reihe von Vorschriften, die alle an den hoheitlichen Inhalt der Tätigkeit bzw. der Voraussetzung dafür, den hoheitlichen Inhalt der Beziehungen zum Dienstherrn, anknüpfen.

Auch dem Erfordernis der Mitwirkung durch Entgegennahme der Urkunde darf nicht so große Bedeutung beigemessen werden, daß ihr Fehlen Nichtaktsqualität der Einstellung bewirkt. Zwar liegt der Vergleich mit dem Übergabeerfordernis beim Eigentumserwerb nach § 929 BGB nahe. Ohne Übergabe ist die Eigentumsübertragung nicht etwa wegen Formfehlers nach § 125 BGB nichtig, sie ist vielmehr überhaupt nicht vorgenommen worden. Der Vergleich geht jedoch an den Besonderheiten des öffentlichen Rechts vorbei. Der Ausdruck des Staatswillens ist nicht koordinierter Bestandteil des Einstellungsaktes, sondern dessen bestimmender Inhalt. Alle anderen Wirksamkeitserfordernisse treten vor diesem dominierenden Faktor in den Hintergrund, so daß er auch dann als Staatsäußerung aufrecht erhalten werden muß, wenn sie alle fehlen. Der Dienstherr kann sich vom Hoheitsgehalt seiner Handlung nicht lösen.

bbb) Nebenbestimmungen

Bei der Untersuchung des rechtlichen Einflusses von Nebenbestimmungen auf eine Beamten(Soldaten)einstellung muß unterschieden werden zwischen Auflagen und Bedingungen. Oben (§ 1 A I 5 a) wurde dargetan, daß eine Auflage die rechtliche Wirksamkeit einer Einstellung völlig unberührt läßt.

Eine hinzugefügte Bedingung steht zwar der Wirksamkeit im Wege, es ist jedoch kein Grund denkbar, eine bedingte Einstellung als Nichtakt mit allen sich daraus ergebenden schweren materiellrechtlichen Folgen zu qualifizieren[46].

ccc) Formmängel

Auch bei der Untersuchung der Rechtsfolgen von Formmängeln muß differenziert werden. Einmal kann das Formerfordernis der Mitwirkung verletzt sein. Die sich daraus ergebenden Probleme sind oben dargestellt worden. Zum anderen ist denkbar, daß die überreichte Einstellungsurkunde nicht der gesetzlich vorgeschriebenen Form entsprochen hat. Der Gesetzeswortlaut der §§ 5 Abs. 3 BRRG, 6 Abs. 2 BBG, 8 Abs. 3 LBG NW „entspricht die Ernennungsurkunde nicht der ... vorgeschriebenen Form, so liegt eine Ernennung nicht vor", scheint in diesen Fällen auf einen Nichtakt hinzuweisen. Der Eindruck wird verstärkt durch die Gegenüberstellung der §§ 8 Abs. 1 BRRG, 11 Abs. 1 BBG, 11 Abs. 1 LBG NW. Dort heißt es, „eine Ernennung ist nichtig ...". Ein gradmäßiger, qualitativer Unterschied, an der Fehlerstärke gemessen, scheint hier den Gesetzgeber bewogen zu haben zu differenzieren.

Diese Auslegung ist jedoch nicht zwingend. Das Gesetz versteht grundsätzlich unter Nichtigkeit einen Fall der Unwirksamkeit, auf die sich jedermann berufen kann. Er verwendet also den allgemeinen Sprachgebrauch. Die durch diesen Oberbegriff „Nichtigkeit" gekennzeichnete Rechtsfolge kann auf zwei Arten eintreten. Zum einen fehlt dem Einstellungsakt ein Tatbestandsmerkmal. Diese Fälle umschreibt der Gesetzgeber zutreffend mit den Worten „liegt eine Ernennung nicht vor" und sondert sie demnach ordnend nach der Art, wie die Unwirksamkeit hervorgerufen wird. Die anderen Unterfälle der Nichtigkeit im eben erörterten weiteren Sinne werden begründet durch Verstöße gegen absolute gesetzliche Verbote. Der Gesetzgeber knüpft an sie die Rechtsfolge der „Nichtigkeit" im engeren Sinne.

Gegen eine solche Auslegung scheint der Wortlaut der Bestimmungen zu sprechen, der ganz allgemein formuliert ist: „Liegt eine Ernennung

---

[46] *Otto* ZBR 1955, 7 ist sogar der Ansicht, daß eine bedingte Einstellung voll wirksam sei.

nicht vor." Wenn eine Ernennung nicht vorliegt, so mag man argumentieren, ist nichts da, was nichtig sein könnte. Einerseits ist jedoch darauf hinzuweisen, daß auch bei einer nichtigen Ernennung „eine Ernennung nicht vorliegt", nämlich das gewollte Ziel der Begründung eines Dienstverhältnisses nicht erreicht wird. Zum anderen ist die These, verwandt mit der Lehre von den Tatbestandsmerkmalen, aus denen ein Verwaltungsakt bestehen und bei deren Fehlen er als tatbestandsmäßig unvollkommen ein juristisches Nichts sein soll, zu sehr in naturwissenschaftlicher Denkweise befangen. Die Jurisprudenz als wertende Wissenschaft darf sich durch solche, durch ihre logische Geschlossenheit überzeugenden Konstruktionen nicht von ihrer Aufgabe, gesellschaftliche Beziehungen gerecht zu gestalten, abbringen lassen. Bezogen auf die Problematik dieser Untersuchungen weist Huber[47] zutreffend darauf hin, daß Gültigkeit und Ungültigkeit des Staatsaktes nicht das Sein oder Nichtsein des Aktes in einem naturwissenschaftlichen Sinne bedeute. Es handele sich um die rechtliche Existenz des Staatsaktes, die von seinem natürlichen Bestand zu unterscheiden sei. Es könne kraft einer juristischen Fiktion im juristischen Sinne als bestehend behandelt werden, was in der natürlichen Wirklichkeit nicht bestehe und umgekehrt. Eine solche Fiktion ist dort erforderlich, wo naturwissenschaftliche Betrachtungsweise juristischen Wertungen widerspricht.

Die juristische Wertordnung muß den formfehlerhaft eingestellten Beamten eher wie einen zum Beamten ernannten Ausländer behandeln. Zum Fall des von einer Aufwartefrau zum Oberamtsrichter ernannten Gemeindedieners findet sich keine Parallele.

Erman[48] hat überzeugend dargetan, daß auch im Zivilrecht kein rechtssystematischer Unterschied zwischen mangelhaftem und lückenhaftem Vertrag besteht. „Genau wie der Gedanke der §§ 139, 140 seine Parallelentscheidung in §§ 154, 155 findet, wie also ein Vertrag mit nicht entscheidend wesentlichen Lücken einem Vertrage mit nicht entscheidend wesentlichem Mangel gleichgestellt wird, muß auch ein entscheidend lückenhafter Vertrag einem entscheidend mangelhaftem Vertrag gleichgestellt werden."

Im Ergebnis besteht auch bei dieser Art Formmängel kein Anlaß, abweichend von der allgemeinen, nur die Nichtigkeit anordnenden Regel des § 125 BGB, Nichtaktsqualität anzunehmen[49].

---

[47] Wirtschaftsverwaltungsrecht § 107 S. 679.

[48] Personalgesellschaften S. 54.

[49] So im Ergebnis, allerdings ohne auf die erörterte Problematik einzugehen, für das Soldatenrecht: *Rittau* § 1 Anm. 1; bei Formmängeln einer Beamteneinstellung *Otto* ZBR 1955, 2 ff.

bb) Bedenken gegen eine Abweichung

Eine Abweichung von den allgemeinen Lehren ist jedoch nicht nur nicht erforderlich, sie ist darüberhinaus unter keinem denkbaren Gesichtspunkt zu rechtfertigen. Die Grenze zwischen den schutzwürdigen Interessen des Einzelnen und den berechtigten Belangen des Staates, orientiert am Kriterium des zurechenbar veranlaßten Rechtsscheins, hat nämlich ihre innere Berechtigung. Das ergibt sich bereits daraus, daß sie nicht nur auf das Verwaltungsrecht beschränkt ist, sondern alle Arten scheinbarer und wirklicher Staatsäußerungen je nach ihrem hoheitlichen Gehalt scheidet. Wird diese Grenze zugunsten des einen oder anderen Bereiches verschoben, so ergeben sich Konsequenzen, die weder mit den Gesetzen noch mit der Verfassung in Einklang stehen.

Die „Amtshandlungen" eines Nichternannten sind nicht durch §§ 14 Satz 1 BBG, 14 Abs. 2 Satz 1 LBG NW geschützt. Daher müßten alle „Verwaltungsakte", die von einer ohne Mitwirkung, unter Nebenbestimmungen oder formfehlerhaft eingestellten Person erlassen worden sind, als rechtliches Nichts für jedermann unbeachlich sein[50]. Aus der amtlichen Begründung zu § 14 BBG[51] geht der Sinn der Regelung hervor: Fehler des Innenverhältnisses sollen das Außenverhältnis nicht berühren. Der Bürger muß sich darauf verlassen können, daß Handlungen, die eine vom Staat mit Autorität ausgestattete Person in dieser Eigenschaft vornimmt, ihre Gültigkeit behalten. Dieses Prinzip gilt um so mehr, als das Verhältnis zwischen Dienstherrn und Beamten nicht offenkundig für jedermann erkennbar ist und der Bürger allein darauf angewiesen ist, sich auf den Rechtsschein der Tätigkeit zu verlassen[52]. Von diesem Gesichtspunkt gesehen, macht es keinen Unterschied, ob die Einstellung an einem Formfehler krankt oder deshalb nichtig ist, weil der Bewerber nicht Deutscher war. Im Gegenteil, der Bürger kann sich an Hand öffentlicher Register, Umfragen, Detekteien eher davon überzeugen, ob der ihm gegenüberstehende Beamte zur Zeit seiner Einstellung die deutsche Staatsangehörigkeit hatte oder entmündigt war, als davon, ob die von ihm empfangene Einstellungsurkunde den gesetzlichen Erfordernissen entsprach.

Ferner würden sich wohl kaum zu bewältigende verwaltungspraktische Schwierigkeiten ergeben, wollte man einen de facto Beamten, dessen Einstellung an Formfehlern u. s. w. krankt, als Nichtbeamten behandeln. Die gesamte nach außen in Erscheinung getretene Tätigkeit

---

[50] So z. B. *Nadler-Wittland-Ruppert* § 32 Anm. 6; *Schröcker* DVBl 1957, 668; zwar nicht ausdrücklich, aber im Ergebnis wohl auch *Wiedow* § 14 Anm. 1; *Schütz* LBG § 14 Anm. 1; *Fischbach* § 14 I und II.

[51] 1. WP. Bundestagsdrucksache 2846 S. 38.

[52] *Forsthoff* § 12 S. 210.

einer solchen Person entbehrte jeglichen hoheitlichen Charakters. Auch diese Konsequenz wollten §§ 14 Satz 1 BBG und 14 Abs. 2 Satz 1 LBG NW im Verwaltungsinteresse ausschließen.

Die Unhaltbarkeit einer gegenteiligen Ansicht erkennt allein — soweit ersichtlich — Schmidt-Ränsch[53]. Er differenziert zwischen nichtiger Ernennung, Nichternennung — in diesen Fällen seien die Amtshandlungen gültig — und offensichtlicher Nichternennung. Nur im letzteren Falle verdiene das Vertrauen des Bürgers keinen Schutz. Die Unterscheidung zwischen Nichternennung und offensichtlicher Nichternennung findet weder im Gesetz noch in der Literatur eine Stütze. Sie löst auch nicht die Problematik, sondern verschiebt sie nur. Nicht die Offensichtlichkeit, sondern der zurechenbar veranlaßte Rechtsschein ist das maßgebliche Abgrenzungskriterium.

Die unterschiedlichen Rechtsfolgen zwischen nichtiger Einstellung und Nichteinstellung im Hinblick auf die Rückforderung der gezahlten Bezüge, die Nachversicherungspflicht, die straf- und haftungsrechtliche Beamteneigenschaft wurden oben (§ 2 III 1) dargelegt.

Dabei stellt sich die Frage, ob ein Scheinbeamter, der wegen seiner Eigenschaft als Ausländer nicht wirksam eingestellt werden konnte, von demjenigen unterschiedlich behandelt werden darf, der eine formfehlerhafte Urkunde bekommen hat. Da sachliche Gesichtspunkte eine solche Differenzierung — soweit ersichtlich — unter keinen Umständen rechtfertigen, wäre die Regelung mit Art. 3 und 33 Abs. 5 GG nicht vereinbar. Beim echten Nichtakt dagegen hat der Staat selbst eine Beziehung zum Scheinfunktionär nicht geknüpft; für ihn besteht deshalb keine Veranlassung, den Nichternannten dadurch zu schützen, daß er das Empfangene behalten darf. Auch Brackmann[54] will — in Hinblick auf die Nachversicherungspflicht — eine Abgrenzung allein nach dem Gesichtspunkt des schutzwürdigen Vertrauens des Eingestellten, der Kehrseite des vom Staat hervorgerufenen Rechtsscheines, vornehmen.

c) Ergebnis

Diese Konsequenzen der Theorie des Nichtaktes sind so abwegig, daß die einen nur von einigen, die anderen — soweit ersichtlich — von keinem Autor und Gericht gesehen werden[55]. In der Frage der Wirksamkeit der Amtshandlungen differenzieren zwischen Nichternennung und nichtiger

[53] § 18 Anm. 4.

[54] S. 626 d. V.

[55] So hatte z. B. der BayVGH n. F. 7 I, 110 (113) trotz der von ihm angenommenen Nichternennung keine Bedenken, ohne weitere Begründung von dem Entstehen eines öffentlich-rechtlichen Dienstverhältnisses auszugehen.

Ernennung Schröcker[56], Nadler-Wittland-Ruppert[57] und Schmidt-Ränsch[58], wohingegen Wiedow[59], Fischbach[60] und Schütz[61] keinen ausdrücklichen Unterschied machen. In Hinblick auf die Rückzahlungspflicht der empfangenen Bezüge erklären Schröcker[62] und Nadler-Wittland-Ruppert[63] die §§ 14 Satz 2 BBG, 14 Abs. 2 Satz 2 LBG NW, 34 DGB für auf den Nichternannten unanwendbar, während Wiedow[64], Schütz[65], Fischbach[66] auch hier nicht differenzieren. Soweit ersichtlich, behauptet niemand, es müsse in Bezug auf die straf- und haftungsrechtliche Beamteneigenschaft sowie den Rechtsweg für Klagen aus dem Dienstverhältnis ein Unterschied gemacht werden zwischen dem Nichtigernannten und demjenigen, dessen Einstellung an Formfehlern oder mangelnder Mitwirkung krankt oder unter Nebenbestimmungen ausgesprochen worden ist[67].

Zusammenfassend wird festgestellt, daß das durch vernichtbare oder nichtige Einstellung begründete Dienstverhältnis eines Beamten oder Soldaten dem öffentlichen Recht angehört, wobei für die Abgrenzung zur Nichteinstellung der vom Staat zurechenbar veranlaßte Rechtsschein maßgebend ist.

---

[56] DVBl 1957, 666.
[57] § 32 Anm. 6.
[58] § 18 Anm. 4.
[59] § 14 Anm. 1—3.
[60] § 14 I und II.
[61] LBG § 14 Anm. 3.
[62] DVBl 1957, 666.
[63] § 34 Anm. 6.
[64] § 14 Anm. 6.
[65] LBG § 14 Anm. 2.
[66] § 14 I und II.
[67] Vgl. *Wiedow* § 172 Anm. 12 und 13; *Schütz* LBG § 180 Anm. 24 und 25.

§ 3. Einzelrechtsfolgen des öffentlich-rechtlichen Dienstverhältnisses des de facto Beamten (Soldaten)

Es fragt sich nunmehr, welche Folgen im einzelnen aus dem faktischen Dienstverhältnis entspringen, ferner, mit welchen Konstruktionen und Überlegungen sich ergebende unbefriedigende Konsequenzen abgemildert werden können.

Aus der Tatsache, daß eine Dienstbeziehung von einer gültigen Einstellung nicht erfaßt worden ist, wird fast einhellig auf die Unanwendbarkeit aller allgemeinen dienstrechtlichen Vorschriften geschlossen[1], im Gegensatz zu den speziellen, die die Fehlerhaftigkeit selbst konstituieren und regeln.

Durch ein argumentum ad absurdum soll im Folgenden versucht werden, nachzuweisen, daß eine solche Lösung der Problematik des faktischen Dienstverhältnisses nicht Rechtens sein kann. Dieser Erkenntnis stehen die Ansichten der zitierten Autoren nur in beschränktem Umfange entgegen. Jene begnügen sich nämlich im allgemeinen damit, den Grundsatz der Unanwendbarkeit aufzustellen, ohne ihn bis in seine letzten Einzelkonsequenzen zu durchdenken. Eine Untersuchung dieser Einzelkonsequenzen führt zu dem Ergebnis, daß die uneingeschränkte Durchführung des Prinzips so schwerwiegend auf mehrere Gruppen von Rechtsverhältnissen einwirkt, daß nicht einmal ein Minimalbestand von Gerechtigkeit und Ordnung gewährleistet ist. Diese Erkenntnis soll später als Ausgangspunkt des eigenen Lösungsvorschlages dienen.

A. Verhältnis de facto Beamter (Soldat) zum Dienstherrn

Inhalt der Gesamtrechtsbeziehung des de facto Beamten (Soldaten) zum Dienstherrn können sowohl sein:

gegenseitige materielle Pflichten und Rechte,

als auch

---

[1] Für alle: *Nadler-Wittland-Ruppert* § 34 Anm. 3—11; *Wiedow* § 14 Anm. 5 und 6; *Schütz* LBG § 14 Anm. 2 und 3; zweifelnd *Fischbach* § 14 VI; a. A. *Schröcker* DVBl 1957, 665.

ein formelles Unterworfensein des Scheinfunktionärs unter die Gewalt des Dienstherrn.

Die materielle Seite des Dienstverhältnisses soll gegliedert werden in Pflichten und Rechte, die dem Dienstverhältnis und den es einleitenden Rechtsverhältnissen (Pflichten des zukünftigen Dienstherrn aus § 839 BGB, Art. 34 GG, gegenseitige Pflichten aus sozialem Kontakt) selbst unmittelbar auch noch nach Erkenntnis der Unwirksamkeit oder Nicht-Mehr-Wirksamkeit des Einstellungsaktes entspringen (I) und solche, die durch „Umkehrung“[2] früherer, ohne Rechtsgrund erbrachter, Leistungen entstehen (II).

I. Pflichten und Rechte, die dem Vorverhältnis und dem Dienstverhältnis unmittelbar entspringen

1. Pflichten des Dienstherrn, Rechte des Beamten

Ursprung aller Sonderrechte eines Beamten (Soldaten) gegenüber seinem Dienstherrn ist die Einstellung (Einberufung) in Verbindung mit den speziellen dienstrechtlichen Vorschriften. Ihr gesetzlicher Grund entfällt, wenn, wie in allen untersuchten Tatbeständen, dieser Verwaltungsakt nicht oder nicht mehr wirksam ist. Damit ist jedoch nicht der Bestand aller Pflichten des Dienstherrn gegenüber dem faktisch Dienenden geleugnet.

a) Allgemeine Wohlverhaltenspflicht

Es ist allgemein anerkannt, daß auch ein fehlerfrei eingestellter Beamter (Soldat) Dritter im Sinne des § 839 BGB, Art. 34 GG sein kann[3]. Wenn durch diese Vorschrift nicht nur Personen, die zum Staat in einem Außenverhältnis stehen, sondern auch die Funktionäre in seinem Innenbereich vor schädigenden Handlungen geschützt werden, bestehen keine Bedenken, den de facto Beamten (Soldaten) in diesen allgemeinen Schutzkreis einzubeziehen.

aa) Einstellungsanspruch

Es fragt sich ,ob diese allgemeine Wohlverhaltenspflicht des Dienstherrn einen Einstellungsanspruch des de facto Beamten (Soldaten) zu begründen vermag. Weder die Beamtengesetze (mit Ausnahme der hier nicht bedeutungsvollen Vorschriften der §§ 6 Abs. 2 BRRG, 9 Abs. 2

---

[2] Begriff von *Jellinek* Verwaltungsrecht § 3 S. 51.

[3] *Schütz* LBG § 85 Anm. 22; *Wiedow* § 79 Anm. 26; *Palandt-Gramm* § 839 Anm. 5 a; RGZ 100, 188 (189); 105, 196 (197); BGHZ 23, 36 (49); 34, 375 (378); BVerwG DöV 1961, 870 (871); OVG Hamburg DöV 1961, 873 (874); OVG Rheinland-Pfalz DöV 1961, 876 (877); unentschieden Hess.VGH DöV 1961, 875 (876).

BBG, 9 Abs. 3 LBG NW) noch das Soldatengesetz gewähren dem Staatsbürger einen Rechtsanspruch auf Ernennung zum Beamten (Soldaten)[4]. Daher kann eine Verletzung der allgemeinen Wohlverhaltenspflicht, die den Dienstherrn z. B. anhält, bei der Einstellung sorgfältig zu verfahren und Formfehler zu vermeiden[5], nie einen Einstellungsanspruch des Bewerbers begründen[6]. Die ausgebliebene Verwirklichung einer als sicher erachteten Chance, Staatsdiener zu werden, stellt keinen Schaden des Bewerbers dar, den ein Dienstherr durch fehlerfreie Einstellung zu ersetzen hätte.

bb) Schadensersatzanspruch in Geld

Verletzt ein Funktionär des Dienstherrn vorsätzlich oder fahrlässig die ihm dem de facto Beamten (Soldaten) gegenüber obliegende Amtspflicht, so kann letzterer für den daraus entstandenen Schaden vor den ordentlichen Gerichten einen Geldersatzanspruch nach § 839 BGB in Verbindung mit Art. 34 GG geltend machen. Diese, grundsätzlich gegen den Dienstherrn gerichtete, Forderung steht allerdings unter den gesamten Vorbehalten der zitierten Bestimmungen, wie Verweise auf anderweitige Ersatzmöglichkeit, dreijährige Verjährungsfrist usw.

b) Spezielle Fürsorgepflicht

Es fragt sich, ob darüber hinaus dem Dienstherrn gegenüber dem de facto Beamten (Soldaten) weitergehende, besondere Pflichten obliegen.

Im Zivilrecht ist der Gedanke entwickelt worden, daß mit Aufnahme enger sozialer Beziehungen ein Vertrauensverhältnis entsteht[7], dem für alle Beteiligten Pflichten entspringen, die über den allgemeinen Pflichtenkreis jedes gegenüber jedem hinausreichen[8]. Diese Pflichten bestehen vor Vertragsabschluß, während der Abwicklung eines Vertrages und wirken einem beendeten Vertrage nach[9]. Ihre Verletzung begründet im ersten Fall Schadensersatzansprüche nach den Grundsätzen des Rechtsinstituts der culpa in contrahendo, in den beiden anderen nach denen der positiven Forderungsverletzung. Nach inzwischen wohl einhelliger Ansicht ist Haftungsgrund der culpa in contrahendo das durch die Ver-

[4] *Wiedow* § 6 Anm. 25; *Scherer-Krekeler* § 1 I 3.

[5] BGH DVBl 1953, 674 (675).

[6] *Palandt-Gramm* § 839 (Anm. 5 a, zur parallelen Problematik eines Beförderungsanspruches BVerwG NJW 1963, 123; BGHZ 21, 256 (257) mit weiteren Nachweisen; a. A. wohl *Scherer* § 1 IV 6 ohne Begründung lediglich unter Berufung auf den Erlaß des BMVtg P I 1 Az 20-05-00 vom 31. 3. 1959: „... die Ernennung des Bewerbers ist unverzüglich nachzuholen."

[7] So besonders *Dölle* ZgesStW 103, 67 (73 ff.); *Ballerstedt* AcP 151, 501 (508).

[8] *Larenz* Schuldrecht I § 4 S. 41; *Larenz* MDR 1954, 517 f.; BGH NJW 1962, 31 (32).

[9] BGH NJW 1962, 2198 ff.

tragsverhandlungen geschaffene besondere Vertrauensverhältnis[10] und nicht der zu schließende Vertrag[11], so daß es auf die Wirksamkeit seiner Begründung nicht ankommt. Die Rechtswirkungen der culpa in contrahendo müssen — entgegen dem Namen des Rechtsinstituts — auch dann eintreten, wenn eine Beziehung auf fehlerhafter Vertragsgrundlage über Vertragshandlungen hinaus in das Erfüllungsstadium getreten ist. Denn die gesellschaftlichen Bindungen und das Vertrauensverhältnis, das die Beteiligten durch den Leistungsaustausch geschaffen haben, sind ungleich intensiver als die auf bloßen Vertragsverhandlungen beruhenden Beziehungen.

Es bestehen keine Bedenken, die Grundsätze auch auf öffentlichrechtliche Verhältnisse[12] anzuwenden, denn insoweit ist die Interessenlage der zivilrechtlichen kongruent. Immer nämlich liegt in dem engen sozialen Kontakt der Partner das Eindringen des einen in die vom anderen beherrschte Rechtssphäre. Damit ist beiden Beteiligten die erhöhte Möglichkeit einer Schadensstiftung eröffnet. Das Vertrauen darauf, daß der andere durch besonders sorgfältiges Verhalten diese Möglichkeit nicht realisieren werde, verdient in allen Fällen Schutz. Schon Dölle[13] ist dafür eingetreten, Schutzpflichten aus sozialem Kontakt auch im Rahmen hoheitlicher Verhältnisse, etwa zwischen Gerichtsvollzieher und Vollstreckungsschuldner, anzuerkennen. Da diese Pflichten unabhängig sind von der Wirksamkeit eines rechtsgeschäftlichen Begründungsaktes, obliegen sie auch den am faktischen Dienstverhältnis Beteiligten[14].

Diese gegenseitigen Schutz- und Erhaltungspflichten sind jedoch nur Rudimente der vollen beamtenrechtlichen Fürsorgepflicht des Dienstherrn einerseits, Treuepflicht des Beamten andererseits. Ihr Inhalt und Umfang geht, begründet durch die Eigenart ihres Ursprunges — der Bewerber hat sich vertrauensvoll in die beherrschte Sphäre des Dienstherrn begeben — lediglich dahin, daß dieses Vertrauen nicht enttäuscht und dem Partner kein Schaden zugefügt werden darf[15].

aa) Einstellungsanspruch

Eine Verletzung dieser sich aus dem sozialen Kontakt ergebenden, rudimentären Fürsorgepflicht des Dienstherrn könnte einen Einstellungs-

---

[10] *Larenz* MDR 1954, 517.

[11] Für alle: *Erman-Groepper* § 276 Anm. 8 b mit Nachweisen; BGHZ 6, 330 ff.

[12] Andeutend *Nadler-Wittland-Ruppert* § 34 Anm. 11: „ferner ergibt sich aus der tatsächlichen Verwendung des Ernannten im öffentlichen Dienst für ihn die Pflicht zu sorgsamer Wahrung der Belange des Dienstherrn".

[13] ZgesStW 103, 67 (76).

[14] *Nadler-Wittland-Ruppert* § 34 Anm. 11.

[15] Für das Zivilrecht: *Esser* § 10 S. 32 f.

anspruch des de facto Beamten (Soldaten) begründen. Dabei handelt es sich *nicht* um eine Anwendung des § 839 BGB, Art. 34 GG, sondern um einen Anspruch aus einem öffentlich-rechtlichen Verhältnis, der nach § 40 VWGO vor den Verwaltungsgerichten geltend zu machen ist.

Bei anfänglicher Unwirksamkeit einer Einstellung wegen Verstoßes gegen ein gesetzliches Verbot und rückwirkender Vernichtung durch Rücknahme ist kein Tatbestand ersichtlich, der eine Pflichtverletzung des Dienstherrn darstellen könnte, auf Grund derer ein Einstellungsanspruch bestünde.

Eine solche Pflichtverletzung könnte also nur in den formfehlerhaften, unter einer Bedingung ausgesprochenen und an mangelnder Mitwirkung krankenden Einstellungen begründet sein, weiterhin darin, daß der Dienstherr nicht die tatsächlichen Konsequenzen aus der Beendigung des Dienstverhältnisses gezogen hat.

Die Fürsorgepflicht aus sozialem Kontakt könnte den Dienstherrn im Interesse des Einzustellenden auch zur Einhaltung der Formvorschriften zwingen[16] und bei Verletzung Ansprüche auf Schadensersatz in Naturalrestitution durch Nachholen einer fehlerfreien Einstellung begründen.

Die Haftung bei Verletzung „vorvertraglicher" Pflichten besteht jedoch lediglich im Ersatz des sogenannten Vertrauensschadens[17]. Der Berechtigte kann nicht verlangen, so gestellt zu werden, als sei eine rechtliche Bindung ordnungsgemäß zustandegekommen, sondern nur so, als sei er mit dem schadenstiftenden Verhandlungspartner nie in Verbindung getreten. Zwar kann das negative Interesse ausnahmsweise mit dem Erfüllungsinteresse zusammenfallen, falls der Berechtigte ohne das schuldhafte Verhalten des Partners einen Erfüllungsanspruch gehabt hätte[18]. Der Schluß, daß der Dienstherr zur Einstellung verpflichtet sei, weil er durch schuldhaftes Verabsäumen einer formgerechten Ernennung das Entstehen eines Dienstverhältnisses verhindert habe, geht jedoch fehl. Schon im Zivilrecht steht ihm die Spezialität der Formvorschriften, deren Nichtbeachtung Nichtigkeit eines Rechtsgeschäftes nach sich zieht, § 125 BGB, entgegen. Da die Heilung eines Verstoßes gegen Formvorschriften in bestimmten Fällen ausdrücklich gesetzlich vorgeschrieben ist, §§ 518 Satz 3, 313 Satz 2 BGB, spricht eine Vermutung für die vom Gesetzgeber gewollte Exklusivität der Regelung. Daher dürfen weitere Heilungsmöglichkeiten unter Berufung auf § 242 BGB nur unter engen Voraus-

---

[16] So wohl BGH DVBl 1953, 674 (675); *Wiedow* § 6 Anm. 28 will bei Verletzung allerdings Schadensersatz in Geld, nicht jedoch durch fehlerfreie Einstellung zubilligen.

[17] Für das Zivilrecht: *Esser* § 10 S. 33; *Erman-Groepper* § 276 Anm. 8 b; BGHZ 18, 248 (252).

[18] RGZ 97, 336 (339); *Erman-Groepper* § 276 Anm. 8 b.

setzungen — etwa absichtliche Herbeiführung des Formmangels[19] — zugelassen werden.

Dieser Grundsatz muß in noch stärkerem Maße für das öffentliche Recht gelten. Seine Eigenart liegt darin, daß es nicht nur zwischen zwei gleichgeordneten, aber gegensätzlichen Interessen vermitteln, sondern bei dieser Vermittlertätigkeit immer das übergeordnete Interesse der Öffentlichkeit[20] wahrnehmen muß. Dieses Interesse steht aber der Gewährung eines Einstellungsanspruchs allein auf Grund der Formfehlerhaftigkeit der ursprünglichen Urkunde entgegen. Der Schutzgedanke der starren Formvorschrift würde durchbrochen, müßte jede formfehlerhafte durch eine fehlerfreie Einstellung ersetzt werden[21]. Der Dienstherr würde nämlich mit Einstellungspflichten belastet, deren Erfüllung sowohl im Hinblick auf Personalbedarf und Planstellen als auch auf die Person des Einzustellenden oft sehr schwierig sein kann. Der Zeitpunkt der Einstellung, für dessen Wahl diese Faktoren von ausschlaggebender Bedeutung sind, würde nämlich dem freien Ermessen des Dienstherrn entzogen. Er wäre vielmehr allein von dem zufälligen Entdecktwerden der Fehlerhaftigkeit der ursprünglichen Einstellung abhängig. In dem inzwischen verstrichenen Zeitraum können sich aber alle für die Einstellung maßgeblichen Faktoren völlig geändert haben, so daß der Dienstherr in eine Zwangslage gebracht wäre, die die Beamtengesetze ausdrücklich vermeiden wollten.

Da eine nur bedingt ausgesprochene Einstellung ebenfalls grundsätzlich unwirksam ist, fragt sich, ob dem Nichtigernannten in diesen Fällen ein Einstellungsanspruch zusteht. Er ließe sich auf die Fürsorgepflicht aus sozialem Kontakt stützen, die den Dienstherrn zwingen könnte, eine von ihm veranlaßte Fehlentwicklung wieder gut zu machen.

Der Einstellungsbehörde hat jedoch der Wille, eine unbedingte, dienstrechtliche Bindung einzugehen, gefehlt. An dieser Tatsache scheitert ein Schadensersatzanspruch auf Einstellung. Der Bewerber hätte, selbst wenn eine Einstellung unter einer Bedingung zulässig wäre, nie eine stärkere Rechtsposition erwerben können als die bedingte Bindung an den Dienstherrn. Ihm kann daher auch kein Schaden entstanden sein, der durch Herstellung der unbedingten Bindung ausgeglichen werden müßte. Er kann lediglich nach allgemeinen Grundsätzen Ersatz des Vertrauensschadens verlangen.

---

[19] RGZ 107, 397; *Lorenz* AcP 157, 381 (398); *Gernhuber* in Festschrift für Schmidt-Rimpler S. 178; BAG NJW 1958, 397 (398); bedenklich weit: RG JW 1926, 1810; BGHZ 12, 286 (297).

[20] *Wolff* I § 29.

[21] VGH Kassel VerwRspr 3, 692 (696).

In den Fällen mangelnder Mitwirkung wäre ein Einstellungsanspruch des Bewerbers nur zu bejahen, wenn der Dienstherr aus der vorgezogenen beamten- bzw. soldatenrechtlichen Fürsorgepflicht verpflichtet wäre, die Gültigkeit der Einwilligung des Einzustellenden zu gewährleisten.

Da die mangelnde Wirksamkeit einer Einwilligung jedoch in der vom Bewerber beherrschten und beherrschbaren Risikosphäre, die es von der des Dienstherrn abzugrenzen gilt, liegt, würde die Fürsorgepflicht überspannt, wollte man in diesen Fällen jede Fahrlässigkeit des Dienstherrn für einen Einstellungsanspruch ausreichen lassen. Liegen nicht besondere Voraussetzungen, wie etwa Absicht des Dienstherrn, vor, begründet auch die an mangelnder Mitwirkung krankende Einstellung kein Recht des Bewerbers auf gültige Neuvornahme.

Beläßt der Dienstherr einen Funktionär trotz rechtlicher Beendigung des Dienstverhältnisses im Dienst, so ist im Gegensatz zu den vorherigen Fällen eine Fürsorgepflicht des Dienstherrn zwar entstanden, aber zumindest zum Teil[22] erloschen[23]. Auf Grund dieses Pflichtenrestbestandes muß der Dienstherr gewährleisten, daß derjenige, dessen Dienstverhältnis beendet worden ist, sofort aus seinem Amtsbereich entfernt wird. Denn die komplikationslose Abwicklung ihres Verhältnisses gehört zum Inhalt der beiderseitigen Treuepflichten.

Aber auch eine Verletzung dieser Pflicht vermag einen Einstellungsanspruch nicht zu begründen. Der Betroffene kann höchstens verlangen, so gestellt zu werden, als habe der Dienstherr sich korrekt verhalten und ihn rechtzeitig aus dem Dienst entfernt.

Aus einer Verletzung der dienstherrlichen Fürsorgepflicht läßt sich demnach nie ein Anspruch auf Einstellung herleiten[24].

bb) Schadensersatzanspruch in Geld

Bei der Prüfung eines Einstellungsanspruches wurde im einzelnen dargetan, unter welchen Voraussetzungen ein Schadensersatzanspruch des faktischen Staatsdieners auf Grund „Fürsorgepflicht"-Verletzungen des Dienstherrn begründet ist. Der Umfang eines solchen Geldanspruches ist begrenzt auf den Ersatz des Vertrauensschadens. Diesen nachzuweisen, wird zumeist schwierig, oft unmöglich sein. Denn insbesondere der ältere de facto Beamte (Soldat) wird schon allein wegen des Zeitablaufs oft außerstande sein, überzeugend darzutun, daß er auf jeden

---

[22] *Wiedow* vor § 28 Anm. 8.

[23] Zum Problemkreis nachvertraglicher Pflichten im Zivilrecht vgl. BGH NJW 1962, 2198.

[24] VGH Kassel VerwRspr 3, 692 (696).

Fall einen Arbeitsplatz zu vergleichbaren Bedingungen gefunden hätte. Ein diesen Bedenken zum Trotz entstehender Anspruch mindert sich entsprechend dem allgemeinen in § 254 BGB kodifizierten Rechtsgedanken des Mitverschuldens[25] in dem Umfange, in dem die Fehlentwicklung dem faktischen Staatsdiener zugerechnet werden kann.

Abgesehen von Einstellung und Im-Dienst-Belassen können noch andere Handlungen des Dienstherrn wegen Verstoßes gegen die rudimentäre Fürsorgepflicht schadensersatzbegründend sein. Der de facto Beamte (Soldat) kann Ersatz des Schadens verlangen, der ihm dadurch entstanden ist, daß er sich vertrauensvoll in die beherrschte Sphäre des Dienstherrn begeben hat. Die Folgen schuldhaften Verhaltens anderer Funktionäre, fehlerhaften, dem de facto Beamten (Soldaten) zur Verfügung gestellten Arbeitsgerätes, ungesunden oder gefährlichen Arbeitsplatzes muß sich der Dienstherr zurechnen lassen.

Prozessual stehen zur Realisierung des Schadensersatzanspruches zwei Möglichkeiten zu Gebote. Der de facto Beamte (Soldat) kann vor dem Verwaltungsgericht die Verletzung der rudimentären dienstherrlichen Fürsorgepflicht unmittelbar[26] oder vor den ordentlichen Gerichten im Rahmen eines Amtshaftungsverfahrens, § 839 BGB, Art. 34 GG[27], geltend machen.

c) Pflicht, Zusicherungen zu erfüllen

Es ist fraglich, ob der Dienstherr die dem de facto Beamten (Soldaten) in Hinblick auf seinen Scheinstatus gegebenen Zusicherungen erfüllen muß. Seien sie vor[28] oder nach der Scheineinstellung erfolgt, fast immer wird stillschweigende Geschäftsgrundlage[29] eines solchen öffentlich-rechtlichen Vertrages[30] die wirksame Begründung eines Dienstverhältnisses sein. Nach den Grundsätzen des Fehlens der Geschäftsgrundlage[31] kann derartigen Zusicherungen im Rahmen eines faktischen Dienstverhältnisses die Verbindlichkeit mangeln.

---

[25] *Forsthoff* § 17 S. 314, § 18 S. 318; *Fischbach* I § 79 D I 1.

[26] *Wiedow* § 79 Anm. 24; *Fischbach* I § 79 D I 1; BVerwG NJW 1961, 2364 (2367); 1963, 123 (124); a. A. BGH NJW 1959, 1124.

[27] *Wiedow* § 79 Anm. 25; *Fischbach* I § 79 D III.

[28] z. B. die Zusicherung, bei der Wohnungssuche behilflich zu sein oder der Bewerber dürfe an einem bestimmten Lehrgang teilnehmen.

[29] Zur Geltungskraft des Rechtsgrundsatzes der clausula rebus sic stantibus auch im öffentlichen Recht vgl. *Forsthoff* § 14 S. 257 f.; *Jellinek* Verwaltungsrecht § 11 S. 254, 285.

[30] *Grellert* S. 63 ff.

[31] *Palandt-Danckelmann* § 242 Anm. 6 c.

aa) Einstellungsanspruch

Es ist zu prüfen, inwieweit die Vorgänge, die zu der Scheinernennung geführt haben, als bindende Zusicherungen des Dienstherrn, den Bewerber ernennen zu wollen, aufgefaßt werden können.

Ein Einstellungsanspruch auf Grund einer Zusicherung kann nie in den Fällen bestehen, in denen es verabsäumt wurde, aus der rechtlichen Beendigung des Verhältnisses die tatsächlichen Konsequenzen zu ziehen. Ihnen ist nämlich gemeinsam, daß eine gültige Einstellung einmal vorgelegen hat, deren fortdauernde Wirkung dann auf Grund bestimmter Tatbestände erlosch. Keine Phase eines solchen Verhältnisses kann als Wille des Dienstherrn interpretiert werden, dem „Nicht-Mehr-Beamten (Soldaten)" eine erneute Einstellung zuzusichern.

Gleiches gilt im Ergebnis für jede ex tunc vernichtete Einstellung. Selbst wenn diese auf Grund einer Zusicherung ausgesprochen ist, sind durch die, der zivilrechtlichen Anfechtung vergleichbare Situation auch deren mögliche Wirkungen vernichtet. Wenn das Gesetz dem Dienstherrn unter gewissen Voraussetzungen sogar die Lösung von einer Einstellung gestattet, so muß es ihm genauso erlaubt sein, damit gleichzeitig eine lediglich Verpflichtungen auslösende Zusicherung zu vernichten.

Aber auch in allen Fällen der anfänglichen Nichtigkeit der Einstellung wegen Verstoßes gegen die gesetzlichen Gebote, §§ 8 Abs. 1 und 2, 10 BRRG, 10 Abs. 1 Satz 1, Abs. 2 BBG, 11 Abs. 1 und 2 LBG NW, kann eine erfolgte Zusicherung deshalb keinen Ernennungsanspruch begründen, weil sie etwas rechtlich Unmögliches in Aussicht gestellt hat[32].

In den Fällen jedoch, in denen eine formfehlerhafte, an mangelnder Mitwirkung krankende und unter Nebenbestimmungen ausgesprochene Einstellung auf Grund rechtswirksamer Zusicherung[33] erfolgt ist, besteht der einmal begründete Ernennungsanspruch noch fort. Durch die fehlerhafte Einstellung konnte er nicht erfüllt werden.

Es fragt sich aber, ob man darüber hinaus jeden fehlerhaften Einstellungsakt selbst in eine Zusicherung umdeuten kann, wenn aus ihm der Wille des Dienstherrn erkennbar ist, den Bewerber zum Beamten (Soldaten) zu machen. Eine solche Auslegung würde jedoch diesem Willen Gewalt antun. Es ist etwas anderes, einen Rechtserfolg herbeiführen oder sich zu seiner Herbeiführung verpflichten zu wollen. Oft liegt einer Einstellung ein akutes Bedürfnis zu Grunde, eine freie Planstelle soll besetzt, eine Lücke im Personalbestand soll aufgefüllt werden. Einen darauf abzielenden Willen des Dienstherrn kann man nicht gleichsetzen mit dem Willen, sich jetzt zu verpflichten, eine Person zu einem noch unbe-

---

[32] *Grellert* S. 96.

[33] Vgl. *Widow* § 6 Anm. 27, § 2 Anm. 33.

stimmten Zeitpunkt zum Beamten (Soldaten) zu machen, zu einem Zeitpunkt, von dem der Dienstherr weder weiß, daß ein Bedürfnis nach einem derartigen Staatsdiener bestehen wird, noch die Gewißheit hat, über die erforderliche freie Planstelle verfügen zu können.

bb) Schadensersatzanspruch in Geld

Sollte der Dienstherr einen rechtswirksam durch Zusicherung begründeten Anspruch des de facto Beamten (Soldaten) nicht erfüllen, so kann der Berechtigte Ersatz des ihm entstandenen Schadens verlangen[34].

d) Pflicht zur Zahlung von Dienst- und Versorgungsbezügen

aa) Für die Zukunft

Da das Dienstverhältnis eines de facto Beamten (Soldaten) von einer wirksamen Einstellung nicht umfaßt wird, ist der Dienstherr auf Grund der beamten- bzw. wehrrechtlichen Gesetze nicht verpflichtet, ihm zukünftig geldwerte Leistungen zu erbringen, auf die der fehlerfrei Ernannte während der Dauer seines Dienstverhältnisses Anspruch hat, Dienstbezüge, Beihilfen usw. Gleiches gilt für die Versorgungsbezüge, die einem Beamten oder seinen Hinterbliebenen nach seinem Ausscheiden aus dem Beamtenverhältnis zustehen, §§ 50, 63 ff. BRRG, 85, 105 ff. BBG, 96, 116 ff. LBG NW, denn ihre Gewährung kann nicht durch die fehlerhafte Einstellung gerechtfertigt sein[35].

Dagegen ist nach allgemeiner Ansicht[36] die fehlerfreie Einstellung eines Soldaten nicht zwingende Voraussetzung für die ihm zu gewährende Dienstzeitversorgung. Zwar läßt sich diese These nicht aus der Tatsache herleiten, daß die Praxis im Hinblick auf die Versorgung fehlerhaft und fehlerfrei eingestellte Soldaten gleich behandelt[37]. Ihre Rechtfertigung ergibt sich aber aus § 2 SVG. Die Bestimmung setzt nämlich den Tag des tatsächlichen Diensteintrittes als Beginn der Wehrdienstzeit fest. Damit ist ein bestimmender Faktor der Berechnung der Versorgungsansprüche nicht von dem rechtlichen Moment der wirksamen Einstellung, sondern dem tatsächlichen des Dienstleistens abhängig gemacht worden[38].

bb) Für die Vergangenheit

Das Verlangen auf Zahlung *rückständiger* Bezüge ist nur insoweit begründet, als ihr Entstehungszeitpunkt noch von einer wirksamen Ein-

---

[34] *Wiedow* § 2 Anm. 33; BGH NJW 1957, 539 ff.; *Grellert* S. 145.
[35] *Wiedow* § 14 Anm. 5 und 6; *Schütz* LBG § 14 Anm. 2.
[36] BDH RiA 1966, 38; *Scherer* § 1 IV 4; *Brandstetter* SVG Einführung Anm. 3.
[37] Erlaß des BMVtg vom 31. 3. 1959, zitiert bei *Scherer* § 1 IV 6.
[38] *Brandstetter* SVG § 2 Anm. 2; BDH RiA 1966, 38.

stellung umfaßt war, wie das bei sich selbst vollziehender, nicht erkannter Beendigung des Dienstverhältnisses der Fall sein kann.

Es fragt sich jedoch, ob nicht jedenfalls dann ein Anspruch auf die gesetzlich nicht geschuldeten Leistungen besteht, wenn sie durch Verwaltungsakt oder gar gerichtliches Urteil konkretisiert worden sind. Es ist sehr wohl denkbar, daß der Dienstherr z. B. einen den de facto Beamten (Soldaten) begünstigenden Beihilfebescheid erlassen hat oder durch rechtskräftiges Urteil zur Zahlung rückständiger Bezüge verpflichtet worden ist, ohne jedoch die Beihilfe oder den im Urteil festgesetzten Betrag ausgezahlt zu haben.

Bescheid und Urteil bilden den — wenn auch gesetzwidrigen — Rechtsgrund für das Verlangendürfen. Denn beide sind trotz ihrer Rechtswidrigkeit zunächst gültig und entfalten die beabsichtigten Wirkungen. Sowohl im allgemeinen Verwaltungsrecht als auch im Prozeßrecht gibt es nämlich nur weniger Fehler, die die Nichtigkeit eines Staatshoheitsaktes begründen[39]. Grundsätzlich spricht eine Vermutung für seine Wirksamkeit.

Lediglich offenbare und schwere Mängel eines Verwaltungsaktes machen ihn von Anfang an für jedermann unbeachtlich[40]. Die fehlende Beamteneigenschaft des Begünstigten kann als derartiger Fehler nicht angesehen werden. Einerseits ist nämlich nicht ein völlig außerhalb der staatlichen Organisation Stehender, sondern eine Person begünstigt worden, die in enger tatsächlicher Beziehung zum Autor des Aktes gestanden hat. Wenn auch nicht im konkreten Fall, so kann doch für diesen Verwaltungsakt generell eine gesetzliche Grundlage gefunden werden, so daß der Nichtigkeitsgrund der Gesetzlosigkeit nicht zutrifft[41]. Zum anderen ist der Verwaltungsakt immer noch inhaltlich sinnvoll, er kann vollzogen werden, ohne daß Rechtsfolgen entstünden, die mit den an eine ordnungsgemäße Verwaltung zu stellenden Anforderungen schlechterdings unvereinbar wären[42].

---

[39] *Forsthoff* § 12 S. 206; *Wolff* I § 51 III; *Rosenberg* § 73 IV S. 339; *Jellinek* Verwaltungsrecht § 11 S. 268.

[40] OVG Münster AS 11, 4; BVerwGE 19, 284 (287); *Klinger* § 42 F II mit Nachweisen.

[41] *Klinger* § 42 F II.

[42] Auch *Heuser-Kobel* § 5 S. 123, 127 haben keine Bedenken, die Nichtigkeit eines Erstattungsbeschlusses im Defektenverfahren nach diesen allgemeinen verwaltungsrechtlichen Grundsätzen zu beurteilen, und zweifeln, § 1 S. 81, lediglich an der weiteren Anwendbarkeit des Erstattungsgesetzes auf den de facto Beamten, nicht jedoch daran, daß gegen ihn erlassene Defektenbeschlüsse grundsätzlich wirksam sind.

Noch enger ist der numerus clausus der Tatbestände, die die Nichtigkeit einer gerichtlichen Entscheidung bewirken[43]. Allein ihre Rechtswidrigkeit kann diese Folge nicht nach sich ziehen.

Damit stellt sich die Frage, wie Bescheid und Urteil vernichtet werden können. Der Grundsatz der Gesetzmäßigkeit der Verwaltung, Art. 20 Abs. 3 GG, verlangt die Aufhebung[44], andererseits derjenige, daß ein Begünstigter sich auf den Fortbestand der Rechtslage verlassen darf, die Aufrechterhaltung eines rechtswidrigen Verwaltungsaktes[45]. Diese Kollision wird durch eine Abwägung der beteiligten Interessen gelöst[46], wobei das Vertrauen des Betroffenen insbesondere dann zu schützen ist, wenn er bereits im Hinblick auf die Vergünstigung gutgläubig Aufwendungen gemacht hat. Die Entscheidung muß — orientiert an den Umständen des Einzelfalls — getroffen werden. Der Vertrauensschutz ist z. B. bei Erschleichen der Einstellung immer zu versagen. In den übrigen Fällen spricht die Tatsache, daß die Gelder noch nicht ausgezahlt worden sind, gegen die Gewährung des Vertrauensschutzes.

Um den de facto Beamten (Soldaten) an der Vollstreckung des rechtskräftigen Urteils zu hindern, steht dem verurteilten Dienstherrn einmal die — auch im Verwaltungsprozeß eröffnete[47] — Vollstreckungsgegenklage zu Gebote. Sie kann, § 767 Abs. 2 ZPO, nur auf Gründe gestützt werden, die nach der letzten mündlichen Verhandlung entstanden sind. Ihre Zulässigkeit ist damit auf die Fälle beschränkt, in denen das Dienstverhältnis nach der letzten mündlichen Verhandlung auf Grund eines erst jetzt erkannten Tatbestandes durch Erklärung des Dienstherrn rückwirkend vernichtet worden ist.

Zum andern kann der Dienstherr versuchen, die gerichtliche Entscheidung im Rahmen des Wiederaufnahmeverfahrens, §§ 153 VWGO, 578 ff. ZPO, anzugreifen. Nach § 580 Ziffer 7 b ZPO — die allein in Betracht kommende Vorschrift — findet die Restitutionsklage statt, wenn die Partei eine Urkunde auffindet oder zu benutzen in Stand gesetzt wird, die eine ihr günstigere Entscheidung herbeigeführt haben würde. Diese Voraussetzung könnte durch Vorlage einer fehlerhaften Einstellungsurkunde erfüllt werden. Dazu muß sie Tatsachen beweisen, die bereits bei ihrer Errichtung vorlagen[48]. Dieses Erfordernis soll dem Ge-

---

[43] *Redeker-v. Oertzen* § 107 Anm. 10; vgl. die Kasuistik der nichtigen und Nicht-Entscheidungen bei *Rosenberg* § 73 III und IV S. 337 ff.; *Baumbach-Lauterbach* Übersicht 3 vor § 300.

[44] *Forsthoff* § 13 S. 239.

[45] *Haueisen* DVBl 1959, 228.

[46] *Flatten* DöV 1962, 940.

[47] *Koehler* § 167 II 18 mit Nachweisen.

[48] *Baumbach-Lauterbach* § 580 4 C; RG HRR 35, 1703; vgl. auch RGZ 48, 384 (385).

danken des Wiederaufnahmeverfahrens Rechnung tragen, daß aus Gründen der Rechtssicherheit nicht jede neue Behauptung, sondern nur eine durch Urkunde bewiesene Tatsache die Antastung der Rechtskraft des im Vorprozeß ergangenen Urteils rechtfertigt[49]. Die bloße Entdeckung neuer Tatsachen, Zeugen oder Augenscheinsobjekte ist mit Absicht ausgeschlossen[50]. Eine Urkunde kann jedoch nur über solche Tatsachen Beweis erbringen, die zeitlich vor ihrer Errichtung gelegen haben. Die Vorlage der fehlerhaften Einstellungsurkunde könnte zwar beweisen, daß auf Grund dieser Urkunde jedenfalls ein Dienstverhältnis nicht wirksam entstehen konnte, nicht jedoch, daß ein solches überhaupt nie begründet worden ist; denn darüber, ob dem Beamten (Soldaten) früher oder später eine fehlerfreie Urkunde überreicht worden ist, sagt sie nichts aus. Dem mag entgegengehalten werden, daß sich diese Tatsache leicht durch Zeugenaussagen nachweisen ließe. Derartige Beweiserhebungen wollte jedoch die Zivilprozeßordnung bei der Zulässigkeitsprüfung nach § 580 Ziffer 7 b ZPO gerade vermeiden. Daher muß die Urkunde für sich allein lediglich in Verbindung mit dem Prozeßstoff des Vorprozesses und nicht mit neu vorgetragenen, unbewiesenen Behauptungen[51] eine der Partei günstigere Entscheidung herbeiführen. Das könnte sie wohl in den sehr seltenen Fällen, in denen bereits im Vorprozeß das wirksame Entstehen des Dienstverhältnisses deswegen streitig gewesen ist, weil die überreichte Einstellungsurkunde verloren gegangen war und keine Einigung darüber bestand, ob sie den gesetzlichen Erfordernissen entsprach.

Hat der Dienstherr das Dienstverhältnis durch Rücknahme der Einstellung vernichtet, so vermag eine von ihm über diese Amtshandlung ausgestellte Urkunde die Zulässigkeit des Wiederaufnahmeverfahrens nicht zu begründen. Zwar ist nicht unbedingt erforderlich, daß die Urkunde vor Schluß der letzten mündlichen Verhandlung errichtet worden ist[52], sie muß aber allein in Verbindung mit dem Prozeßstoff des Vorprozesses eine günstigere Entscheidung herbeizuführen geeignet sein. Eine Urkunde über die Rücknahme der Einstellung beweist nur, daß der Dienstherr eine solche Rücknahme ausgesprochen hat, nicht jedoch, daß einer der gesetzlichen Rücknahmegründe vorlag.

Damit bleibt die Möglichkeit eines Wiederaufnahmeverfahrens auf die Fälle beschränkt, in denen das Dienstverhältnis ipso iure endet, §§ 29 BBG, 48 LBG NW, bei Übertritt in das Dienstverhältnis eines anderen Dienstherrn oder Verurteilung zu Zuchthaus. Urkunden, die diesen Beendigungsgrund beweisen, etwa eine Bescheinung beim neuen Dienst-

---

[49] *Baumbach-Lauterbach* Grundzüge vor § 578, 1 A und B.

[50] *Hahn* Materialen zur ZPO S. 335 f.

[51] *Baumbach-Lauterbach* § 580 4 D; BGHZ 6, 354 (355, 356).

[52] Zu den Ausnahmen vgl. *Baumbach-Lauterbach* § 580 4 C.

herrn, das mit Rechtskraftvermerk versehene Strafurteil, können — wenn die sonstigen allgemeinen Voraussetzungen des § 580 Ziffer 7 b ZPO erfüllt sind — die Zulässigkeit eines Wiederaufnahmeverfahrens begründen.

e) Nachversicherungspflicht

Dem de facto Beamten[53] könnte ein Recht auf Nachversicherung zustehen. Personen, die aus Beschäftigungsverhältnissen, während derer sie versicherungsfrei gewesen sind, ausscheiden, ohne daß ihnen eine lebenslängliche Versorgung gewährt wird, müssen entsprechend den Grundsätzen des Angestelltenversicherungsrechts nachversichert werden, §§ 9 Abs. 1 und 3, 6 Abs. 1 Ziffer 2, 3, 6 AnVG. Wenn auch dem de facto Beamten ein Anspruch auf Versorgungsbezüge nicht zusteht, finden die Vorschriften auf ihn keine Anwendung. Brackmann[54] weist zutreffend darauf hin, daß rechtlich der de facto Beamte versicherungspflichtig gewesen ist. Er hat nämlich in keinem wirksamen, allein die Versicherungsfreiheit begründenden Beamtenverhältnis gestanden, § 6 Abs. 1 Ziffer 2, 3, 6 AnVG. Dennoch befürwortet Brackmann[55] wie auch der ganz überwiegende Teil der Lehre[56] eine Pflicht des Dienstherrn, den de facto Beamten nachzuversichern, weil dies dem Sinn der Nachversicherung — möglichst lückenloser Schutz für den Beschäftigten — entspreche. Dieses Ergebnis ist mit dem Wortlaut der Bestimmungen[57] und mit einer bedingungslosen Durchführung des Gedankens der Unwirksamkeit, wie er fast einhellig in der Literatur vertreten wird[58], nicht vereinbar[59].

f) Recht auf Personalakteneinsicht, Dienstzeugnis

Auch das Recht des Beamten (Soldaten) auf Einsicht in seine Personalakten, §§ 56 BRRG, 90 BBG, 102 LBG NW, 29 Abs. 3 SG, und auf Ausstellung eines Dienstzeugnisses, §§ 92 BBG, 104 LBG NW, 32 Abs. 1 SG, setzt eine gültige Einstellung voraus[60]. Zwar stehen diese Ansprüche auch früheren Beamten (Soldaten) zu; eine Person, deren Einstellung nichtig oder vernichtet worden ist, hat jedoch im Rechtssinne diese Eigen-

---

[53] Der de facto Soldat kann ohnehin Versorgungsansprüche nach dem Soldatenversorgungsgesetz geltend machen.

[54] S. 626 d IV.

[55] S. 626 d IV.

[56] *Wiedow* § 14 Anm. 7; *Schütz* LBG § 30 Anm. 9; weitere Nachweise bei *Brackmann* S. 626 d V.

[57] Was auch *Brackmann* S. 626 d IV hervorhebt.

[58] Vgl. § 3 Fußnote 1.

[59] *Ankenbrank* Anmerkung zum Urteil des Hess. Landessozialgerichts vom 17. 4. 1957, „Die Sozialgerichtsbarkeit" 1958, 299 (300).

[60] *Schütz* LBG § 102 Anm. 9; *Wiedow* § 90 Anm. 11.

schaft nicht erlangt. Einsichtsrecht und Zeugnisanspruch sind also grundsätzlich auf die Fälle beschränkt, in denen ein wirksam begründetes Dienstverhältnis bestanden hat, es aber verabsäumt worden ist, die tatsächlichen Konsequenzen aus dessen rechtlicher Beendigung zu ziehen.

g) Wahrung des Besitzstandes

Es fragt sich, ob die Zeit des Dienstverhältnisses eines de facto Beamten (Soldaten) bei späterer Berufung in ein Beamten- oder Soldatenverhältnis als ruhegehaltsfähig, §§ 66 ff. BRRG, 111 ff. BBG, 119 ff. LBG NW, berücksichtigt werden kann. In engem Zusammenhang damit steht die mögliche Anrechnung eines faktischen Soldatenverhältnisses auf die nach § 5 WPflG abzuleistende Wehrdienstzeit, § 7 WPflG.

Die Dienstzeit, die ein Beamter vom Tage der Berufung an in einem Beamten- und unter gewissen Voraussetzungen in einem arbeitsrechtlichen Verhältnis zu einem öffentlich-rechtlichen Dienstherrn zurückgelegt hat, ist ruhegehaltsfähig, §§ 66 BRRG, 111, 115 BBG, 119, 122 LBG NW. Den untersuchten faktischen Dienstzeiten ist gemeinsam, daß sie weder von einer wirksamen Berufung in ein Beamtenverhältnis umfaßt werden noch als „privatrechtliche Arbeitsverhältnisse" angesehen werden können. Einer analogen Anwendung stehen Bedenken entgegen. Der Gesetzgeber hat ein höchst kompliziertes, sehr ausführliches System anrechnungsfähiger Dienstzeiten geschaffen. Es kann daher davon ausgegangen werden, daß die von ihm in diesem System nicht aufgeführten Zeiten nach seinem Willen keine Berücksichtigung finden sollten. Hinzu kommt, daß die Anrechnung unmöglich ist, wenn das Dienstverhältnis durch Straf- oder Disziplinarurteil beendet wird, §§ 111 Abs. 2 BBG, 119 Abs. 2 LBG NW. Hieraus ergibt sich der bereits geminderte Schutz eines zwar rechtswirksam begründeten, aber unter diskriminierenden Umständen beendeten Dienstverhältnisses. Der faktisch Dienende kann sich noch nicht einmal auf eine gültige Einstellung berufen. Außerdem müssen der Systematik zufolge ganz bestimmte Voraussetzungen erfüllt sein, um die Anrechnung einer Dienstzeit zu rechtfertigen. Das entsprechende Verhältnis muß eine besonders intensive rechtliche Bindung an den Staat beinhalten[61], es muß grundsätzlich den Staat zur Leistung von „Entgelt", §§ 111 Abs. 1 Ziffer 3, 4, 5, 112 Satz 1, 115 Abs. 1 Satz 1 BBG, 119 Abs. 1 Ziffer 3, 4, 5, 122 Abs. 1 Satz LBG NW, verpflichten. Diese Merkmale fehlen beim faktischen Dienstverhältnis jedenfalls dann, wenn man ihm, wie es allgemein getan wird[62], jede rechtliche Anerkennung versagt. Eine Anrechnung auf die ruhegehaltsfähige Dienstzeit ist also nicht zu rechtfertigen[63].

---

[61] *Plog* vor § 113 S. 1.

[62] Vgl. § 3 Fußnote 1.

[63] Das gleiche Ergebnis deutet an: *Plog* § 111 Anm. 3 „... entscheidend ist

Dem Inhalt der zitierten beamtenrechtlichen Vorschriften entsprechen die Bestimmungen der §§ 20 f. des Soldatenversorgungsgesetzes. Während allerdings nach §§ 66 BRRG, 111 BBG, 119 LBG NW die anrechnungsfähige Dienstzeit mit „Berufung in das Beamtenverhältnis" beginnt, stellt es § 2 SVG auf den Tag des *tatsächlichen* Diensteintritts ab. Auf Grund dieser gesetzlichen Bestimmung ist die Möglichkeit eröffnet, die Dienstzeit eines de facto Soldaten als ruhegehaltsfähig zu berücksichtigen, denn auch dieser tritt „tatsächlich" in den Dienst.

Dieses Ergebnis wird bestätigt durch § 40 Abs. 3 SG. In die Dienstzeit wird „der Wehrdienst eingerechnet, der in der Bundeswehr bis zur Berufung in das Dienstverhältnis eines Soldaten auf Zeit geleistet worden ist". Auch diese Vorschrift erfordert lediglich das faktische Dienstleisten, ohne dafür eine Rechtsgrundlage zu verlangen. Dem entspricht die in Wissenschaft und Rechtsprechung[64] vertretene und in der Praxis befolgte[65] Ansicht, daß die Dienstzeit des faktischen Soldaten sowohl nach § 40 Abs. 3 SG als auch nach § 2 SVG anrechnungsfähig ist.

Damit ist noch nicht geklärt, ob durch Ableisten dieser faktischen Dienstzeit zugleich der allgemeinen Wehrpflicht Genüge getan ist, §§ 1, 3, 7 WPflG. Sie wird durch die Ableistung des Wehrdienstes erfüllt. Es fragt sich, ob nach Wortlaut und Sinn des Gesetzes auch das faktische Dienen als Leisten von Wehrdienst die Wehrpflicht durch Erfüllung zum Erlöschen bringt. Der Wortlaut der Bestimmungen jedenfalls stellt es lediglich auf das tatsächliche in der Wehr dienen, nicht jedoch darauf ab, daß dieses Dienen auf einer wirksamen Rechtsgrundlage beruht.

Diese Auslegung entspricht auch dem Sinn des Wehrpflichtrechts, das im wesentlichen zwei Ziele verfolgt. Einmal sollen alle wehrfähigen Männer für den Einsatz im Verteidigungsfall ausgebildet werden[66]. Dieser Erfolg tritt auch bei dem de facto Soldaten ein. Denn der Erfolg ist von tatsächlichen Momenten, nicht jedoch davon abhängig, daß für das Dienstverhältnis eine wirksame Rechtsgrundlage besteht. Zum anderen soll das Wehrpflichtrecht gewährleisten, daß immer eine genügende Anzahl Soldaten bereit steht, um das Wohl der Bundesrepublik Deutschland nach außen verteidigen zu können. Es könnten sich Bedenken ergeben, ob „eine Armee faktischer Soldaten" diesem Erfordernis gerecht wird. Der faktische Soldat steht nämlich bei bedingungsloser Durchführung des Nichtigkeitsgedankens weder in der vollen dienst- noch in

aber, daß ein Beamtenverhältnis in den dafür vorgesehenen Formen begründet worden ist ...", der allerdings dann, § 115 Anm. 8, das fehlerhaft begründete Dienstverhältnis in ein privatrechtliches Arbeitsverhältnis umdeutet. Zu den Bedenken gegen eine solche Konversion vgl. unten § 4 A.

[64] *Scherer* § 1 IV 3; BDH RiA 1966, 38.

[65] Erlaß des BMVtg vom 31. 3. 1959, zitiert bei *Scherer* § 1 IV 6.

[66] BDH RiA 1966, 38.

der vollen militärstrafrechtlichen Pflichtbindung[67]. Die Befehls- und Disziplinargewalt sowie die strafrechtliche Ahndungsbefugnis militärischer Pflichtverletzungen ist unerläßlich für die Disziplin einer Truppe und damit für ihre Schlagkraft und ihren Verteidigungswert[68]. Jedoch ist der de facto Soldat, der die Nichtigkeit des sein Dienstverhältnis begründenden Verwaltungsaktes nicht kennt, demselben psychologischen Druck unterworfen, den die disziplinaren und strafrechtlichen Ahndungsbefugnisse auf denjenigen ausüben, dessen Ernennung (Einberufung) fehlerfrei gewesen ist. Anders mag es sich mit dem de facto Soldaten verhalten, der um die Mangelhaftigkeit der Rechtsgrundlage seines Dienstverhältnisses weiß. Er kann jederzeit die sich daraus ergebenden Folgen ziehen und die Disziplin der Truppe durch unbestrafbares, dienstwidriges Verhalten gefährden. Diese Erwägung könnte dafür sprechen, die Dienstzeit eines de facto Soldaten nicht auf die Wehrpflicht anzurechnen, da er einen geringeren Verteidigungswert erbringt. Bis zum Zeitpunkt des Aufbegehrens des de facto Soldaten ist jedoch keine reale, sondern nur eine potentielle Schwächung der Verteidigungskraft der Truppe eingetreten, denn bis dahin hat er sich tatsächlich der Disziplin unterworfen. Da aber lediglich der von dieser Unterwerfung umfaßte Zeitraum auf die Wehrpflicht angerechnet werden soll, ist insoweit auch der mit dem Wehrpflichtrecht beabsichtigte Erfolg eingetreten.

Im Ergebnis ist also festzuhalten, daß die Beamtengesetze keine Möglichkeit der Anrechnung einer im faktischen Dienstverhältnis geleisteten Dienstzeit vorsehen, wohingegen weder Wortlaut noch Sinn der soldatenrechtlichen Vorschriften einer solchen Anrechnung mit allen Konsequenzen entgegenstehen[69].

2. Pflichten des Beamten, Rechte des Dienstherrn

Vermag die Einstellung (Einberufung) des de facto Beamten (Soldaten) nicht oder nicht mehr die gewollten Rechtswirkungen zu erzeugen, steht fest, daß ihm weder für Vergangenheit noch Zukunft dienstrechtliche Verpflichtungen in vollem Umfange aufgebürdet werden können.

a) Treuepflicht

Dennoch ist auch hier zu beachten, daß zwischen de facto Beamten (Soldaten) und Scheindienstherr kein rechtsleerer Raum besteht. Die Grundsätze des durch sozialen Kontakt geschaffenen besonderen Ver-

---

67 *Dreher-Lackner-Schwalm* § 1 Anm. 2.

68 *Baden-v. Mitzlaff*, Einführung I 4.

69 BDH RiA 1966, 38; *Scherer* § 1 IV 7; *Scherer-Krekeler* § 7 1 1; *Hahnenfeld* § 7 Anm. 1.

trauensverhältnisses können auch hier angewandt werden. Im Vertrauen auf die wirksame Einstellung hat der Scheindienstherr den de facto Beamten (Soldaten) in die von ihm beherrschte Rechtssphäre aufgenommen und ihm damit besondere Möglichkeiten schadensstiftenden Verhaltens eröffnet. Die schutzwürdigen Erwartungen des Dienstherrn, daß der de facto Beamte (Soldat) diesen Möglichkeiten mit Beachtung erhöhter Sorgfalt begegnen werde, darf nicht enttäuscht werden, so daß der rudimentären Fürsorgepflicht des Dienstherrn eine rudimentäre Treuepflicht des de facto Beamten (Soldaten) entspricht[70].

Diese Treuepflicht hat jedoch im Gegensatz zu der durch fehlerfreie Einstellung begründeten einen „negativen" Inhalt. Der de facto Beamte (Soldat) ist nicht zu aktivem Wohlverhalten verpflichtet, sondern lediglich dazu, sich schuldhafter Schädigung des Scheindienstherrn zu enthalten. Er muß neben dem sozialethischen Minimum, dessen Beachtung die Zivil-, Straf- und Verwaltungsgesetze von jedem Bürger gegenüber jedem verlangen, sich gegenüber dem Dienstherrn weitere Handlungsbeschränkungen auferlegen, deren Umfang im Einzelfall je nach Art und Bedeutung des übertragenen Wirkungskreises variieren kann. So obliegt ihm nicht nur die Pflicht, dem Dienstherrn unmittelbar keine Schäden zuzufügen, sondern er hat sich darüber hinaus im Außenverhältnis zum Bürger zumindest vorsätzlicher Schädigungen zu enthalten, damit der Dienstherr nicht Ersatzansprüchen Dritter ausgesetzt wird.

Weitergehende Pflichten hat der fehlerhaft Eingestellte, aber fehlerfrei zum Offizier oder Unteroffizier beförderte Soldat wahrzunehmen[71]. Anders als im Beamtenrecht setzt eine solche Beförderung nämlich nicht zwingend den Bestand eines fehlerfrei begründeten Dienstverhältnisses voraus[72]. Nach § 39 WPflG kann ein wehrpflichtiger Nichtsoldat zu dem Dienstgrad befördert werden, für den er sich nach seiner Lebens- und Berufserfahrung außerhalb des Wehrdienstes als geeignet erwiesen hat. Auch § 7 Abs. 6 der Durchführungsbestimmungen zur Anordnung des Bundespräsidenten über die Ernennung und Entlassung der Soldaten[73] erkennt die Möglichkeit der Beförderung eines Nichtsoldaten an. Der somit rechtswirksam zum Offizier oder Unteroffizier ernannte de facto Soldat hat auch bestimmte Dienstpflichten. Denn jeder Offizier und Unteroffizier muß nicht nur während seines Soldatseins, sondern auch nach seinem Ausscheiden aus dem Wehrdienst der Achtung und dem Vertrauen gerecht werden, die für eine Wiederverwendung in seinem Dienstgrad erforderlich sind, § 17 Abs. 3 SG. Zwar ist die Vorschrift auf

---

[70] Andeutend: *Nadler-Wittland-Ruppert* § 34 Anm. 11.

[71] BDH RiA 1966, 38.

[72] BDH RiA 1966, 38.

[73] Vom 1. 4. 1958 (BGBl I S. 210).

den zum Offizier (Unteroffizier) beförderten de facto Soldaten nicht unmittelbar anwendbar, denn bei konsequenter Durchführung des Nichtigkeitsgedankens hat er nie in einem wirksam begründeten Wehrdienstverhältnis gestanden, kann also auch aus einem solchen nicht ausgeschieden sein. Der BDH[74] meint dagegen, die Bestimmung spräche nur den häufigsten Fall an, in dem sich ein Offizier (Unteroffizier) außerhalb eines Wehrdienstverhältnisses befindet. Sie beanspruche aber auch Geltungskraft für die Fälle, in denen jemand, ohne schon einmal in der Bundeswehr gedient zu haben, den Dienstgrad eines Offiziers (Unteroffiziers) innehabe. Allein dessen Verleihung und die dadurch erhöhte Verantwortung als Vorgesetzter begründe den besonderen Pflichtenkreis, nicht das Ausscheiden aus der Bundeswehr.

b) Dienstpflicht

Mit Fehlerhaftigkeit der Einstellung bzw. dem Erlöschen der Rechtsgrundlage des Dienstverhältnisses steht fest, daß der de facto Beamte (Soldat) vom Zeitpunkt des Fehlens der Rechtsgrundlage an die ihm übertragenen Aufgaben nicht wahrzunehmen braucht. Nicht nur, daß eine solche Verpflichtung nicht besteht, der Betroffene ist sogar an der Ausübung weiterer Amtsgeschäfte zu hindern, §§ 13 Abs. 1 BBG, 13 Abs. 1 LBG NW.

Wenn somit keine Pflicht, Dienst zu tun, bestanden hat, kann der de facto Beamte (Soldat) grundsätzlich auch nicht für vergangene angebliche Verletzungen derartiger Pflichten haftbar gemacht werden. Aus der Tatsache, daß er sich zur Ausübung seiner Amts- und Dienstgeschäfte gezwungen glaubte, läßt sich keine Verpflichtung zu ihrer fehlerfreien Wahrnehmung herleiten. Damit würde man dem Beamten nämlich eine positive Handlungspflicht beamtenrechtlichen Wohlverhaltens auferlegen. Diese läßt sich mit dem Gedanken des durch enge soziale Beziehungen gesteigerten Pflichtenkreises nicht rechtfertigen. Der de facto Beamte (Soldat) braucht — anders als der fehlerfrei eingestellte — z. B. einem Ratsuchenden keine Auskunft zu geben, den Dienstherrn nicht auf die Gefahr eines Schadens aufmerksam zu machen. Tut er es dennoch, so ist er lediglich durch die rudimentäre Treuepflicht im oben erwähnten Umfange gebunden.

c) Verschwiegenheitspflicht, Verbot der Geschenkannahme, Pflicht zur Herausgabe amtlich empfangener Gegenstände

Da an dieser Stelle lediglich die Beziehungen des faktisch Dienenden zum Dienstherrn und nicht zum Staat untersucht werden, ist hier nur auf den dienstrechtlichen, §§ 39 Abs. 1, 43 BRRG, 16 Abs. 1 und 3, 70 BBG,

---

[74] RiA 1966, 38.

64 Abs. 1 und 3, 76 LBG NW, und nicht auf den strafrechtlichen, §§ 353 b, 353 c, 331, 332 StGB, Pflichtenkreis einzugehen. Im Ergebnis besteht weitgehend Einigkeit darüber, daß auch der de facto Beamte (Soldat) eine dienstrechtliche Pflicht zur Verschwiegenheit, zur Herausgabe amtlich empfangener Gegenstände hat, daß auch für ihn das Verbot der Annahme von Geschenken unter den in den Beamtengesetzen normierten Voraussetzungen gilt[75]. Die Geltungskraft dieser Vorschriften ist für etwaige Schadensersatzansprüche des Dienstherrn bedeutsam und dafür, ob der fehlerhaft Eingestellte, der erneut und nun wirksam in ein Beamtenverhältnis berufen wird, nach §§ 2 BDO, 2 DO NW für Zuwiderhandlungen im Disziplinarwege bestraft werden kann. Nach dem Grundsatz der Gesetzmäßigkeit der Verwaltung bedarf die Auferlegung von Pflichten einer gesetzlichen Grundlage. Da die Beamtengesetze mangels wirksamer Einstellung als Ermächtigungsgrundlage nicht in Frage kommen, gilt für den fehlerhaft Eingestellten jedenfalls auf Grund der Beamtengesetze weder das Gebot zur Verschwiegenheit und zur Herausgabe amtlich empfangener Gegenstände noch das Verbot, Geschenke anzunehmen. Derartige Pflichten lassen sich auch nicht mit der Erwägung begründen[76], daß sie aus denselben Gründen „*fort*bestehen" — sie haben nie bestanden —, die auch für ihre Erstreckung über die Beendigung des Beamtenverhältnisses hinaus maßgebend sind. Damit ist lediglich die Zweckmäßigkeit, nicht jedoch die Rechtmäßigkeit ihrer Auferlegung nachgewiesen.

d) Schadensersatzverpflichtungen

Es fragt sich, auf welcher Rechtsgrundlage der Dienstherr den de facto Beamten (Soldaten) bei Verletzung der so umrissenen materiellen Pflichten zu Schadensersatzleistungen heranziehen kann. Die Bestimmungen der §§ 823 Abs. 1 und 2, 826 BGB können deshalb nicht Anspruchsgrundlage sein, weil sie ein auf Gleich- und nicht auf Über- und Unterordnung beruhendes Verhältnis vom Schädiger zum Verletzten voraussetzen[77].

Ein Anspruch kann auch nicht auf § 839 BGB in Verbindung mit Art. 34 GG gestützt werden, da es unmöglich ist, den Dienstherrn als Dritten im Sinne dieser Vorschrift anzusehen. Die beamten- bzw. wehrrechtlichen Vorschriften, §§ 46 BRRG, 78 BBG, 84 LBG NW, 24 SG, die Schadensersatzansprüche bei Pflichtverletzungen des Beamten (Soldaten) begründen, können nicht herangezogen werden, weil — bei bedingungsloser

---

[75] *Wiedow* § 14 Anm. 5; *Schröcker* DVBl 1957, 668 mit Nachweisen; a. A. *Schütz* LBG vor § 64 Anm. 2; § 76 Anm. 1.

[76] *Nadler-Wittland-Ruppert* § 34 Anm. 8.

[77] *Palandt-Gramm* Einführung vor § 823 Anm. 1; § 839 Anm. 1; *Erman-Drees* § 839 Anm 1 a; a. A. anscheinend *Nadler-Wittland-Ruppert* § 34 Anm. 11; *Bochalli* § 14 Anm. 3.

Durchführung des Gedankens der Nichtigkeit — der de facto Beamte (Soldat) nicht Beamter (Soldat) gewesen ist.

Ein Schadensersatzanspruch ließe sich nur aus einem allgemeinen Rechtsgedanken ableiten, nach dem jede Pflichtverletzung, durch die dem Pflichtengläubiger ein Schaden entsteht, einen gegen den Pflichtigen gerichteten Ersatzanspruch begründet. Von dem Bestehen eines derartigen Prinzips scheint die wohl einhellige Ansicht im Schrifttum[78] und die Rechtsprechung des Reichsgerichts[79] und des Bundesverwaltungsgerichts[80] sowie die frühere Rechtsprechung des Bundesgerichtshofes[81] stillschweigend auszugehen. Es wird nämlich allgemein angenommen, eine Fürsorgepflichtverletzung des Dienstherrn begründe auch ohne ausdrückliche Vorschrift (wie z. B. die des § 839 BGB) einen unmittelbar sich aus dem Dienstverhältnis ergebenden Schadensersatzanspruch des betroffenen Beamten. Dies müßte umgekehrt auch dazu führen, daß eine schuldhafte Verletzung der rudimentären Treuepflicht des de facto Beamten (Soldaten) einen Anspruch auf Schadensersatz gegen ihn begründet.

e) Vollstreckungsmöglichkeiten des Dienstherrn

Besondere Probleme ergeben sich, wenn angebliche, nämlich dem Dienstherrn nach dem oben Gesagten nicht zustehende Schadensersatzansprüche durch Verwaltungsakte — etwa im Defektenverfahren — oder gerichtliches Urteil konkretisiert und rechtlich besonders gefestigt worden sind. Es fragt sich, ob der Dienstherr diese Ansprüche auch noch nach Erkenntnis der Fehlerhaftigkeit des Dienstverhältnisses durchsetzen kann.

aa) Durch Verwaltungsakt und Urteil konkretisierte Ansprüche

Dazu gilt das oben[82] im Hinblick auf die Vernichtbarkeit rechtswidriger Verwaltungsakte und materiell fehlerhafter Urteile Gesagte bis auf eine Ausnahme. Ein Verwaltungsakt, der rechtswidrigerweise den de facto Beamten (Soldaten) zur Zahlung verpflichtet, ist im Gegensatz zu den oben erörterten Fallgruppen nicht begünstigend, sondern belastend. Fehlerhafte, belastende Verwaltungsakte können von der Exekutive immer, müssen von ihr bis zur Bestandskraft aufgehoben werden[83].

---

[78] *Grellert* S. 146 mit Nachweisen.

[79] RGZ 100, 188.

[80] NJW 1961, 2364 (2367); NJW 1963, 123 (124).

[81] NJW 1954, 1445, der allerdings in der Entscheidung NJW 1959, 1124 (1125) diese Rechtsprechung ausdrücklich aufgab.

[82] § 3 A I 1 d bb.

[83] *Haueisen* NJW 1954, 1425; *Forsthoff* § 13 S. 239 nimmt sogar eine auch über die Unanfechtbarkeit hinausragende, wenn auch nicht durchsetzbare, Verpflichtung der Behörde zur Rücknahme an.

bb) Durch Disziplinarverfügung und Disziplinarurteil konkretisierte Ansprüche

Der Problematik, inwieweit der Dienstherr aus Verwaltungsakt und Urteil, denen ein irrigerweise angenommener Schadensersatzanspruch zu Grunde liegt, gegen den de facto Beamten (Soldaten) vorgehen kann, ist die Frage verwandt, ob eine durch Disziplinarverfügung oder Disziplinarurteil verhängte Strafe auch nach Erlangung der Kenntnis der Nichtigkeit des Dienstverhältnisses vollstreckt werden kann. Voraussetzung dafür ist, daß die gegen einen de facto Beamten (Soldaten) erlassenen Disziplinarmaßnahmen überhaupt eine Rechtswirkung entfalten. Es ist heute wohl allgemein anerkannt, daß jede gegen einen de facto Beamten verhängte Disziplinarstrafe rechtswirkungslos ist[84]. Behnke nahm noch unter dem Geltungsbereich der Reichsdienststrafordnung[85], deren Wortlaut insoweit von dem der Bundesdisziplinarordnung nicht abweicht, die Gültigkeit, aber Vernichtbarkeit einer gegen einen de facto Beamten verhängten Disziplinarmaßnahme an[86]. Er stellte fest, daß in diesen Fällen jede Disziplinarstrafe ausgeschlossen, eine erlassene Dienststrafverfügung *aufzuheben* sei.

Seine geänderte Ansicht[87] sucht er an Hand des Beispiels eines durch nichtigen Akt eingestellten Bundesbeamten zu erklären, der in Wirklichkeit Landesbeamter sei. Die disziplinarische Entfernung aus dem Scheinbundesbeamtenverhältnis ließe den wahren Status als Landesbeamter unberührt. Diese Erkenntnis ist richtig, setzt aber nicht notwendigerweise die Nichtigkeit des Disziplinarurteils voraus. Entweder sprach die Bundesdisziplinarkammer eine Entfernung aus dem Bundesdienst aus. Damit konnte sie deshalb ein Landesbeamtenverhältnis nicht beenden, weil diese Rechtsfolge nicht Inhalt ihrer Entscheidung war. Oder sie sprach die Beendigung des Landesbeamtenverhältnisses aus. Dann ist ihr Urteil nichtig wegen absoluter Unzuständigkeit des erkennenden Gerichts.

Lindgen gibt eine gespaltene Darstellung der Rechtslage. Einmal geht er davon aus, jede gegen einen de facto Beamten ausgesprochene Disziplinarmaßnahme sei ohne Wirkung[88], zum anderen, eine Disziplinar-

---

[84] Landesverwaltungsgericht Koblenz NJW 1953, 40; *Behnke* BDO § 1 Anm. 6; *Schütz* Disziplinarrecht C I Anm. 9; *Lindgen* Handbuch § 6 S. 58;

a. A. *Schröcker* DVBl 1957, 668, der allerdings auch bei Fehlerhaftigkeit der Einstellung das Entstehen eines beamtenrechtlichen Dienstverhältnisses annimmt.

[85] Vom 26. 1. 1937 (RGBl I S. 71).

[86] *Behnke* Reichsdienststrafordnung § 1 III 3.

[87] BDO § 1 Anm. 6.

[88] Bundesdisziplinarrecht § 3 S. 17.

verfügung sei trotz ex tunc Vernichtung der Einstellung voll wirksam[89]. Im Handbuch[90] nimmt Lindgen unterschiedslos Nichtigkeit aller gegen einen de facto Beamten ergangenen Disziplinarmaßnahmen an und stützt sich dabei auf Nadler-Wittland-Ruppert[91], die jedoch — wenn auch nicht ausdrücklich — die Gegenmeinung vertreten. Sie vergleichen nämlich die Rechtslage mit derjenigen bei Beendigung des Beamtenverhältnisses. Es steht fest, daß dieser Tatbestand nicht die Rechtswirkungen der bis dahin erlassenen Disziplinarmaßnahmen beseitigt. Die Nichtigkeit aller gegen einen de facto Beamten verhängten Disziplinarmaßnahmen ist mit dem Gedanken zu rechtfertigen, daß jener in den besonderen materiellen und formellen disziplinarrechtlichen Pflichtenkreis nicht gelangen konnte. Er stand, obgleich tatsächlich in den Hoheitsverband eingegliedert, rechtlich so außerhalb des disziplinarischen Zugriffsbereiches, daß jeder Versuch, ihn auf diese Weise zur Rechenschaft zu ziehen, zum völligen Scheitern verurteilt war. Der Unterschied zu Bescheiden des Dienstherrn, die für oder gegen den de facto Beamten Geldforderungen begründen[92] und die trotz der Fehlerhaftigkeit seiner Einstellung grundsätzlich wirksam sind, liegt in dem Strafcharakter jeder Disziplinarmaßnahme. Die bloße Begründung finanzieller Ansprüche ist wertneutral. Die Macht, disziplinarische Unwerturteile auszusprechen, muß — vergleichbar dem örtlichen Aktionsradius einer Gemeinde — streng auf denjenigen Personenkreis beschränkt werden, der der ausgeübten rechtlichen Gewalt unterliegt.

Damit steht fest, daß der Dienstherr gegen einen de facto Beamten weder aus Disziplinarverfügungen noch aus Disziplinarurteilen vorgehen kann.

Im Wehrrecht wird dagegen, soweit ersichtlich, von niemandem die Ansicht vertreten, eine Disziplinarverfügung oder ein Disziplinarurteil sei allein deswegen rechtswirkungslos, weil der Bestrafte nicht in einem fehlerfrei begründeten Dienstverhältnis gestanden hatte. Der Streit geht vielmehr lediglich darum, ob ein de facto Soldat weiterhin in gleichem Umfange der Disziplinargewalt unterliegt wie ein fehlerfrei Eingestellter oder Einberufener[93]. Die Besonderheiten des Wehrrechts könnten eine solche Abweichung rechtfertigen. Der Soldat steht grundsätzlich in einer tatsächlichen Beziehung zu seinem Dienstherrn, die um ein Viel-

---

[89] Bundesdisziplinarrecht § 3 S. 19.

[90] Handbuch § 6 S. 58.

[91] § 34 Anm. 11.

[92] Vgl. oben § 3 A I 1 d bb.

[93] Dafür *Baden-v. Mitzlaff* § 1 Anm. 4 b; mit Einschränkungen BDH RiA 1966, 38; dagegen *Scherer* § 1 IV 5; *Schreiber* Wehrkunde 1960, 38 ff., der allerdings aus militärischen Gründen die Anerkennung militärischer Pflichten befürwortet.

faches enger ist als die des Beamten. Es sei auf das Wohnen in Gemeinschaftsunterkünften hingewiesen. Es ist ferner kein Zufall, daß keine gesetzliche Vorschrift die „Arbeitsstunden“zahl eines Soldaten regelt. Das ständige Leben in der soldatischen Gemeinschaft und die ständige Einsatzbereitschaft begründen ein tatsächliches Gewaltverhältnis, das so stark ist, daß die Rechtsordnung an ihm nicht vorbeigehen kann. Sie erachtet es jedenfalls für fähig, die — wenn auch nur vorübergehende — Wirksamkeit von Disziplinarmaßnahmen zu rechtfertigen, die gegenüber einem de facto Soldaten ergangen sind.

Durch ausdrückliche gesetzliche Vorschrift kann die gegen einen Soldaten verhängte Geldbuße (Laufbahn- und Arreststrafen scheiden aus der Untersuchung aus, erstere, weil sie begrifflich das Bestehen, letztere, weil sie auf Grund gesetzlicher Bestimmung den Fortbestand eines fehlerfreien Dienstverhältnisses voraussetzen, § 40 Abs. 2 WDO) auch noch nach dem Entlassungstag vollstreckt werden, § 40 Abs. 1 WDO. In diesem Falle ist von Bedeutung, unter welchen Voraussetzungen eine solche Disziplinarmaßnahme deshalb aufgehoben werden kann, weil der Bestrafte nicht Soldat war.

Ein Disziplinarurteil, das einen de facto Soldaten mit einer Geldbuße bestraft hat, §§ 43 Abs. 4, 10 Abs. 1 WDO, kann, wenn es rechtskräftig geworden ist, unter keinen Voraussetzungen mehr angegriffen werden. Der freien Rücknahmemöglichkeit steht die Rechtskraft der Entscheidung entgegen, § 100 WDO. Ein Wiederaufnahmeverfahren ist nur zulässig, entweder mit dem Ziel, ein auf Dienstgradherabsetzung, Entfernung aus dem Dienst oder Aberkennung des Ruhegehalts lautendes Urteil herbeizuführen, § 103 Abs. 1 Ziff. 2 WDO, oder gegen ein Disziplinarurteil, das eine Laufbahnstrafe verhängt hat, § 103 Abs. 1 Ziff. 1 WDO.

Disziplinarverfügungen können grundsätzlich auch dann noch aufgehoben werden, wenn sie unanfechtbar geworden sind, §§ 31, 32 WDO (die Voraussetzungen letzterer Bestimmung liegen allerdings beim de facto Soldaten nicht vor). Nach § 31 WDO bedarf es eines Antrages des Disziplinarvorgesetzten, der der Auffassung ist, daß einer seiner Untergebenen zu Unrecht disziplinarisch bestraft worden ist. Auch der Bestrafte kann einen Antrag auf Aufhebung der Disziplinarverfügung stellen, wenn neue Tatsachen oder Beweismittel beigebracht sind, die er ohne sein Verschulden vorher nicht geltend machen konnte. Die Unschuld des de facto Soldaten im Sinne dieser Vorschrift ergibt sich sowohl daraus, daß ihm — mangels wirksamen Begründungsaktes eines Dienstverhältnisses — grundsätzlich keine militärischen Pflichten oblagen, als auch daraus, daß er einer militärischen Disziplinargewalt nicht unterworfen war[94]. Mit der Aufhebung der gegen den de facto Soldaten ergangenen Disziplinarverfügung entfällt die Grundlage der weiteren Vollstreckung einer Geldbuße.

II. Rechte und Pflichten aus der „Umkehrung"

Während oben versucht wurde, darzustellen, welche Rechtsfolgen sich bei bedingungsloser Durchführung des Nichtigkeitsgedankens unmittelbar aus dem faktischen Dienstverhältnis ergeben, soll nun darauf eingegangen werden, wie die Rechte auf Rückgewähr der während dieses Verhältnisses erbrachten Leistungen beschaffen sind.

1. Rechte des Dienstherrn

Alle Geld-, Sach- und geldwerten Leistungen des Dienstherrn an einen Beamten (Soldaten) beruhen auf beamten- bzw. wehrrechtlichen Gesetzen. Auch der unerkannte de facto Beamte (Soldat) hat auf Grund dieser — auf sein Verhältnis unanwendbaren — Vorschriften Leistungen empfangen. Es fragt sich, wie diese Inkongruenz zwischen scheinbarer und wirklicher Rechtslage gelöst werden kann.

Einem allgemeinen Gedanken der Rechtsordnung entsprechend[95] kann der Dienstherr grundsätzlich alle rechtsgrundlos erbrachten Leistungen mit dem Institut des öffentlich-rechtlichen Erstattungsanspruchs vom de facto Beamten (Soldaten) herausverlangen[96].

Wenn auch die beamten- bzw. wehrrechtlichen Vorschriften auf die Dienstverhältnisse eines de facto Beamten (Soldaten) keine Anwendung finden, so ist damit noch nicht gesagt, daß für keine der im Rahmen dieser Verhältnisse vom de facto Beamten (Soldaten) empfangenen Leistungen ein Rechtsgrund besteht. Manche von ihnen sind nämlich auf Grund von Urteilen, andere auf Grund von Verwaltungsakten erbracht worden, die sich auf die scheinbar anwendbar gewesenen Vorschriften stützen. Lediglich eine kleinere Gruppe von Leistungen des Dienstherrn beruht unmittelbar auf dem Gesetz.

a) Vernichtung der causa

Bei auf Urteil und Verwaltungsakt beruhenden Leistungen muß, bevor überhaupt Umfang und Art des Geltendmachens eines Rückforde-

---

[94] Zu den Ausnahmen vgl. BDH RiA 1966, 38.

[95] §§ 53 Abs. 2 BRRG, 87 Abs. 2 BBG, 98 Abs. 2 LBG NW sind nur Ausprägungen dieses Prinzips, ohne selbst einen Anspruch zu begründen: *Schütz* LBG § 98 Anm. 5.

[96] *Haueisen* NJW 1954, 977; *Kilian* NJW 1962, 1279 ff.; *Schütz* LBG § 98 Anm. 5; VGH BW Stuttgart VerwRspr. 14, 788; *Wolff* I § 44 I c 3.

rungsanspruchs geprüft werden kann, untersucht werden, ob der Rechtsgrund der Leistungen vernichtbar ist.

aa) Leistungen, die auf Urteil beruhen

Es ist denkbar, daß der de facto Beamte (Soldat) gezwungen worden ist, seine Scheinansprüche aus dem Dienstverhältnis gerichtlich durchzusetzen. Er kann einmal vor den Verwaltungsgerichten, § 126 BRRG, auf Zahlung von Dienst- und Versorgungsbezügen, zum anderen vor den ordentlichen Gerichten auf Schadensersatzleistung wegen Verletzung der scheinbar dem Dienstherr als Amtspflicht ihm gegenüber obliegenden Fürsorgepflicht geklagt haben. Derartige zugunsten eines de facto Beamten (Soldaten) erlassene Urteile beruhen immer dann auf einer Fehlanwendung des Rechts, wenn die eingeklagte Leistung dem Scheinfunktionär nicht bereits nach allgemeinen Gesichtspunkten geschuldet wird.

Da aber auch die rechtskräftigen, materiell fehlerhaften Urteile nicht nichtig sind, bilden sie bis zu ihrer unter den dargelegten[97] Voraussetzungen möglichen Aufhebung den prozessualen Grund dafür, daß der Begünstigte das Zugesprochene behalten darf.

bb) Leistungen, die auf Verwaltungsakt beruhen

Eine Reihe von Leistungen, z. B. Beihilfen, Reise- und Umzugsvergütungen, Schadensersatzleistungen wegen Fürsorgepflichtverletzung[98], werden durch Verwaltungsakt des Dienstherrn festgesetzt. Mit der Tatsache, daß das Dienstverhältnis eines de facto Beamten (Soldaten) von einer gültigen Einstellung nicht umfaßt worden ist, steht zugleich die Rechtswidrigkeit aller dieser begünstigenden Verwaltungsakte fest. Nach Wirth-Düring[99] können sie damit ohne weiteres ex tunc vernichtet werden, da erst im Rahmen der Rückforderung der nunmehr rechtsgrundlos erbrachten Leistungen die Frage eines Vertrauensschutzes zu prüfen sei. Dagegen schützen die Rechtsprechung und der überwiegende Teil der Literatur[100] auch das Vertrauen des Betroffenen bereits gegen die freie Rücknahme fehlerhafter Verwaltungsakte. Wirths These von der jederzeitigen Rücknahmemöglichkeit fehlerhafter begünstigender Verwaltungsakte versagt immer dort, wo der Verwaltungsakt nicht nur causa für eine vom Staat bereits erbrachte Leistung darstellen, sondern weitergehende Rechtsfolgen begründen soll. So könnten z. B. alle begünstigen-

---

[97] § 3 A I 1 d bb.

[98] Nach BVerwGE 8, 261 (265) auch Versorgungsbezüge auf Grund des sogenannten Pensionsfestsetzungsbescheides; zur Kontroverse um die Rechtsnatur dieses Aktes vgl. *Plog* § 87 Anm. 6 ff.

[99] DöV 1960, 173.

[100] BVervGE 8, 261 (269); 19, 188 (189); *Flatten* DöV 1962, 940; *Haueisen* NJW 1958, 642 ff.

den Verwaltungsakte im Hinblick auf ihre in der Zukunft liegenden Wirkungen bedenkenlos vernichtet werden, ein Ergebnis, das jedenfalls mit den Grundsätzen der ständigen Rechtsprechung des Bundessozialgerichts und des Bundesverwaltungsgerichts[101] unvereinbar ist. Das Vertrauen des Bürgers muß demnach bereits gegen die freie Rücknahme rechtswidriger begünstigender Verwaltungsakte geschützt werden[102].

Die Wirkungen von Urteilen können also nur unter den engen Voraussetzungen einer Wiederaufnahmeklage, diejenigen von Verwaltungsakten unter Beachtung des Gesichtspunktes des Vertrauensschutzes beseitigt werden.

Die durch eine solche Beseitigung entstehende materielle Rechtslage der durch Urteil und Verwaltungsakt festgesetzten Leistungen des Dienstherrn entspricht nunmehr derjenigen von Leistungen, die unmittelbar auf dem Gesetz beruhen.

cc) Leistungen, die unmittelbar auf Gesetz beruhen

Die beamten- und soldatenrechtlichen Vorschriften begründen eine Reihe von Ansprüchen des Beamten (Soldaten), die der Dienstherr erfüllt, ohne sie durch einen Verwaltungsakt zu konkretisieren. Bei der Überweisung der Dienstbezüge wird dem Beamten z. B. nur eine zur Information bestimmte Abschrift einer Kassenanweisung[103] zugesandt. Abgesehen von Leistungen, die der Dienstherr erbringt, weil er gegenüber dem Beamten (Soldaten) dazu verpflichtet ist, kann er ihm auf der Rechtsgrundlage eines fehlerfreien Verhältnisses Schriftstücke, Gegenstände, Arbeitsgerät zur Verfügung stellen. Auch deren Überlassung beruht meistens nicht auf einem Verwaltungsakt, sondern auf den das fehlerfreie Verhältnis konstituierenden Normen des Gesetzes unmittelbar.

Da jedenfalls nach der fast einhelligen Ansicht, die dem faktischen Dienstverhältnis jede rechtliche Anerkennung versagt, die beamtenbzw. wehrrechtlichen Gesetze nur auf ein Dienstverhältnis Anwendung finden, das von einer fehlerfreien Einstellung umfaßt wird, besteht für keine der vom Dienstherrn im Rahmen des faktischen Dienstverhältnisses erbrachten Leistungen ein Rechtsgrund.

b) Einreden

Damit steht jedoch noch nicht fest, daß der Dienstherr gegenüber dem de facto Beamten (Soldaten) einen Erstattungsanspruch in vollem Umfange des Erbrachten geltend machen kann.

---

[101] BSGE 10, 72 (76); 21, 40, mit Nachweisen; BVerwGE 5, 312 (314); 13, 253 (254).
[102] Vgl. § 3 A I 1 d bb.
[103] Zu ihrer rechtlichen Bedeutung vgl. BVerwG DVBl 1961, 336 ff.

aa) Ausschluß durch §§ 14 Satz 2 BBG, 14 Abs. 2 Satz 2 LBG NW

Zwar ist ein solcher Anspruch nicht durch die ausdrücklichen gesetzlichen Vorschriften, wonach die gezahlten Dienst- und Versorgungsbezüge dem fehlerhaft Eingestellten belassen werden können. §§ 14 Satz 2 BBG, 14 Abs. 2 Satz 2 LBG NW, schon bezüglich aller anderen geldwerten Leistungen ausgeschlossen[104]. Einmal läßt sich dieser Schluß lediglich aus der Ermächtigung des Dienstherrn, abweichend von § 26 RHO auf die Geltendmachung eines öffentlich-rechtlichen Anspruchs zu verzichten, nicht ziehen. Zum anderen wird allgemein der Begriff der Dienst- und Versorgungsbezüge im Rückforderungsrecht nicht im engen Sinne der §§ 2, 27 Landesbesoldungsgesetz für Nordrhein-Westfalen[105] interpretiert, sondern auf alle dem Beamten im Hinblick auf sein Amt gewährten geldwerten Leistungen ausgedehnt[106].

Es fragt sich aber, inwieweit die Realisierung einer Bereicherungsforderung unter den einschränkenden Gesichtspunkten des Vertrauensschutzes, des Wegfalls der Bereicherung und der fehlerfreien Ermessensausübung steht.

bb) Berufung auf Vertrauensschutz

Dem Geltendmachen des Erstattungsanspruches könnte der Schutz des Vertrauens des de facto Beamten (Soldaten) auf das Behaltendürfen des Empfangenen ganz oder teilweise entgegenstehen[107]. Zwar wird dieses Problem in Rechtsprechung[108] und Literatur[109] fast nur unter dem Gesichtspunkt des Vertrauensschutzes gegen Rücknahme fehlerhafter begünstigender Verwaltungsakte und nicht gegen die Rückforderung rechtsgrundlos gezahlter Gelder behandelt[110]. Mag es auch überflüssig erscheinen, sowohl das Vertrauen gegen die Rücknahme des Verwaltungsaktes als auch gegen die Rückforderung der Gelder gesondert zu schützen, so kann doch eine solche Differenzierung in doppelter Hinsicht von Bedeutung sein. Einmal ist der Ausschluß der Rücknahme inflexibel. Bei der Prüfung des Rückforderungsrechts können dagegen öffentliche und private Interessen sowie das Maß der Verantwortung, das jeden Beteiligten an der Fehlentwicklung trifft, gegeneinander abgewogen werden. Nur dieses Verfahren gestattet eine Aufspaltung: Ein Teil des empfangenen

---

[104] So offenbar *Bochalli* § 14 Anm. 3.
[105] I. d. F. vom 19. 8. 1965 (GVBl S. 258).
[106] *Plog* § 87 Anm. 5; *Schütz* LBG § 98 Anm. 6.
[107] VGH BW ESVGH 10, 167 (171).
[108] Z. B. BVerwGE 8, 261 ff.; 19, 188 ff.; 19, 275 ff.
[109] *Haueisen* NJW 1954, 977; *Haueisen* DVBl 1959, 228 ff.; *Forsthoff* § 13 S. 240.
[110] Eine Ausnahme machen der VGH BW ESVGH 10, 171 und *Wirth-Dürig* DöV 1960, 174.

Geldes muß zurückgewährt werden, den anderen Teil darf der Begünstigte behalten. Zum anderen ist der Schutz des Vertrauens gegen die Rückforderung des Empfangenen dort unerläßlich, wo geldwerte Leistungen unmittelbar auf Grund gesetzlicher Vorschriften erbracht worden sind, die, wie sich später herausstellt, keine Anwendung hätten finden dürfen. Dabei ist zu beachten, daß dieselben Prinzipien, die den Schutz des Vertrauens des Bürgers in eine von der Verwaltung — wenn auch rechtswidrigerweise — geschaffene Rechtslage erfordern, auch zur Gewährung von Vertrauensschutz im Hinblick auf eine rechtswidrige tatsächliche Umweltgestaltung zwingen[111]. In beiden Fällen hat sich nämlich der Betroffene auf das Behaltendürfen verlassen. Dabei wird ihm meistens — worauf Wirth-Dürig[112] zutreffend hingewiesen haben — die Frage des rechtlichen Bestandes des ihn begünstigenden Verwaltungsaktes viel gleichgültiger sein als die Frage, ob er das Empfangene tatsächlich zurückzahlen muß oder nicht.

Daher wird sich auch der de facto Beamte (Soldat) unter gewissen Voraussetzungen darauf berufen dürfen, er habe geglaubt, alles das, was er während des Dienstverhältnisses vom Dienstherrn empfangen hat, nicht mehr herausgeben zu müssen. Bei der Untersuchung der Schutzwürdigkeit dieses Vertrauens muß das öffentliche Interesse an der Einziehung der Gelder gegen das Interesse des de facto Beamten (Soldaten) am Behaltendürfen abgewogen[113] und an Hand der Umstände des Einzelfalles festgestellt werden, was im Verantwortungsbereich des Begünstigten gelegen hat[114].

cc) Wegfall der Bereicherung

Der de facto Beamte (Soldat) könnte weiterhin versuchen, sich auf einen eingetretenen Wegfall der Bereicherung zu berufen. §§ 57 Abs. 2 BRRG, 87 Abs. 2 BBG, 98 Abs. 2 LBG NW lassen eine solche Einrede im Hinblick auf *zuviel* gezahlte Dienst- und Versorgungsbezüge — alle dem Beamten im Hinblick auf sein Amt gewährten geldwerten Leistungen — unter gewissen Voraussetzungen zu. Die Anwendbarkeit dieser Bestimmungen auf das von einem de facto Beamten (Soldaten) Erhaltene ist fraglich. Schon die Wortinterpretation ergibt, daß unter „zuviel gezahlt" immer nur eine Differenz zwischen einer rechtlich zu beanspruchenden und einer tatsächlich gezahlten Summe verstanden werden kann. Dem entspricht auch die einhellige Auslegung der Vorschrift[115].

---

[111] VGH BW ESVGH 10, 171, 172.

[112] DöV 1960, 174.

[113] BVerwGE 8, 261 (269); 19, 188 (189); *Flatten* DöV 1962, 938 ff.; BSGE 10, 72 (76).

[114] *Haueisen* NJW 1958, 643; BVerwGE 8, 261 (271); *Plog* § 87 Anm. 17 e.

[115] *Plog* § 87 Anm. 6; *Schütz* LBG § 98 Anm. 7; besonders deutlich OLG

Da der de facto Beamte (Soldat) bei konsequenter Durchführung des Unwirksamkeitsgedankens nichts zu beanspruchen hatte, kann eine in den Worten „zuviel" ausgedrückte Differenz, ein „Unterschied zwischen Anspruch und Leistung"[116] nicht entstehen.

Der Gesetzgeber mag es auch als sinnvoll angesehen haben, dem fehlerfrei Eingestellten die Berufung auf den Wegfall der Bereicherung zu gestatten, sie dagegen dem de facto Beamten (Soldaten), zu dem viel weniger enge Beziehungen bestehen, zu versagen, zumal er als Ausgleich die Rückforderung von einer Ermessensentscheidung des Dienstherrn abhängig gemacht hat.

Es ist darüber hinaus anerkannt, daß die Möglichkeit, sich auf einen Wegfall der Bereicherung zu berufen, auch nach allgemeinen verwaltungsrechtlichen Prinzipien dem Schuldner eines Erstattungsanspruchs nicht offensteht[117].

dd) Fehlerfreie Ermessensausübung

Die Rückforderung der einem de facto Beamten gezahlten geldwerten Leistungen ist in das Ermessen des Dienstherrn gestellt worden, §§ 14 Satz 2 BBG, 14 Abs. 2 Satz 2 LBG NW. Die Fehlerfreiheit der Ermessensausübung kann gerichtlich kontrolliert werden[118].

2. Rechte des de facto Beamten (Soldaten) aus der „Umkehrung"

Im Rahmen des Dienstverhältnisses hat der de facto Beamte (Soldat) dem Scheindienstherrn eine Reihe von Leistungen erbracht. Sie fanden ihre scheinbare gesetzliche Grundlage in den Beamten- bzw. Wehrgesetzen und müssen dem de facto Beamten (Soldaten) grundsätzlich vom Dienstherrn zurückgegeben werden. Das allgemeine Prinzip, daß niemand rechtsgrundlos auf Kosten eines anderen bereichert sein soll, gilt auch für die Körperschaften des öffentlichen Rechts.

a) Vernichtung der causa

Aber nicht alle vom Dienstherrn empfangenen Leistungen beruhen unmittelbar auf dem Gesetz. Bei manchen von ihnen ist ein Urteil, bei manchen ein Verwaltungsakt als weiterer Grund des Behaltendürfens

---

Oldenburg DöV 1953, 28 „... Dienstbezüge sind dann als zuviel gezahlt anzusehen, ... wenn der Dienstherr einen höheren Betrag an den Beamten ausgezahlt hat, als ihm nach den anzuwendenden Vorschriften zustand."

[116] *Plog* § 87 Anm. 6.

[117] *Plog* § 87 Anm. 3; *Kilian* NJW 1962, 1279 mit Nachweisen; *Haueisen* NJW 1954, 978; VGH BW ESVGH 10, 171; wohl auch *Wolff* I § 44 I c 2.

[118] *Wiedow* § 14 Anm. 6.

eingeschoben. Bevor diese causae vernichtet sind, steht dem de facto Beamten (Soldaten) ein Bereicherungsanspruch gegen seinen Dienstherrn nicht zu.

aa) Zivil- oder Verwaltungsgerichtsurteil

Hat ein de facto Beamter (Soldat) durch Verletzung einer Amtspflicht einen Dritten geschädigt, so haftet grundsätzlich der Dienstherr, Art. 34 GG, § 839 BGB. Dieser wiederum kann unter gewissen Voraussetzungen im Regreßwege den Beamten zum Ersatz des ihm entstandenen Schadens heranziehen. Für Streitigkeiten, die sich aus diesem Schadensersatzverlangen ergeben, ist der ordentliche Rechtsweg eröffnet, Art. 34 GG, § 40 Abs. 2 VWGO.

Gegen eine Entscheidung, mit der der Dienstherr einen de facto Beamten (Soldaten) durch Verwaltungsakt zu Geldleistungen, sei es im Rahmen eines Defektenverfahrens, sei es im Rahmen der, jedenfalls vom Bundesverwaltungsgericht[119] anerkannten, allgemeinen Prinzipien herangezogen hat, ist der Verwaltungsrechtsweg eröffnet, §§ 8 ErstG, 40 Abs. 1 VWGO[120]. Die einen de facto Beamten (Soldaten) zur Leistung verurteilende Entscheidung des Zivil- oder Verwaltungsgerichts kann nach Rechtskraft nur im Wege der Wiederaufnahmeklage unter den aufgezeigten Voraussetzungen revidiert werden.

bb) Disziplinarmaßnahmen

Oben[121] wurde dargelegt, daß alle gegen einen de facto Beamten verhängten Disziplinarmaßnahmen jedenfalls dann als nichtig angesehen werden müssen, wenn man dem faktischen Dienstverhältnis jede rechtliche Anerkennung versagt. Die vom „Verurteilten“ auf Grund solcher Entscheidungen erbrachten Geldleistungen wie Strafen und Kosten können frei zurückgefordert werden.

Der de facto Soldat dagegen kann eine auf Grund eines rechtskräftigen Disiziplinarurteils gezahlte Geldsumme deshalb nicht zurückfordern, weil er unter keinen Voraussetzungen mehr gegen die causa dieser Leistung vorgehen kann[122]. Will er eine auf Grund einer Disziplinarverfügung gezahlte Geldsumme zurückverlangen, so muß er zunächst die unter den dargelegten Voraussetzungen mögliche Aufhebung dieser Entscheidung erwirken.

---

[119] Ständige Rechtsprechung, zuletzt DVBl 1966, 145 (146) mit Nachweisen.

[120] *Wiedow* § 78 Anm. 34; *Schütz* LBG § 84 Anm. 32.

[121] § 3 A I 2 e bb.

[122] Vgl. oben § 3 A I 2 e bb.

cc) Defektenverfahren

Eine Reihe von Leistungen, die der de facto Beamte (Soldat) seinem Scheindienstherrn erbracht hat, beruhen auf Verwaltungsakten. Als derartige causae kommen in Betracht: der im Defektenverfahren gegen einen Beamten ergangene Erstattungsbeschluß oder ein Leistungsbescheid, der — jedenfalls nach Ansicht des Bundesverwaltungsgerichts[123] — zulässigerweise auch ohne besondere gesetzliche Grundlage einen Beamten oder Soldaten zur Zahlung oder Herausgabe von Sachen anhält.

Das Erstattungsgesetz läßt — entsprechend allgemeinen verwaltungsrechtlichen Lehren[124] — die Aufhebung des Erstattungsbeschlusses, eines belastenden Verwaltungsaktes, durch die oberste Dienstbehörde jederzeit zu, § 5 Abs. 5 ErstG. Danach hat die Verwaltung auch noch nach Unanfechtbarkeit die Möglichkeit, den Bescheid, der einen de facto Beamten zu Leistungen heranzieht, zu vernichten. Gezwungen werden kann sie allerdings zu einer solchen Rücknahme nicht mehr.

b) Rückforderung der unmittelbar auf Gesetz beruhenden Leistungen

Nach den eben dargelegten Prinzipien kann entweder der prozessuale Grund des Behaltendürfens einer vom de facto Beamten (Soldaten) erbrachten Leistung oder die materielle causa hierfür vernichtet werden. Die Rückforderung ist dann zulässig. Die gleiche Rechtsfolge tritt ein, wenn die Leistungen des Beamten (Soldaten) unmittelbar auf Grund der in Wahrheit nicht anwendbar gewesenen Beamten-(Wehr-)gesetze erbracht worden waren.

Zu den letzteren zählen vor allem die Dienst- und Arbeitsleistungen des de facto Beamten (Soldaten). Ihr objektiver Wert ist vom Dienstherrn in Geld zu ersetzen. Dieser öffentlich-rechtliche Erstattungsanspruch[125] des de facto Beamten (Soldaten) ist eine Ausprägung des allgemeinen Grundsatzes, daß niemand auf Kosten eines anderen rechtsgrundlos bereichert sein soll. Der Anspruch geht nicht nur auf das Erlangte, was in natura herausgegeben werden kann, er erstreckt sich vielmehr auch auf den Gegenwert der zu Unrecht erbrachten Leistungen[126].

---

[123] DVBl 1966, 145; DVBl 1966, 146 ff.

[124] *Forsthoff* § 13 S. 239.

[125] *Wolff* I § 44 I c 2; BVerwGE 4, 215 (218) mit Hinweisen; VGH BW VerwRspr 14, 788 ff.

[126] *Turegg-Kraus* S. 169.

Nicht jede der im Rahmen des faktischen Dienstverhältnisses vom de facto Beamten (Soldaten) vorgenommene Handlung stellt jedoch einen objektiven Wert dar, der den Scheindienstherrn bereichert hat. Alle Dienstleistungen, die der eigenen Ausbildung des de facto Beamten (Soldaten) dienten (Vorbereitungsdienst, Grundwehrdienst, Schulung und Fortbildungskurse) konnten sich beim Dienstherrn nicht als Bereicherung niederschlagen. Das Interesse, das dieser an der gründlichen Ausbildung seiner Beamten und Soldaten haben mag, ist nicht darin begründet, daß bei ihm sofort ein unmittelbarer Vermögenszuwachs eintritt, sondern darin, daß er später über leistungsfähige Funktionäre verfügen kann.

Weiterhin ist die wirtschaftliche Meßbarkeit einer Leistung die begriffliche Voraussetzung für ihre Rückerstattung durch Wertersatz. Diese Meßbarkeit fehlt generell im Hinblick auf den militärischen Dienst, der im ständigen Üben und Sich-Bereit-Halten für den Verteidigungsfall besteht. Die Erforderlichkeit einer militärischen Macht und damit ihr Nutzen lassen sich einmal nicht absolut feststellen, zum anderen ist ihr Wert ohnehin deshalb nicht wirtschaftlich meßbar, weil sie den Bestand der Summe aller ideellen und materiellen Güter eines Staates gewährleisten soll. An diese Größe kann überhaupt keiner, also auch kein wirtschaftlicher Maßstab angelegt werden.

Es ist jedoch zu beachten, daß es auch Fälle gibt, in denen der objektive Wert der Dienstleistungen eines de facto Beamten (Soldaten) alle empfangenen Bezüge übersteigt, so daß bei Beendigung des Scheindienstverhältnisses der Dienstherr noch einen Ausgleich zu zahlen hat. Zwar wird diese Rechtsfolge — soweit ersichtlich — weder in der Wissenschaft anerkannt noch von der Praxis, wohl schon wegen Beweisschwierigkeiten, geübt, sie ergibt sich jedoch zwingend aus dem Gedanken der konsequenten Durchführung der Nichtigkeit. Der Beamte bekommt nur einen Teil dessen ausgezahlt, was er wirklich „verdient". Die Differenz, übrigens durch Anwendung versicherungsmathematischer Grundsätze unschwer feststellbar, wird gebildet durch den Wert der Anwartschaft auf Versorgung des Beamten und seiner Angehörigen. Die Gegenüberstellung der Beamtenbezüge mit den Summen, die von wirtschaftlichen Unternehmen für vergleichbare Tätigkeiten gezahlt werden, macht deutlich, daß der objektive Marktwert der Arbeit eines Beamten oft erheblich über dem von ihm empfangenen Gehalt liegt.

Gegenüber dem Geltendmachen des dem de facto Beamten (Soldaten) zustehenden Erstattungsanspruchs kann sich der Dienstherr nicht auf einen etwa erfolgten Wegfall der Bereicherung berufen. Diese Einrede steht dem Schuldner eines öffentlich-rechtlichen Erstattungsanspruchs in der Regel nicht zu[127].

---

[127] *Wolff* I § 44 I c 2.

III. Fortdauerndes Gewaltunterworfensein

Nachdem die materielle Rechtslage bei bedingungsloser Durchführung des Nichtigkeitsgedankens geprüft worden ist, soll nunmehr untersucht werden, in welchen formellen Bindungen der de facto Beamte (Soldat) zum Dienstherrn steht.

1. Disziplinargewalt

Einigkeit besteht darüber, daß der Beamte, dessen Dienstverhältnis nicht von einer wirksamen Einstellung umfaßt wird, keiner Disziplinargewalt des Dienstherrn unterliegt[128]. Dagegen hat der BDH[129] den de facto Soldaten in den persönlichen Geltungsbereich der Wehrdisziplinarordnung einbezogen[130]. Dieses Gesetz findet nämlich, wenn auch mit Einschränkungen, Anwendung auf Angehörige der Reserve und frühere Soldaten mit einem Anspruch auf Dienstzeitversorgung. Nach § 4 Abs. 2 Satz 2 Wehrpflichtgesetz gehören Wehrpflichtige, die in der Bundeswehr gedient haben, zur Reserve. Da die Vorschrift nur die Ungedienten, die noch der Grundausbildung bedürfen, von den Gedienten scheiden will[131], kommt es nicht darauf an, ob der Wehrpflichtige in einem fehlerfrei oder fehlerhaft begründeten Wehrdienstverhältnis gestanden hat. Das Unterworfensein des de facto Soldaten unter den persönlichen Geltungsbereich der Wehrdisziplinarordnung ergibt sich auch aus § 1 Abs. 3 WDO und der Tatsache, daß ihm ein Anspruch auf Dienstzeitversorgung zusteht[132, 133].

2. Anwendbarkeit des Erstattungsgesetzes

Es fragt sich, auf welche Weise der Dienstherr die ihm zustehenden materiellen Ansprüche gegenüber dem de facto Beamten (Soldaten) durchsetzen kann. Grundsätzlich werden Forderungen eines Dienstherrn gegen seine Bediensteten im Defektenverfahren beigetrieben, § 1 ErstG.

Bereits im Rahmen fehlerfreier Soldatenverhältnisse steht der Anwendung des Erstattungsgesetzes der ausdrückliche Gesetzeswortlaut

---

[128] *Behnke* BDO § 1 Anm. 6; *Schütz* Disziplinarrecht C I Anm. 9; *Wiedow* § 14 Anm. 5; *Nadler-Wittland-Ruppert* § 34 Anm. 9.

[129] RiA 1966, 38 f.

[130] Diese Erkenntnis ist von der oben § 3 A I 1 a getroffenen Feststellung zu unterscheiden, daß auch der fehlerhaft eingestellte, aber fehlerfrei zum Offizier oder Unteroffizier beförderte Soldat gegenüber seinem Dienstherrn gewisse Treuepflichten hat. Diese materielle Pflichtbindung allein vermag nämlich eine disziplinare Ahndungsbefugnis des Dienstherrn nicht zu begründen. Hinzutreten muß das nunmehr untersuchte — formelle Unterworfensein des Angeschuldigten unter die Disziplinargewalt.

[131] BDH RiA 1966, 38.

[132] Vgl. oben § 3 A I 1 d aa.

[133] Im Ergebnis zustimmend: *Baden-v. Mitzlaff* § 1 Anm. 4 b.

entgegen[134]. Während § 1 ErstG nämlich in seiner ursprünglichen Fassung[135] lautete: „... gegen einen Beamten, Angestellten und Arbeiter ... sowie gegen einen Soldaten ... ist ein Erstattungsverfahren durchzuführen ...“ wurden in der Bundesfassung[136] die Worte „sowie gegen einen Soldaten“ durch Punkte ersetzt.

Auch der de facto Beamte ist dem Defektenverfahren nicht unterworfen. Er ist weder Beamter noch Angestellter noch Arbeiter im öffentlichen Dienst gewesen, § 1 Abs. 1 ErstG.

Auch eine extensive Auslegung dieser Bestimmung ermöglicht es nicht, den de facto Beamten dem Erstattungsgesetz zu unterwerfen. Sie würde nämlich den möglichen Wortsinn der Bestimmung, die Grenze jeder Auslegung, sprengen. Der Begriff des Beamtenverhältnisses ist nämlich so konkretisiert in seinen Tatbestandsmerkmalen, zu denen bei bedingungsloser Durchführung des Gedankens der Nichtigkeit auch eine fehlerfreie Einstellung gehört, das es ihm an der Auslegungsfähigkeit mangelt. Einer analogen Anwendung steht entgegen, daß § 1 ErstG nach dem Willen des Gesetzgebers lediglich für Beamte, Angestellte und Arbeiter „im strengen Sinne“[137] gilt.

3. Allgemeine Vollstreckungsgewalt des Dienstherrn

Wenn auch nicht nach dem Erstattungsgesetz, so könnte doch auf Grund allgemeiner Gesichtspunkte der Dienstherr den de facto Beamten (Soldaten) durch Verwaltungsakt zur Erfüllung öffentlich-rechtlich geschuldeter Leistungen heranziehen. Das Bundesverwaltungsgericht hat in ständiger Rechtsprechung[138] die Ansicht vertreten, der Dienstherr könne Geldforderungen gegen einen fehlerfrei eingestellten Beamten und Soldaten auch dann durch Verwaltungsakt vollstrecken, wenn die Voraussetzungen des Erstattungsgesetzes nicht erfüllt sind. Diese Möglichkeit wird auf das allgemeine Prinzip des deutschen Verwaltungsrechts gestützt, daß die Organe der vollziehenden Gewalt befugt sind, zur hoheitlichen Erfüllung ihrer Aufgaben Verwaltungsakte zu erlassen[139].

Dagegen ist im wesentlichen geltend gemacht worden[140], ein solcher Grundsatz verstieße gegen das Prinzip der Gesetzmäßigkeit der Ver-

---

[134] a. A. *Heuser-Kobel* § I Anm. 1.
[135] Vom 18. 4. 1937 (RGBl I S. 461).
[136] BGBl 1951 I S. 109.
[137] *Heuser-Kobel*, § 1 Anm. 4; a. A. ohne Begründung: *Schütz* LBG § 14 Anm. 2.
[138] Zuletzt durch Urteile vom 17. 9. 1964 DVBl 1966, 146 und vom 28. 5. 1965 DVBl 1966, 145 mit vielen Nachweisen.
[139] BVerwG DVBl 1966, 147; vgl. auch die Anmerkung von *Achterberg* zum zitierten Urteil des BVerwG DVBl 1966, 152 f.
[140] Darstellung der verschiedenen Standpunkte bei *Achterberg* DVBl 1966, 153; *Wacke* DöV 1966, 311 ff.

waltung, die Anforderung von Schadensersatzleistung durch Verwaltungsakt sei im Erstattungsgesetz abschließend geregelt und der Dienstherr, der den Beamten zum Schadensersatz durch Verwaltungsakt heranziehe, verletze sowohl den Grundsatz der Gewaltenteilung als auch seine dienstherrliche Fürsorgepflicht[141]. Achterberg[142] hat überzeugend dargetan, daß der Grundsatz, ein staatliches Eingreifen in Rechtssphären des Bürgers bedürfe einer materiell-rechtlichen Ermächtigung, sich nur auf den Grund, nicht aber auf die Art des Verwaltungshandelns, nur auf das materielle, nicht aber auf das Verfahrensrecht beziehe[143].

Seine Behauptung, die These des Bundesverwaltungsgerichts verstoße gegen das Gewaltenteilungsprinzip, vermag jedoch nicht zu überzeugen. Jeder wirksame Verwaltungsakt bestimmt zunächst bindend, was für den Untertan im Einzelfalle rechtens sein soll[144]. Otto Mayer[145] hebt hervor, daß das Vorbild des Verwaltungsakts das gerichtliche Urteil ist. Mag auch das von ihm zugrunde gelegte Bild eines Verwaltungsakts zu eng gefaßt sein[146], so trifft es doch Kern und Wesen der hoheitlichen Tätigkeit der Exekutive, die sich in diesem Punkte von der des Richters nicht unterscheidet. Die Verfassungsmäßigkeit des so verstandenen Verwaltungshandelns nur unter den Voraussetzungen ausdrücklicher Anordnung durch Verfassungsnormen oder übergeordnete Verfassungsprinzipien zu bejahen[147], hieße diese Begriffe durch dauernde Unterbrechung ihres Inhalts berauben, Regel und Ausnahme vertauschen. Damit ist aber jede Abgrenzung, jede Konstruktion, ihres juristischen Wertes beraubt.

Die Richtigkeit der Argumente, die abschließende Regelung des Erstattungsgesetzes und die dienstherrliche Fürsorgepflicht verböten eine Anwendung des Grundsatzes, daß die Exekutive ihre Forderungen durch bindende Aussprüche realisieren könne, sei hier dahingestellt. Auf den de facto Beamten (Soldaten) treffen sie in keinem Falle zu. Er kann nämliche weder durch das Erstattungsgesetz zu Leistungen herangezogen werden, noch hat der Dienstherr die Pflicht, seine eigenen, denen des Beamten entgegengesetzten Interessen diesem gegenüber besonders schonend wahrzunehmen. Im Ergebnis bestehen keine Bedenken, daß der Dienstherr Ansprüche gegen den de facto Beamten (Soldaten) durch Verwaltungsakt vollstreckt. Dem Gewaltunterworfenen steht es frei, vor den Verwaltungsgerichten gegen die Leistungsbescheide zu klagen.

---

141 *Achterberg* DVBl 1966, 153, 154.
142 DVBl 1966, 153.
143 So schon OVG Münster DVBl 1963, 187.
144 Definition von Otto *Mayer* I § 9 S. 93.
145 I § 9 S. 93.
146 Zur Kritik vgl. *Jellinek* Verwaltungsrecht § 11 S. 246.
147 *Achterberg* DVBl 1966, 154.

B. Verhältnis Dienstherr zum Bürger

I. Wirksamkeit von Amtshandlungen

Nach allgemeiner Ansicht müßten, verwaltungsrechtlichen Grundsätzen entsprechend, Akte von fehlerhaft berufenen Organwaltern nichtig sein[148]. Sie sind nämlich von einer absolut unzuständigen Stelle, einer Person erlassen worden, die zwar in einen staatlichen Organismus eingegliedert war, aber rechtlich „unter keinem denkbaren Gesichtspunkt“[149] zum Erlaß staatlicher Willensäußerungen berufen sein kann.

Um das Vertrauen der Allgemeinheit in die Gültigkeit dieser für sie jedenfalls unerkennbar fehlerhaften Akte nicht zu enttäuschen[150], bestimmen §§ 34 Satz 1 DBG, 14 Satz 1 BBG, 14 Abs. 2 Satz 1 LBG NW, daß die Amtshandlungen eines Beamten, dessen Einstellung nichtig oder vernichtet ist, in gleicher Weise gültig sein sollen, wie wenn sie ein Beamter ausgeführt hätte. Vom Wortlaut der Vorschrift werden nicht erfaßt die Amtshandlungen von solchen ehemaligen Beamten, die trotz rechtlicher Beendigung ihres Dienstverhältnisses weiterdienen. Trotz des Ausnahmecharakters der Bestimmung wird man sie im Wege der Analogie auf die Fälle des Weiterdienens anwenden können. Die hohe Wahrscheinlichkeit, daß deren Regelung vom Gesetzgeber unbewußt unterlassen worden ist, und die Gleichartigkeit der Interessenlagen rechtfertigen die rechtliche Gleichbehandlung der geregelten und der nicht geregelten Tatbestände.

Auch beim de facto Soldaten ergibt sich die Frage nach der Wirksamkeit seiner Amtshandlungen gegenüber Bürgern. Zwar ist mit dem gesamten Wehrersatzwesen eine besondere zivile Verwaltung betraut, deren Angehörige zivilen Status haben[151].

Die Ernennung eines Bürgers zum Berufs- oder Zeitsoldaten, §§ 39, 40, 41 SG, und seine Beförderung können jedoch durch Soldaten erfolgen. Das ergibt sich sowohl aus § 3 Abs. 2 der Durchführungsbestimmungen zur Anordnung des Bundespräsidenten über die Ernennung und Entlassung von Soldaten[152] als auch aus Ziffer 1 d der vorläufigen Bestimmungen über das Verfahren bei der Ernennung von Soldaten nach dem Soldatengesetz in der Fassung des dritten Gesetzes zur Änderung des Soldatengesetzes[153]. Einer analogen Anwendung der §§ 14 Satz 1 BBG,

---

[148] *Wiedow* § 14 Anm. 3; *Nadler-Wittland-Ruppert* § 34 Anm. 3; *Forsthoff* § 12 S. 210, der sogar Nichtaktsqualität annimmt.

[149] *Peters* S. 167.

[150] *Wiedow* § 14 Anm. 3; *Nadler-Wittland-Ruppert* § 34 Anm. 3.

[151] *Scherer-Krekeler* § 14 III 2.

[152] Vom 18. 5. 1956 (BGBl I S. 460).

[153] Vom 19. 3. 1960 (VM Bl S. 191), zitiert bei *Brandstetter* Nr. 203.

14 Abs. 2 Satz 1 LBG auf Amtshandlungen von Soldaten steht die Tatsache entgegen, daß diese Bestimmungen als Ausnahmevorschriften einer Analogie ohnehin nur in eingeschränktem Maße zugänglich sind[154]. Die analoge Anwendbarkeit hat zur Voraussetzung eine Gleichartigkeit der Interessenlagen beider Fallgruppen[155]. Ferner muß davon ausgegangen werden können, daß der Gesetzgeber es unbewußt unterlassen hat, den analog zu lösenden Lebenstatbestand einer gesetzlichen Regelung zu unterwerfen[156]. Es ist schon fraglich, ob die beamten- der soldatenrechtlichen Interessenlage gleicht, weil die geradezu typische Tätigkeit eines Beamten das Handeln im Außenverhältnis zur Verwirklichung konzipierter Staatsziele ist. Die geschilderte Tätigkeit der Personalverwaltung bildet dagegen eine Ausnahme von der typischen soldatischen Aufgabe der Landesverteidigung. Der Gesetzgeber hatte auch die Problematik der Wirksamkeit von Amtshandlungen fehlerhaft berufener Staatsdiener bereits lange vor Erlaß des Soldatengesetzes, z. B. in § 34 DBG, erkannt und geregelt. Für die Annahme, er habe sie im Soldatenrecht übersehen, geben sich daher kaum Anhaltspunkte.

Hat demnach ein de facto Soldat eine Amtshandlung vorgenommen, z. B. eine Ernennung zum Soldaten vollzogen, so ist dieser Akt nichtig. Der Scheinernannte ist ebenfalls nur de facto Soldat geworden. Wenn auch die Möglichkeit einer Heilung durch Genehmigung der zuständigen Behörde[157] eröffnet ist, besteht immer die Gefahr, daß der Dienstherr sich mißliebiger de facto Soldaten durch Verweigerung der Genehmigung zu entledigen sucht.

II. Haftung

Die Tatsache, daß das Dienstverhältnis eines de facto Beamten (Soldaten) nicht von einer wirksamen Einstellung umfaßt war, hat keine Auswirkungen auf die Haftung des Dienstherrn gegenüber Dritten, die durch das Verhalten des de facto Beamten (Soldaten) geschädigt sind. Hat der de facto Beamte (Soldat) in Ausübung eines öffentlichen Amtes gehandelt, so kann der Dienstherr immer nach Art. 34 GG, § 839 BGB zum Schadensersatz herangezogen werden[158]; der de facto Beamte wird frei.

Waren jedoch dessen schädigende Handlungen als fiskalisch zu qualifizieren, so haftet der Dienstherr ohnehin nur nach allgemeinen Vorschriften, bei Vertragsverletzungen nach § 276 bzw. § 278 BGB, bei uner-

---

[154] *Larenz* Methodenlehre S. 290.

[155] *Larenz* Methodenlehre S. 288.

[156] Analogie ist Ausfüllung von Gesetzeslücken, *Larenz* Methodenlehre S. 279 ff., 287.

[157] Vgl. oben § 1 A I.

[158] *Wolff* I § 64 II.

laubten Handlungen nach §§ 823, 89, 31 bzw. § 831 BGB[159]. Auf die Ausgestaltung des Innenverhältnisses zwischen Dienstherr und Funktionär kommt es in diesen Fällen nie an. Die staatsrechtliche Beamteneigenschaft kann allenfalls für die Anwendbarkeit des § 839 BGB von Bedeutung sein. Diese Bestimmung ist aber nicht geeignet, als Ausfüllungsnorm im Rahmen der §§ 89, 31 BGB zu dienen[160]. Jene Vorschriften bezwecken nämlich — in Hinblick auf die Haftung — eine völlige Gleichstellung der juristischen Person des öffentlichen mit der des privaten Rechts. Würde der Tatbestand des § 839 BGB die Verantwortlichkeit einer juristischen Person des öffentlichen Rechts über §§ 89, 31 BGB begründen, so würde diese teils schärfer, teils milder haften. Der gesetzliche Zweck wäre umgangen.

III. Abtretung, Verpfändung und Pfändung von Dienstbezügen

Der Beamte und Soldat kann grundsätzlich seine Ansprüche auf Dienstbezüge abtreten und verpfänden, §§ 51 Abs. 1 BRRG, 84 BBG, 95 Abs. 1 LBG NW, 30 Abs. 2 SG, sie können auch im Wege der Zwangsvollstreckung gepfändet werden. Ein Dritter, dem vom de facto Beamten (Soldaten) der vermeintliche Gehaltsanspruch abgetreten oder verpfändet worden ist oder der ihn gerichtlich hat pfänden lassen, hat nichts erlangt. Der Abtretungs- und Verpfändungsvertrag oder der Pfändungsbeschluß war inhaltslos und konnte daher rechtliche Wirkungen nicht hervorrufen. Die Forderung auf Dienstbezüge ist nämlich nicht entstanden. Sie kann auch nicht durch einen gegen den Dienstherrn begründeten Bereicherungsanspruch ersetzt werden. Die abgetretene, verpfändete oder gepfändete Forderung muß nämlich genügend bestimmt sein[161]. Um dem Bestimmtheitserfordernis Genüge zu tun, muß der Rechtsgrund der Forderung zumindest in Umrissen dargetan werden[162]. Dadurch ist es generell ausgeschlossen, für die nicht entstandene eine an deren Stelle getretene, auf anderem Rechtsgrund beruhende Forderung als abgetreten[163], verpfändet[164] oder gepfändet anzusehen. Erman-Ronke und Palandt-Hoche a.a.O. halten es bereits für unzulässig, eine nichtige Darlehnsforderung durch die entstandene Bereicherungscausa zu ersetzen. Bei der hier untersuchten Problematik fallen sogar nicht nur der Rechtsgrund, sondern auch die

---

[159] *Wolff* I § 65.

[160] *Wolff* I § 65 II a; *Palandt-Danckelmann* § 89 Anm. 1; *Erman-Westermann* § 89 Anm. 1; RGZ 78, 325 (329); 131, 239 (248 ff.); 148, 286 (292).

[161] *Erman-Westermann* § 398 Anm. 5; *Rosenberg* § 193 S. 1021; *Baumbach-Lauterbach* § 829 Anm. 2 c; RGZ 157, 321 (324).

[162] RGZ 157, 324.

[163] *Erman-Westermann* § 398 Anm. I 5.

[164] *Erman-Ronke* § 1204 Anm. 3; *Palandt-Hoche* § 1204 Anm. 3 a; § 1113 Anm. 4.

tatsächlichen Umstände, auf denen beide Forderungen beruhen, auseinander. Der Bereicherungsanspruch ist an andere Tatbestandsmerkmale als der Gehaltsanspruch geknüpft. Bei ersterem kommt es auf einen real meßbaren Vermögenszuwachs an. Bei letzterem ist entscheidend, daß der Funktionär sich in einem wirksam begründeten Dienstverhältnis befunden hat; ob er wegen Krankheit oder Urlaub überhaupt keinen Dienst leisten konnte, ob seine Dienste den Dienstherrn bereicherten oder nicht, ist gleichgültig.

Somit hat der Dienstherr durch Leistung an den Zessionar, Pfand- und Pfändungsgläubiger der scheinbaren Gehaltsforderung eine Nichtschuld erbracht, die er nach Bereicherungsgrundsätzen zurückverlangen kann.

Dieses Ergebnis ist jedenfalls dann unanfechtbar, wenn man jegliche Anwendbarkeit dienstrechtlicher Bestimmungen auf das faktische Dienstverhältnis leugnet.

C. Verhältnis Bürger zum de facto Beamten (Soldaten)

Der Einstellungsfehler kann sich auf das Verhältnis des de facto Beamten (Soldaten) zum Bürger auswirken.

I. Haftung

1. Auf Grund hoheitlichen Handelns

Hat ein de facto Beamter durch hoheitliches Handeln einem Bürger einen Schaden zugefügt, so hat die Fehlerhaftigkeit seiner Einstellung dann Einfluß auf seine Haftung, wenn man annimmt, die Eigenhaftung eines Amtsträgers nach § 839 BGB sei auf Beamte im staatsrechtlichen Sinne beschränkt[165]. Dann haftet der de facto Beamte nämlich wie z. B. jeder Angestellte nach allgemeinem Deliktsrecht der Bestimmungen §§ 823 Abs. 1 und 2, 826 BGB, deren Voraussetzungen und Folgen teils enger, teils weiter als § 839 BGB gefaßt sind.

---

[165] BGHZ 42, 176 (178); *Erman-Drees* § 839 Anm. 2 B d; *Palandt-Gramm* § 839 Anm. 3 a; *Schütz* LBG § 84 Anm. 6; a. A. *Bettermann* JZ 1961, 482; *Forsthoff* § 16 S. 282; *Wolff* I § 64 I b 2; wohl auch der oberste Gerichtshof für die brit. Zone NJW 1950, 261 (263), der annahm, Art. 34 GG begründe keine Haftung, sondern leite lediglich eine nach § 839 BGB entstandene Verbindlichkeit auf den Staat über.

2. Haftung auf Grund fiskalischen Handelns

Hat ein de facto Beamter im Rahmen einer fiskalischen Tätigkeit einem Dritten einen Schaden zugefügt, so wirkt sich die Fehlerhaftigkeit seiner Einstellung auf den Schadensersatzanspruch des Bürgers aus. Der de facto Beamte kann lediglich auf Grund allgemeiner Bestimmungen, §§ 823 Abs. 1 und 2, 826 BGB, herangezogen werden. Als staatsrechtlicher Beamter hätte er dagegen nach § 839 BGB gehaftet[166] und z. B. auf eine etwa begründete Haftung seiner Anstellungskörperschaft, §§ 89, 31 BGB, als anderweitige Ersatzmöglichkeit verweisen können.

Bei der Eigenhaftung des Soldaten gegenüber dem Bürger spielt die Fehlerhaftigkeit seiner Einstellung dagegen nie eine Rolle. Hat er durch fiskalisches Handeln den Schaden zugefügt, haftet der Soldat nach allgemeinem bürgerlichen Deliktsrecht. Wurde er hoheitlich tätig, kann er nach der Ansicht, die die Anwendbarkeit des § 839 BGB zur Regelung der Eigenhaftung eines Funktionärs auf den Beamten im staatsrechtlichen Sinn beschränkt, ebenfolls nur nach allgemeinen Vorschriften zum Schadensersatz herangezogen werden. Folgt man der These, auch die Eigenhaftung nach § 839 BGB erfordere lediglich hoheitliches Tätigwerden, ist der Soldat nach dieser Bestimmung ersatzpflichtig, ohne daß es auf die Wirksamkeit seiner Einstellung ankommt.

II. Abtretung von Bezügen

Manchmal tritt ein de facto Beamter (Soldat) seine scheinbare Gehaltsforderung gegen den Dienstherrn an einen Dritten ab, damit durch Leistung des Dienstherrn an den Dritten seine eigene Schuld erlösche. Dieses Ziel wird selbst dann nicht erreicht, wenn der Dienstherr das Geld dem Dritten verabredungsgemäß übereignet hat. Inhalt der Erfüllung ist das Bewirken der geschuldeten Leistung, § 362 BGB. Der Beamte schuldet seinem Gläubiger nicht nur die vorübergehende Übereignung des Geldes, sondern die endgültige Verschiebung dieser vermögenswerten Rechtsposition. Der versprochene Leistungserfolg besteht damit auch im Behaltendürfen des Empfangenen[167]. Einen solchen Erfolg konnte die Zahlung der Gelder durch den Dienstherrn an den Gläubiger des Beamten deshalb nicht darstellen, weil diese Leistung mit dem Mangel des rechtlichen Grundes behaftet war. Der Dienstherr kann die Summe nämlich vom Dritten nach den Grundsätzen über die ungerechtfertigte Bereicherung herausverlangen. Der de facto Beamte bleibt also trotz Abtretung seines scheinbaren Gehaltsanspruches weiterhin dem Erfüllungsanspruch seines Gläubigers ausgesetzt.

---

[166] *Erman-Drees* § 839 Anm. 2 B d und 1 b; *Palandt-Gramm* § 839 Anm. 3 a.
[167] Vgl. zur ähnlichen Problematik: BGHZ 8, 222 (232).

III. Verpfändung von Bezügen

Jeder Verpfändung liegt eine schuldrechtliche Abrede zugrunde. Der sich hieraus ergebende Anspruch des Berechtigten darauf, daß der verpflichtete de facto Beamte (Soldat) ihm eine Forderung in bestimmter Höhe verpfände, konnte ebenfalls nicht dadurch erfüllt und zum Erlöschen gebracht werden, daß der de facto Beamte (Soldat) seine Scheingehaltsforderung mit einem Pfandrecht zu Gunsten des Berechtigten belastete. Der de facto Beamte (Soldat) bleibt also zur Verpfändung einer bestehenden Forderung verpflichtet.

IV. Pfändbarkeit von Bezügen

Die Dienst- und Versorgungsbezüge eines Beamten und Soldaten sind als Arbeitseinkommen, § 850 Abs. 2 ZPO, nur unter gewissen Voraussetzungen pfändbar, §§ 850 a—850 i ZPO. Ein etwaiger Bereicherungsanspruch eines de facto Beamten (Soldaten) gegen seinen Dienstherrn wegen geleisteter Dienste wäre dann in gleichem Umfange dem Zugriff der Gläubiger entzogen, wenn man ihn als Arbeitseinkommen ansehen könnte. Dieser Begriff ist weit auszulegen[168]. Die Norm des § 850 Abs. 1 ZPO will den Schuldner vor einem Entzug sämtlicher Existenzmittel[169] bewahren. Entsprechend diesem Schutzcharakter muß auch der Bereicherungsanspruch des Beamten gegen seinen Dienstherrn in dem in §§ 850 a ff. ZPO bestimmtem Umfange als unpfändbar angesehen werden[170]. Denn mit dem Wegfall aller Gehaltsansprüche ist der de facto Beamte (Soldat) auf die Bereicherungsforderung in gleichem Maße angewiesen wie jeder Arbeitnehmer auf sein Arbeitseinkommen. Die Fehlerhaftigkeit der Einstellung hat also auf die Pfändbarkeit etwaiger, dem de facto Beamten (Soldaten) gegenüber seinem Dienstherrn zustehenden Ansprüche keinen Einfluß.

V. Verlängerung von Mietverhältnissen

Militärpersonen und Beamte können im Fall der Versetzung das Mietverhältnis unabhängig von jeder vertraglich vereinbarten Frist unter Einhaltung der gesetzlichen Frist kündigen, § 570 BGB. Der Ausdruck „Militärperson" ist kein rechtstechnischer Begriff, der etwa an den Status eines Soldaten anknüpfte. Vielmehr ist die Zugehörigkeit zu einem mili-

---

[168] *Hueck* § 45 S. 329; *Baumbach-Lauterbach* § 850 Anm. 2 a; *Rosenberg* § 192 S. 1014.

[169] *Nikisch* I § 33 S. 360.

[170] *Hueck* § 45 S. 329, der darauf hinweist, daß auch Ansprüche aus ungerechtfertigter Bereicherung als „Arbeitseinkommen" geschützt sind; *Dölle* ZgesStW 103, 94; a. A. *Schröcker* DVBl 1957, 665.

tärischen Verband entscheidend, so daß auch der de facto Soldat in den Kreis der durch § 570 BGB Begünstigten fällt. Dagegen ist Beamter im Sinne dieser Vorschrift nur der fehlerfrei eingestellte Staatsdiener, § 570 BGB[171].

Der de facto Beamte, der versetzt wurde und der im Vertrauen auf seinen Status eine Kündigung nach § 570 BGB ausgesprochen hat, konnte das Mietverhältnis nicht wie beabsichtigt zum gesetzlichen, sondern nur zum nächsten vertraglich vereinbarten Termin beenden. Für die Zwischenzeit muß er den vereinbarten Mietzins entrichten. Diese Forderung des Vermieters steht allerdings unter den Vorbehalten des § 552 BGB.

D. Verhältnis der staatlichen Strafgewalt zum de facto Beamten (Soldaten)

Die Tatsache, daß ein Dienstverhältnis nicht durch eine fehlerfreie Einstellung gestützt wird, kann sich auf das Verhältnis des de facto Beamten (Soldat) zum Staat auswirken[172].

I. Verhältnis der staatlichen Strafgewalt zum de facto Beamten

Jedermann werden gewisse Handlungsbeschränkungen durch die Strafgesetze auferlegt. Der Verstoß gegen ihre Verbote begründet ein Rechtsverhältnis zwischen Staat und Verletzer, einen staatlichen Strafanspruch[173], das staatliche „Strafrecht"[174]. Darüber hinaus steht der Beamte in einem gesteigerten strafrechtlichen Pflichtenkreis, §§ 331 ff. StGB. Bei allen Amtsverbrechen, eigentlichen und uneigentlichen[175], ist die Beamteneigenschaft Merkmal des objektiven Tatbestandes[176]. Ist der Täter nicht Beamter, kann er überhaupt nicht bestraft werden, wenn ihm ein eigentliches Beamtendelikt zur Last gelegt wird, sonst nur auf Grund allgemeiner Vorschriften.

Der de facto Beamte, der wegen Begehung eines Amtsdelikts angeklagt worden ist, wird sich nicht immer auf die Tatsache berufen können, daß er — bei konsequenter Durchführung des Gedankens der Nichtigkeit des

---

[171] *Palandt-Gramm* § 570 Anm. 2; wohl auch *Erman-Schopp* § 570 Anm. 1.
[172] a. A. ohne Begründung *Wiedow* § 14 Anm. 8 und *Fischbach* § 14 II 3.
[173] *Schwarz-Dreher* § 66 Anm. 1.
[174] *Maurach* Allgemeiner Teil § 1 S. 4.
[175] *Maurach* Besonderer Teil § 81 S. 699.
[176] *Maurach* Besonderer Teil § 81 S. 702.

Dienstverhältnisses — Nichtbeamter im staatsrechtlichen Sinne gewesen ist. § 359 StGB begründet den strafrechtlichen Beamtenbegriff, der auf das Erfordernis der fehlerfreien Einstellung dann verzichtet, wenn der Betroffene allgemein zu Dienstverrichtungen berufen wird, die aus der Staatsgewalt abgeleitet sind und staatlichen Zwecken dienen[177]. Daneben ist jedoch auch eine Person, die Dienstverrichtungen in diesem Sinne nicht wahrnimmt, als Beamter im strafrechtlichen Sinne zu qualifizieren, wenn sie durch fehlerfreie Einstellung in einem staatsrechtlichen Beamtenverhältnis steht[178]. Ein de facto Beamter kann also das Fehlen seiner Eigenschaft als Beamter im staatsrechtlichen Sinne nur dann mit Erfolg geltend machen, wenn er wegen Amtsdelikts wegen einer Handlung bestraft worden ist, die als Fiskaltätigkeit qualifiziert werden muß. Diese Tatsache muß in jeder Lage des Verfahrens berücksichtigt werden. Sie eröffnet die Möglichkeit eines Wiederaufnahmeverfahrens nach § 359 Ziffer 5 StPO. Der Grundsatz erfährt allerdings eine Einschränkung, die sich aus der Besonderheit des Strafurteils ergibt. Es entscheidet über einen Sachverhalt, wie er sich hic et nunc tatsächlich ereignet hat. Juristische Konstruktionen, die danach die ex tunc Vernichtung von Tatbestandsmerkmalen gestatten, bleiben immer außer Betracht. Der strafgerichtlich verurteilte Beamte, dessen Beamteneigenschaft nach Begehung der Tat rückwirkend, durch Rücknahme seiner Einstellung, erloschen ist, kann sich, da er zur Begehungszeit tatsächlich und rechtlich Beamter gewesen ist, auf die ex tunc wirkende Vernichtung des staatsrechtlichen Beamtenverhältnisses nicht berufen.

II. Verhältnis der staatlichen Strafgewalt zum de facto Soldaten

Wie der Beamte so steht auch der Soldat in einem gesteigerten strafrechtlichen Pflichtenkreis, der für ihn durch das Wehrstrafgesetz abschließend umschrieben ist. Obgleich er in Ausübung hoheitlicher Tätigkeit wohl unter den strafrechtlichen Beamtenbegriff fiele, kann der Soldat kraft ausdrücklicher Vorschrift, § 48 WStG, nicht tauglicher Täter der Amtsdelikte des StGB sein[179].

Das Wehrstrafgesetz gilt grundsätzlich für Straftaten, die Soldaten der Bundeswehr begehen, § 1 WStG. Nach allgemeiner Ansicht[180] ist der de facto Soldat dem Wehrstrafgesetz nicht unterworfen. Dreher-Lackner-

---

[177] *Maurach* Besonderer Teil, § 81 S. 701; *Schönke-Schröder* § 359 Anm. 6.

[178] *Maurach* Besonderer Teil, § 81 S. 701; *Schönke-Schröder* § 359 Anm. 2; *Schwarz-Dreher* § 359 Anm. 1 A; RGSt 60, 139 (140).

[179] *Dreher-Lackner-Schwalm* § 48 Anm. 4 mit Nachweisen.

[180] *Maurach* Besonderer Teil § 81 S. 702; *Dreher-Lackner-Schwalm* § 1 Anm. 13; *Scherer* § 1 IV 1; *Schreiber* Wehrkunde 1960, 38 f.; wohl auch *Richthofen* WStG § 1 Anm. 2 in *Brandstetter* Handbuch des Wehrrechts Nr. 850.

Schwalm[181] begründen diese These mit der Gefahr der Verselbständigung eines strafrechtlichen Soldatenbegriffes, dessen Abgrenzung Schwierigkeiten bereiten und das Wehrstrafgesetz mit einer nur schwer erträglichen Unsicherheit belasten würde. Ist demnach ein de facto Soldat wegen eines Verstoßes gegen das Wehrstrafgesetz verurteilt worden, muß er im anzustrengenden Wiederaufnahmeverfahren, § 359 Ziffer 5 StPO, von dem Vorwurf, eine militärische Straftat begangen zu haben, freigesprochen werden.

Ob er dagegen für diese Handlung nach allgemeinem Strafrecht als Beamter im strafrechtlichen Sinne wegen Verstoßes gegen die Vorschriften der §§ 331 ff. StGB bestraft werden kann, ist fraglich. Sowohl Dreher-Lackner-Schwalm[182] als auch Maurach[183] gehen davon aus, durch das Wehrstrafgesetz sei abschließend geregelt, daß Soldaten keine Beamten im strafrechtlichen Sinne sind. Da dieser Beamtenbegriff an die Tätigkeit, die hoheitliche Funktion des Staatsdieners anknüpft, ist wohl denkbar, daß das Wehrstrafgesetz die landesverteidigende Tätigkeit eines Soldaten, wenn auch nicht als privatrechtlich, so doch jedenfalls als nichthoheitlich im Sinne der Amtsdelikte aufgefaßt wissen wollte.

Unabhängig davon, ob man den de facto Soldaten als Beamten im strafrechtlichen Sinne ansieht oder nicht, ergeben sich höchst unbefriedigende Konsequenzen.

Bejaht man die Anwendbarkeit der §§ 331 ff. StGB auf den de facto Soldaten, so wird besonders der Angehörige des Mannschaftsstandes einem viel schärferen strafrechtlichen Pflichtenkreis unterworfen als der fehlerfrei Eingestellte, wie sich aus einem Vergleich mit § 48 WStG ergibt. Ob er sich darauf berufen kann, er habe geglaubt, als Soldat nur den milderen Bestimmungen des Wehrstrafgesetzes unterworfen zu sein, ist fraglich[184].

Mit dem Rechtsgefühl schwer vereinbar ist aber auch die Annahme, daß der de facto Soldat weder dem Wehrstrafgesetz noch §§ 331 ff. StGB unterworfen ist. Jeder nach außen hoheitlich Handelnde, gleichgültig wie seine Anstellung im Innenverhältnis beschaffen sein mag, wird allein wegen dieser Tatsache einem besonderen strafrechtlichen Pflichtenkreis unterworfen. Es ist schwerlich ein sachlicher Gesichtspunkt denkbar, der es rechtfertigen könnte, daß lediglich der de facto Soldat sich unbeschränkt auf seinen Einstellungsfehler berufen können soll.

---

[181] § 1 Anm. 13.

[182] § 48 Anm. 4.

[183] Besonderer Teil § 81 S. 702.

[184] Dafür: *Maurach* Allgemeiner Teil § 38 S. 409; Besonderer Teil § 81 S. 702; dagegen BGHSt 8, 321 (324).

E. Verhältnis der staatlichen Strafgewalt zum Bürger

Die Fehlerhaftigkeit eines Einstellungsaktes kann sich dann auf einen Strafanspruch des Staates gegen den Bürger auswirken, wenn für ein von diesem begangenes Delikt in irgend einer Form eine Beamten- oder Soldateneigenschaft von Bedeutung ist. Widerstandsleistungen gegenüber Beamten und Mannschaften der bewaffneten Macht und die Nötigung von Beamten und Soldaten der Bundeswehr zur Vornahme oder Unterlassung einer Amtshandlung werden bestraft, §§ 113, 114 StGB.

I. Straftaten durch Einflußnahme auf de facto Beamte

Das Strafgesetzbuch kennt nur einen einheitlichen strafrechtlichen Beamtenbegriff[185]. Da aber § 113 StGB ohnehin lediglich den hoheitlich Handelnden schützt[186], kann sich die dem de facto Beamten mangelnde Eigenschaft als staatsrechtlicher Beamter im Rahmen dieses Delikts nicht auswirken. Handelt er hoheitlich, ist er ohnehin geschützt, wird er fiskalisch tätig, würde er selbst dann nicht geschützt, wenn seine Einstellung fehlerfrei wäre.

Dagegen soll der Beamte durch § 114 StGB vor einem Zwang zur Vornahme jeder Handlung bewahrt werden. Der Unterschied in der Formulierung beider Vorschriften macht deutlich, daß der Gesetzgeber nicht nur hoheitliches, sondern auch privatrechtliches Verwaltungshandeln vor Beeinflussung schützen wollte[187]. Wurde ein de facto Beamter zu einer nichthoheitlich zu qualizierenden Handlung gezwungen, ist der Tatbestand der Beamtennötigung nicht erfüllt. Vor einer solchen Beeinflussung ist der de facto Beamte im Gegensatz zum staatsrechtlichen Beamten deshalb nicht geschützt, weil er mangels fehlerfreier Einstellung und mangels Ausübung hoheitlicher Gewalt nicht den strafrechtlichen Beamtenbegriff erfüllt.

II. Straftaten durch Einflußnahme auf de facto Soldaten

Die Anwendbarkeit der Bestimmung des § 113 Abs. 3 StGB, die jeden Angehörigen der bewaffneten Macht vor Widerstandsleistungen gegen seine rechtmäßige Amtsausübung schützt, ist nicht auf den Soldaten im engen statusrechtlichen Sinn beschränkt. Lediglich die Zugehörigkeit zu einem militärischen Verband, einer Eigenschaft, die auch dem de facto Soldaten zukommt, ist Merkmal des gesetzlichen Tatbestandes.

---

[185] *Maurach* Besonderer Teil § 66 S. 588; *Schönke-Schröder* § 113 Anm. 2.

[186] *Schönke-Schröder* § 113 Anm. 1.

[187] Vgl. auch *Schönke-Schröder* § 113 Anm. 1: „die Entschließungsfreiheit des Beamten in Bezug auf *dienstliche* Maßnahmen schützen“.

Dagegen ist bei der Nötigung eines Soldaten zur Vornahme einer Amtshandlung, § 114 StGB, bei dem Verleiten eines Soldaten zum Nichtbefolgen eines Befehls, § 109 b StGB, und zum eigenmächtigen Verlassen oder Fernbleiben von der Truppe, § 109 c StGB, die fehlerfreie Einstellung des Genötigten oder Verleiteten Tatbestandsmerkmal[188]. Der de facto Soldat kann nicht taugliches Objekt einer Nötigung oder Anstiftung sein.

Sofern die Verurteilung eines Bürgers wegen eines gegenüber einem de facto Beamten (Soldaten) begangenen Delikts nicht hätte ausgesprochen werden dürfen, ist sie im Rahmen eines Wiederaufnahmeverfahrens, § 359 Abs. 5 StPO, aufzuheben. Es kommt dann nur eine Bestrafung wegen Versuchs in Betracht.

F. Verhältnis der staatlichen Strafgewalt zum fehlerfrei eingestellten Soldaten

Dadurch, daß das Wehrstrafgesetz bestimmtes militärisches Fehlverhalten strafrechtlich ahndet, kann die Fehlerhaftigkeit der Einstellung eines Soldaten auch Einwirkungen auf das Strafrechtsverhältnis haben, das zwischen anderen Soldaten und dem Staat besteht.

Tätliche Angriffe auf einen Vorgesetzten, § 25 WStG, seine Nötigung, § 24 WStG, und Bedrohung, § 23 WStG, Gehorsamsverweigerung, § 20 WStG, und Ungehorsam, § 19 WStG, sind militärische Straftaten. Es fragt sich, ob der de facto Soldat Vorgesetzter sein kann, ob seine Befehle befolgt werden müssen. Ein Befehl ist eine Anweisung zu einem bestimmten Verhalten, die ein militärischer Vorgesetzter einem Untergebenen erteilt, § 2 Abs. 2 WStG. Daraus folgt, daß alle von einem Nichtvorgesetzten einem Soldaten erteilten Befehle nicht verbindlich sein sollen. Wer Vorgesetzter ist, bestimmt sich nach § 1 Abs. 3 SG und der Verordnung über die Regelung der militärischen Vorgesetztenverhältnisse[189]. Die Verordnung begründet Vorgesetztenverhältnisse auf Grund von drei Tatbestandsgruppen.

I. Vorgesetztenverhältnisse auf Grund der Dienststellung

Die §§ 1—3 der Vorgesetztenverordnung setzen neben einer bestimmten Dienststellung immer die Soldateneigenschaft des Vorgesetzten voraus. Da der de facto Soldat — bei bedingungsloser Durchführung des Gedankens der Unwirksamkeit seiner Einstellung — nicht Soldat im

[188] *Schönke-Schröder* § 109 b Anm. 5.

[189] I. d. F. vom 6. 8. 1960 (BGBl I S. 684).

Sinne des Soldatengesetzes ist, kann er auf Grund dieses Tatbestandes auch nicht Vorgesetzter sein.

II. Vorgesetztenverhältnisse auf Grund des Dienstgrades, auf Grund eigener Erklärung

In den Kompanien und entsprechenden Einheiten steht Offizieren und Unteroffizieren die Befugnis zu, im Dienst Befehle zu erteilen, § 4 Vorgesetztenverordnung. Offiziere und Unteroffiziere können sich unter gewissen Voraussetzungen auch gegenüber anderen Soldaten zu Vorgesetzten erklären, § 6 Vorgesetztenverordnung. Da auch der de facto Soldat Offizier bzw. Unteroffizier sein kann[190], vermag diese Vorschrift auch seine Vorgesetzteneigenschaft zu begründen.

III. Vorgesetztenverhältnisse auf Grund besonderer Anordnung

Ein Vorgesetzter kann seine Untergebenen einem anderen Soldaten für eine bestimmte Aufgabe vorübergehend unterstellen, § 5 Vorgesetztenverordnung. Dieser Verwaltungsakt der Unterstellung mag rechtswidrig sein, weil lediglich ein fehlerfrei Eingestellter und nicht ein de facto Soldat auf diese Weise zum Vorgesetzten gemacht werden kann. Dennoch spricht auch für ihn grundsätzlich die Vermutung der Gültigkeit. Damit ist der de facto Soldat — wenn auch rechtswidrigerweise — Vorgesetzter. Er und seine dienstlichen Anordnung genießen auch den strafrechtlichen Schutz dieser Stellung.

In allen Fällen, in denen der de facto Soldat nicht Vorgesetzter ist, seine Befehle nicht verbindlich sind, liegen vollendete militärische Straftaten nicht vor, die entsprechenden Verurteilungen sind im Wiederaufnahmeverfahren aufzuheben.

G. Gesamtergebnis

Diese Folgerungen, die sich ergeben, wenn man die Anwendbarkeit aller dienstrechtlichen Normen auf ein faktisches Dienstverhältnis leugnet, sind in Wissenschaft, Rechtsprechung und Praxis als äußerst unbefriedigend empfunden worden.

Der *faktische Staatsdiener* sieht sich — besonders, wenn er wirtschaftlich nicht meßbare Dienste erbracht hat — Rückforderungsansprüchen

---

[190] BDH RiA 1966, 38.

des Dienstherrn in größerem Umfange ausgesetzt. Seine Erwartung, er und seine Angehörigen seien versorgt und können auf eine materiell gesicherte Zukunft vertrauen, sind enttäuscht. Der faktisch Dienende wird seines beruflichen Lebensinhaltes und seiner gesellschaftlichen Stellung, die eng mit dem dienstrechtlichen Status verknüpft ist, beraubt. Er muß hinnehmen, im Verhältnis zum Bürger mit Zahlungsverpflichtungen belastet zu werden, mit deren Entstehen er nicht zu rechnen brauchte.

Auch der *Dienstherr* ist der Gefahr ausgesetzt, Bereicherungsansprüche des fehlerhaft Eingestellten erfüllen zu müssen. Die Fehlentwicklung belastet ihn insoweit, als er politisch auf einen Fortbestand der Verschwiegenheitspflicht des Scheinfunktionärs angewiesen ist. Ferner können gegen den de facto Beamten (Soldaten) verhängte Disziplinarmaßnahmen ihre gegenüber dem Beamtenstand generalpräventiven Aufgaben nicht erfüllen, weil sie entweder völlig rechtswirkungslos sind oder aufgehoben werden müssen.

Auch der *Staat* schließlich hat aus Gründen der Spezial- und Generalprävention[191] ein Interesse daran, gesellschaftsschädliches Verhalten zu ahnden. Handlungs- und Erfolgsunwert von Delikten, die von oder gegenüber Beamten (Soldaten) begangen werden, sind rein tatsächliche Momente und unabhängig vom Bestehen oder Nichtbestehen einer wirksamen Einstellung[192].

Die Tatsache, daß fast jeder Lebenssachverhalt, an dem ein de facto Beamter (Soldat) in dienstlicher Eigenschaft beteiligt war, nach Erkenntnis der Fehlerhaftigkeit seines Dienstverhältnisses materiell und formell rechtlich neu geordnet werden muß, schafft eine umfassende Rechtsunsicherheit. Sie wird verdeutlicht nicht allein durch unüberwindliche Beweisschwierigkeiten, sondern auch durch die Anzahl der Wiederaufnahmeverfahren. Diese sollten als außerordentliche Rechtsbehelfe, scheinbar endgültige gerichtliche Entscheidungen zu revidieren[193], auf Ausnahmefälle beschränkt sein. Bei der Abwicklung von Dienstverhältnissen, die auf fehlerhafter Rechtsgrundlage beruhen, stellen sie jedoch das Hauptinstrument dar und stören mit ihrer Rechtskraftdurchbrechung den Rechtsfrieden.

In der Praxis wird versucht, dem Grundsatz des quieta non movere dadurch Rechnung zu tragen, daß die de facto Dienstverhältnisse beendet werden, ohne daß Dienstherr, de facto Beamter (Soldat) oder Staat versuchen, die oben aufgezeigte materielle Rechtsgrundlage zu realisieren.

---

[191] *Maurach* Allgemeiner Teil § 6 S. 51.

[192] *Schreiber* Wehrkunde 1960, 39.

[193] *Baumbach-Lauterbach* vor § 578 Anm. 1 A; *Rosenberg* § 154 S. 771; vgl. *Schmidt* vor § 359 Anm. 1 und 4.

Dem de facto Soldaten werden geldliche Abfindungen wegen des von ihm geleisteten Wehrdienstes in Höhe der Bezüge gezahlt[194]. Er wird bei der „Entlassung“ wie ein fehlerfrei Eingestellter behandelt, § 54 Abs. 1 SG[195].

Auch im Beamtenrecht werden diese — erstrebenswerten — Ziele als geltendes Recht dargestellt. Nadler-Wittland-Ruppert[196] gehen, gestützt allein auf Zweckmäßigkeitserwägungen, vom „Fortbestand“ einer Verschwiegenheitspflicht aus. Wiedow[197] will gewisse beamtenrechtliche Vorschriften sinngemäß auf den fehlerhaft Eingestellten anwenden. Dem entspricht ferner die gelegentlich geäußerte Annahme[198], fehlerhaft und fehlerfrei Eingestellter seien im gleichen Umfange Beamte im strafrechtlichen Sinne. Auch ist, soweit ersichtlich, bisher außer von Schröcker[199] noch nicht die Problematik erörtert worden, ob der de facto Beamte (Soldat) wegen des Wertes seiner Dienstleistungen gegenüber seinem Dienstherrn einen Bereicherungsanspruch geltend machen kann. Gerichtlich entschiedene Fälle, in denen der de facto Beamte (Soldat) versucht hätte, einen derartigen Anspruch durchzusetzen, sind ebenfalls nicht bekannt.

---

[194] Unveröffentlichter Erlaß des BMVtg vom 8. 4. 1959, Az P I 4 — 19 — 03 — 01, zitiert bei *Schreiber* Wehrkunde 1960, 39; Erlaß des BMVtg VMBl 1960, 261 Ziff. IV, zitiert bei *Scherer* § 1 IV 4.

[195] Erlaß des BMVtg vom 31. 3. 1959 Az P I 1 — 20 — 05 — 00 Abs. e, zitiert bei *Scherer* § 1 IV 6.

[196] § 34 Anm. 8.

[197] § 14 Anm. 5.

[198] *Wiedow* § 14 Anm. 8; *Fischbach* § 14 II 3.

[199] DVBl 1957, 665.

§ 4. Lösungsmöglichkeiten

Um eine befriedigende Abwicklung des auf fehlerhafter Einstellung beruhenden Dienstverhältnisses eines Beamten (Soldaten) auch juristisch zu rechtfertigen, sind eine Reihe von Konstruktionen erarbeitet worden.

A. Umdeutung in einen privatrechtlichen Vertrag

Eine der frühesten Lösungsmöglichkeiten war die Umdeutung der fehlerhaften Einstellung in den Abschluß eines privatrechtlichen Dienstvertrages. Die Umdeutung wurde als Musterbeispiel für die Konversion ungültiger Verwaltungsakte angesehen[1].

Der Gedanke der in § 140 BGB geregelten Konversion ist dem öffentlichen Recht[2] und auch dem Beamtenrecht[3] nicht fremd. Seine Anwendbarkeit auf das fehlerhaft begründete Dienstverhältnis eines Beamten (Soldaten) setzt jedoch bei Einstellung einen typischen Willen aller Beteiligten[4] voraus, der hilfsweise auf den Abschluß eines privatrechtlichen Arbeitsvertrages gerichtet ist. Die Spezialität des Beamtenrechtes steht einer solchen Annahme entgegen[5]. Der Bewerber will einen Versorgungsanspruch für sich und seine Angehörigen erdienen. Der Dienstherr will nicht gegen Art. 33 Abs. 4 GG verstoßen, der ihn anhält, in der Regel Beamten die ständige Ausübung hoheitlicher Befugnisse zu übertragen. Dem Dienstherrn ist durch § 1 SG versagt, eine Person durch privatrechtlichen Vertrag zum Soldaten zu machen[6]. Der Dienstherr will nicht darauf angewiesen sein, sich einer Person minderer Pflichtbindung anvertrauen zu müssen. Er bedarf der Möglichkeit, seine Untergebenen diszi-

---

1 *Schröcker* DVBl 1957, 665; RAG ARS 38, 3 (6); wohl auch VGH Kassel DVBl 1951, 23; zweifelnd LAG Frankfurt NJW 1954, 248.

2 *Wolff* I § 51 V c; OVG Münster VerwRspr 5, 157; *Schack* DVBl 1952, 318 ff.; *Schröcker* DVBl 1957, 665.

3 *Wiedow* § 2 Anm. 26; RG HRR 1931, 858.

4 Vgl. BGH NJW 1964, 347 (348).

5 *Peters* S. 166; BAG NJW 1960, 358 (359); OVG Koblenz AS 1, 23 (27); *Schröcker* DVBl 1957, 662.

6 Vgl. *Scherer* § 1 I.

plinarisch zur Rechenschaft zu ziehen. Schröcker[7] weist überdies darauf hin, daß auch haushaltsrechtliche Erwägungen den mutmaßlichen Willen eines Dienstherrn prägen können. In einem von ihm zitierten Fall[8] hätte z. B. die Zuerkennung privatrechtlicher Versorgungsansprüche den kommunalen Dienstherrn ungleich schwerer belastet als die an sich vorgesehene, aus der Versorgungsausgleichskasse der Kommunalverbände des Landes zu zahlende beamtenrechtliche Versorgung.

Schließlich gehört das faktische Dienstverhältnis eines Beamten (Soldaten) dem öffentlichen Recht an (vgl. oben § 2). Auch aus diesem Grunde verbietet sich seine Umdeutung in einen privatrechtlichen Arbeitsvertrag.

B. Umdeutung in einen öffentlich-rechtlichen Vertrag

Das OVG Koblenz[9] deutete ein durch formfehlerhafte Ernennungsurkunde (Pfälzer Urkunde) begründetes Beamtenverhältnis in ein öffentlich-rechtliches Dienstverhältnis sui generis um[10]. Wenn auch eine solche Annahme der Struktur des faktischen Dienstverhältnisses eher gerecht wird, stehen ihr jedoch Bedenken entgegen. Das OVG Koblenz betont[11], daß ein Vertrag zwischen Staat und Privatperson nicht die Ausübung obrigkeitlicher Befugnisse, etwa auf dem Gebiet der Rechtspflege, des Polizei- und Finanzwesens zum Gegenstand haben könne. Es beschränkt daher selbst die praktische Bedeutung seiner These auf denjenigen geringen Teil aller fehlerhaft begründeten Beamtenverhältnisse, deren Inhalt nicht die Ausübung derartiger Hoheitsaufgaben sein soll.

Die Zulässigkeit der Umdeutung ist auch unter dem das öffentliche Dienstrecht beherrschenden Gesichtspunkt des Typenzwanges fraglich[12]. Grundsätzlich können keine andere Formen des Tätigseins im öffentlichen Dienst begründet werden als die des Beamten, Angestellten und Arbeiters. Zur Entkräftigung dieses Einwandes stellt das OVG Koblenz in einer späteren Entscheidung[13] fest, es suche nicht ein neues Rechtsverhältnis im öffentlichen Dienst zu begründen, sondern lediglich einer Rechtsunsicherheit nach dem Zusammenbruch Rechnung zu tragen[14]. Eine

---

[7] DVBl 1957, 662.
[8] DVBl 1957, 662.
[9] AS 1, 23 (30).
[10] Vgl. auch OVG Koblenz AS 1, 42 (44).
[11] AS 1, 23 (30).
[12] *Schröcker* DVBl 1957; vgl. dazu oben § 2 A.
[13] AS 1, 42 (44).
[14] Andeutungen dieses Gedankens finden sich auch schon in der Entscheidung AS 1, 23 (31).

solche Spruchpraxis würde zur Umgehung der strengen Formvorschriften verleiten, die den Dienstherrn vor unbedachten und nicht gewollten Dauerbindungen schützen sollen. Lediglich, weil eine dauernde Verbindung nicht beabsichtigt war, sollte nach Ansicht des OVG Koblenz[15] das Dienstverhältnis entsprechend dem Beamtenverhältnis auf Widerruf behandelt werden. Wäre sie beabsichtigt worden — so läßt sich folgern —, hätte der Dienstherr den Nichternannten als Lebenszeitbeamten behandeln, seine Angehörigen noch nach seinem Tode versorgen müssen. Diese völlige Gleichbehandlung fehlerhafter und fehlerfreier Einstellungen ist mit dem zwingenden Charakter der Formvorschriften unvereinbar.

Darüber hinaus ist fraglich, ob die Umdeutung eines öffentlichen Dienstverhältnisses sui generis nicht auch dem mutmaßlichen Willen der Beteiligten zum Zeitpunkt des Vertragsschlusses widerspricht. Ein Dienstherr wird kaum eine Erklärung abgeben wollen, die ein öffentlichrechtliches Dienstverhältnis schaffen soll, dessen rechtliche Zulässigkeit zumindest zweifelhaft ist.

Hinzu kommt, daß die These der Umdeutung eines fehlerhaften Beamtenverhältnisses in ein öffentliches Dienstverhältnis sui generis nur die Problematik eines kleinen Teils aller faktischen Dienstverhältnisse erfaßt. Der Einstellung, die an mangelnder Mitwirkung krankt, die auf Grund anfechtungsähnlicher Situation vernichtet worden ist oder deren Wirkungen beendigt worden sind, liegt ein umzudeutender Wille nicht zugrunde.

C. Verwaltungsakt auf Unterwerfung

Der Bayerische VGH[16] sah in dem Unterwerfen des Scheinernannten bei der fehlerhaften Einstellung unter die Gewalt des Dienstherrn einen Verwaltungsakt auf Unterwerfung, der — formfrei — ein öffentliches Dienstverhältnis sui generis begründet habe. Gegen diese Konstruktion sind die gleichen Bedenken geltend zu machen, die der Annahme eines öffentlich-rechtlichen Vertrages entgegenstehen. Der zukünftige Beamte will sich nicht unter die Gewalt eines Hoheitsträgers im Rahmen eines öffentlichen Dienstverhältnisses sui generis unterwerfen, er will Beamter mit allen Garantien dieses Status auf der einen, mit allen Pflichten auf der anderen Seite werden. Da der vom Gericht angenommene Verwal-

[15] AS 1, 23 (31).

[16] NF 7, 110 (113).

tungsakt sich somit weder auf ein Gesetz noch auf freiwillige Unterwerfung des Belasteten stützen kann, ist er bereits wegen Verstoßes gegen das Prinzip der Gesetzmäßigkeit der Verwaltung fehlerhaft.

D. Außerkrafttreten von Formvorschriften

Von der Rechtsprechung ist des öfteren angenommen worden, daß nach dem Zusammenbruch wirksame Beamtenverhältnisse auch ohne Aushändigung einer formgerechten Einstellungsurkunde hätten begründet werden können[17]. Der Verzicht auf das Erfordernis einer fehlerfreien Einstellungsurkunde wurde mit der objektiven Unklarheit über die staatsrechtlichen Verhältnisse und Zweifel über die Fortgeltung des deutschen Beamtengesetzes sowie mit dem Bedürfnis nach Neueinstellung geeigneter Kräfte in größerem Umfang gerechtfertigt[18].

Gegen diese These sind wiederholt überzeugende Bedenken geltend gemacht worden[19]. Besonders unbefriedigend ist es, daß die Rechtsprechung sich mit der Feststellung der Undurchsichtigkeit der staatsrechtlichen Verhältnisse begnügte und daraus die Legitimation zog, frei rechtsschöpfend tätig zu werden[20]. Die Ungewißheit über die Fortgeltung eines Gesetzes und die Häufigkeit der Verstöße gegen eine Vorschrift können nicht die Geltungskraft der Bestimmung aufheben[21]. Auch unabhängig von diesen Bedenken hat die zitierte Rechtsprechung heute keine praktische Bedeutung mehr. Selbst die Gerichte, die bei der damaligen Auslegung am weitesten in der Annahme gingen, ein Beamtenverhältnis könne auch ohne wirksame Einstellungsurkunde begründet werden[22], würden heute diesen Weg nicht mehr beschreiten, da sie ihre Entscheidung auf die Verworrenheit der Verhältnisse nach 1945 stützten. Außerdem wird mit dem Gedanken des vorübergehenden Außerkrafttretens von Formvorschriften nur ein geringer Teil der Problematik aller faktischen Dienstverhältnisse gelöst.

---

[17] BVerfGE 3, 255 (257), das sich allerdings zu Unrecht (vgl. *Otto* ZBR 1955, 196) auf eine Entscheidung des Dienststrafhofes Rheinland-Pfalz VerwRspr 5, 47 = AS 1, 1 stützt; BGH ZBR 1955, 114 und DöV 1952, 56; OVG Münster OVGE 3, 115 (117).

[18] BVerfGE 3, 255 (258).

[19] *Otto* ZBR 1955, 195 ff. mit Nachweisen; *Schröcker* DVBl 1957, 662; vgl. auch Dienststrafhof Rheinland-Pfalz AS 1, 1 (3).

[20] *Otto* ZBR 1955, 196.

[21] *Schröcker* DVBl 1957, 662.

[22] BVerfGE 3, 257; BGH ZBR 1955, 114.

E. Geschäftsführung ohne Auftrag

Ein moderner Versuch, die Problematik faktischer Lebensbeziehungen zulösen, knüpft an den Gedanken der Geschäftsführung ohne Auftrag an[23]. Dorn beschränkt seine Untersuchungen zwar nur auf das Zivilrecht. Da jedoch die Grundsätze der Geschäftsführung ohne Auftrag auch im öffentlichen Recht Geltung haben[24], bestehen insoweit keine Bedenken, seine Thesen zu übertragen.

Der Scheinfunktionär könnte betrachtet werden, als habe er, ohne dazu berechtigt oder verpflichtet zu gewesen zu sein, Geschäfte des Dienstherrn wahrgenommen. Die ihm gezahlten Bezüge würden ebenso wie Reise- und Umzugskosten als pauschalierte Aufwendungsentschädigungen angesehen werden. Eine Rechtsgrundlage für seine Tätigkeit würde in den Grundsätzen der Geschäftsführung ohne Auftrag zu finden sein. Sogar die Pflicht zur sorgsamen Wahrnehmung der ihm übertragenen Geschäfte, die Pflicht, über dienstliche Angelegenheiten auch nach Beendigung des Verhältnisses Verschwiegenheit zu bewahren, könnte auf dieser Basis konstruiert werden.

Dennoch ist das Rechtsinstitut der Geschäftsführung ohne Auftrag schon von seiner Struktur her nicht geeignet, die Problematik faktischer Lebensbeziehungen gerecht und umfassend zu lösen[25]. Typisch für die Geschäftsführung ohne Auftrag ist das augenblickliche, momentane „Einspringen" für jemanden, der zur Zeit seine eigenen Geschäfte nicht besorgen kann[26]. Meist bezweckt der ohne Auftrag Handelnde die Abwehr eines akuten Unheils oder die Wahrnehmung eines zeitlich und durch die Umstände begrenzten Vorteils. Daraus ergibt sich, daß die Struktur der Geschäftsführung ohne Auftrag typisch darauf ausgerichtet ist, einen einmaligen endgültigen Erfolg zu erzielen[27]. Sollen mit den Regeln Dauerrechtsbeziehungen abgewickelt werden, treten konstruktive Schwierigkeiten auf. Einen Gehaltsanspruch des de facto Beamten (Soldaten) wird man nicht mit dem Gedanken des pauschalierten Aufwendungsersatzes rechtfertigen können. Ersterer besteht auch bei Urlaub und längerer Krankheit, während der Aufwendungsanspruch dagegen immer mit einer bestimmten, meist einmaligen Tätigkeit, die der Geschäftsführer im Interesse des Geschäftsherrn vornimmt, gekoppelt ist. Das Rechtsinstitut der Geschäftsführung ohne Auftrag ist in seiner

[23] *Dorn* NJW 1964, 799 ff.

[24] *Wolff* I § 44 I c; *Hurst* DVBl 1965, 757 ff.; vgl. dagegen *Rietdorf* DöV 1965, 253 ff.

[25] *Erman* NJW 1965, 421 (422).

[26] *Enneccerus-Lehmann* § 165 S. 696.

[27] *Erman* NJW 1965, 421.

Grundform ein einseitiger Tatbestand. Einer handelt für einen anderen[28]. Das Beamten-(Soldaten-)verhältnis wird gekennzeichnet durch die gegenseitigen Dienst- und Treuepflichten. Außerdem lassen sich gerade die unbefriedigsten Ergebnisse des faktischen Dienstverhältnisses, das Fehlen eines Einstellungsanspruches sowie die ungeklärte Frage der Beamten- und Hinterbliebenenversorgung, mit dem Gesichtspunkt der Geschäftsführung ohne Auftrag schlechterdings nicht lösen.

F. Venire contra factum proprium

Im Soldatenrecht ist die Rechtsfigur des de facto Soldaten von Wissenschaft[29], Rechtsprechung[30] und Praxis weitgehend anerkannt.

Scherer begnügt sich damit, dem Dienstherrn die Berufung auf die mangelnde Soldateneigenschaft zu verwehren, soweit es sich um die in der Vergangenheit geleisteten und entgegengenommenen Dienste handelt[31]. Der Dienstherr dürfe dem facto Soldaten das Fehlen der Soldateneigenschaft deshalb nicht entgegenghalten, weil er sich dadurch mit seinem eigenen vorherigen Verhalten unzulässigerweise in Widerspruch setzen würde. Wenn der Dienstherr jahrelang den de facto Soldaten als Soldaten behandele, sei es ihm verwehrt, ihn schließlich als Nichtsoldaten zu entlassen und seine Dienste nicht anzuerkennen.

Das Verbot des venire contra factum proprium folgt aus dem auch im öffentlichen Recht geltenden[32] Grundsatz von Treu und Glauben[33]. Es setzt jedoch ein widersprüchliches Verhalten ohne rechtlich anerkennenswerten Anlaß voraus. Esser[34] stellt fest, daß der Berechtigte das Vertrauen, das er erweckt hat, nicht *willkürlich* enttäuschen darf. So ist anerkannt, daß die Aufgabe eines irrigen Rechtsstandpunktes einen unzulässigen Widerspruch zum Vorverhalten noch nicht begründen kann[35]. Der Berechtigte ändert sein Verhalten nicht willkürlich, sondern auf Grund einer neu gewonnenen, rechtlichen oder tatsächlichen Erkenntnis. Eine solche Verhaltensweise ist aber nicht treuwidrig. Sonst müßte jedes

---

[28] *Erman* NJW 1965, 422.

[29] *Scherer* § 1 IV; *Scherer-Krekeler* § 7 I 1; *Hahnenfeld* § 4 Anm. 11; § 7 Anm. 1; *Schreiber* Wehrkunde 1960, 38; *Dreher-Lackner-Schwalm* § 1 Anm. 13.

[30] BDH RiA 1966, 38.

[31] § 1 IV 4 und 5.

[32] BVerwGE 5, 261 (262); 10, 274 (277); OVG Münster OVGE 6, 112 (127).

[33] BVerwGE 9, 155 (160).

[34] § 35 Anm. 2; vgl. auch *Erman* § 242 Anm. III 3 b.

[35] *Esser* § 35 Anm. 2.

Rückabwicklungsverlangen eines nichtigen, aber bereits vollzogenen Rechtsgeschäfts am Verbot des venire contra factum proprium scheitern.

Es steht fest, daß der Dienstherr diesem Verbot zuwiderhandelt, wenn er — in Kenntnis der Fehlerhaftigkeit einer Einstellung — den de facto Beamten (Soldaten) weiterhin Dienste leisten läßt, sich dann aber später auf die Mangelhaftigkeit der Rechtsgrundlage beruft. In den hier untersuchten Fällen ist jedoch die Erkenntnis der Fehlerhaftigkeit der Einstellung als Anlaß für die Änderung des Verhaltens des Dienstherrn grundsätzlich anerkennenswert. Das Gesetz hat bestimmte materielle und formelle Erfordernisse der wirksamen Einstellung deshalb aufgestellt, um dem Dienstherrn die Möglichkeit zu geben, sich jederzeit auf ihr Fehlen zu berufen. Allein in Ausübung dieses Rechts kann er sich nie in unzulässiger Weise mit seinem früheren Verhalten in Widerspruch setzen. Schröcker[36] weist, bezogen auf die Problematik der formfehlerhaften Einstellung, darauf hin, daß die Formvorschriften ihren zwingenden rechtsbegründenden Charakter verlieren würden, wolle man die Einrede der Arglist allgemein zulassen[37].

G. Faktisches Arbeitsverhältnis

Den bisher erörterten Konstruktionen war gemeinsam, daß sie versuchten, die Einstellung als die gewollte Rechtsgrundlage des faktischen Dienstverhältnisses durch Umdeutung, Leugnen der Geltungskraft von Formvorschriften und Anwendung des Grundsatzes von Treu und Glauben aufrecht zu erhalten.

Das Landesarbeitsgericht Frankfurt[38] hat auf andere Weise versucht, der Tatsache Rechnung zu tragen, daß die Ernennung zum Beamten wegen mangelnder Mitwirkung ein Dienstverhältnis nicht begründen konnte. Das Gericht versuchte nicht, die gewollte Rechtsgrundlage aufrecht zu erhalten, sondern bemühte sich, die Lebensbeziehung auf eine andere Rechtsgrundlage, das tatsächliche Dienstleisten des de facto Beamten, zu stützen.

Seiner These, das faktische Dienstverhältnis als faktisches Arbeitsverhältnis nach den Grundsätzen des Arbeitsrechts abzuwickeln, stehen jedoch Bedenken entgegen. Das faktische Arbeitsverhältnis gehört nicht dem öffentlichen, sondern dem bürgerlichen Rechtskreis an, sonst hätte

---

[36] DVBl 1957, 663.

[37] OVG Münster OVGE 6, 112 (115).

[38] NJW 1954, 248.

das Gericht bereits seine Zuständigkeit verneinen müssen, § 2 Abs. 1 Satz 2 Arbeitsgerichtsgesetz[39]. Dieser Unterschied erschöpft sich nicht in der Beurteilung der Rechtswegfrage, sondern hat so tiefgreifende Auswirkungen auf Inhalt und Umfang aller sich aus dem Dienstverhältnis ergebenden Rechte, daß die Anwendbarkeit der spezifisch arbeitsrechtlichen Erkenntnisse auf das Dienstverhältnis eines de facto Beamten (Soldaten) ausgeschlossen ist[40].

---

[39] Vom 3. 9. 1953 (BGBl I S. 1267).

[40] *Schröcker* DVBl 1957, 662.

§ 5. Anerkennung des faktischen Dienstverhältnisses als Dienstverhältnis im statusrechtlichen Sinne

Überzeugend an der Entscheidung des Landesarbeitsgerichts Frankfurt[1] ist der Gedanke, die Rechtsgrundlage des faktischen Dienstverhältnisses nicht in der fehlerhaften Einstellung, sondern in dem tatsächlichen Dienstleisten zu erblicken. Dadurch, daß eine solche Lösung zur Rechtfertigung der rechtlichen Anerkennung des Verhältnisses nicht darauf angewiesen ist, den Rechtsakt der Begründung aufrecht zu erhalten, erfaßt sie sämtliche hoheitlichen Dienstverhältnisse, innerhalb deren eine Person wie ein Funktionär tätig geworden ist. Damit ist der Gesichtspunkt zum entscheidenden Kriterium gemacht worden, der allen faktischen Dienstverhältnissen gemeinsam ist und der die Abweichung der Wirklichkeit von der materiellen Rechtslage bedingt hat, Dienen auf der einen und Entgegennahme dieser Dienste auf der anderen Seite. So hat Schröcker[2] seine These, das Dienstverhältnis eines de facto Beamten sei jedenfalls im Hinblick auf die Abwicklung in der Vergangenheit in vollem Umfange beamtenrechtlichen Vorschriften unterworfen, auf das im Zivilrecht entwickelte Prinzip des faktischen Vertragsverhältnisses gestützt, eines Rechtsverhältnisses, das Entstehungsgrund und Geltungskraft einem rein tatsächlichen Verhalten aller Beteiligten verdankt[3].

Aus den in § 3 dargelegten Folgen eines bedingungslosen Rückvollzugsbefehls ergibt sich im Schlusse eines argumentum ad absurdum die Erforderlichkeit einer gewissen, auch rechtlichen Anerkennung des faktischen Dienstverhältnisses. Die tatsächlichen Beziehungen zwischen Dienstherrn und Dienendem können sich so verflochten haben, daß die Rechtsordnung an diesem Komplex sozialer Machtbeziehungen[4] nicht vorübergehen kann. Praxis und Wissenschaft stellen im Ergebnis diese Erkenntnis nicht in Frage.

---

[1] NJW 1954, 248.

[2] DVBl 1957, 664.

[3] *Haupt* S. 8 ff.; vgl. auch *Tasche* Iherings Jahrbücher 90, 118.

[4] *v. Gierke* Iherings Jahrbücher 64, 255 (407) spricht von einem „eigenen sozialen Machtgebilde“.

A. Verdichtungsstufen

Gleichgültig, wie die mit Zeitablauf immer stärker werdende Verdichtung der Beziehungen zwischen den Beteiligten im einzelnen rechtlich bewertet und bewältigt wird, läßt sich schon an dieser Stelle eine Struktur, orientiert an den verschiedenen Verdichtungsgraden, erkennen.

I. Bis zum Stabilisierungszeitpunkt

In einer anfänglichen Stufe können sämtliche Folgen der Fehlentwicklung im wesentlichen noch übersehen und — wenn auch mit Schwierigkeiten — rückgängig gemacht werden. Es besteht kein Anlaß, den Rücktausch des gegenseitig Erbrachten auszuschließen.

II. Nach Stabilisierungszeitpunkt

In einem weiteren Stadium jedoch, dessen Eintritt im wesentlichen, aber nicht allein vom Zeitablauf abhängt, hat sich das Verhältnis „stabilisiert". Es entfaltet eine gewisse Eigengesetzlichkeit, an die — jedenfalls für die Vergangenheit — alle Beteiligten gebunden sind.

III. Lebensinhalt

Schließlich wird einmal ein Stadium erreicht werden, wo der de facto Beamte (Soldat) in einem solchen Maße seinen Lebensmittelpunkt in seiner Tätigkeit als Staatsdiener gefunden hat, daß es grundsätzlich auch für die Zukunft dem Dienstherrn verwehrt sein muß, frei alle Konsequenzen aus der Fehlerhaftigkeit der Einstellung zu ziehen. Er ist verpflichtet, unter gewissen Voraussetzungen den rechtlichen dem faktischen Status anzugleichen.

B. Rechtliche Anerkennung als Ausfluß allgemein gültiger Prinzipien

Es steht fest, daß nicht jede tatsächliche Schwierigkeit bei der Anwendung und der Durchsetzung einer Rechtsnorm deren verbindlichen Charakter in Frage stellen kann. Jede gesetzliche Regelung muß aber im Sinne der tragenden Grundprinzipien des Rechts ausgelegt, verstanden und angewandt werden. Das aufgestellte Postulat einer gewissen rechtlichen Anerkennung des faktischen Dienstverhältnisses entspricht Grundprinzipien, die allenthalben in der Rechtsordnung ihren Ausdruck gefunden haben.

I. Gerechtigkeits- und Ordnungsfunktion

Ausgegangen wird von den beiden Grundfunktionen des Rechts, Gerechtigkeit zu schaffen und Ordnung, Rechtssicherheit zu gewährleisten[5]. Jede Grundentscheidung des Gesetzgebers, ja jede Rechtsnorm ist — mehr oder minder erkennbar — Ausdruck des einen oder anderen Postulats.

1. Versagen der Gerechtigkeitsfunktion

a) Inhalt

Das Wesen der Gerechtigkeit, an der das positive Recht gemessen wird, ist in einer spezifischen Gleichheit begründet[6]. Auch die rechtlichen Folgen eines Einstellungsfehlers beim in Vollzug gesetzten Beamten(Soldaten)verhältnis sind am Gerechtigkeitsgedanken, Gleichheitspostulat, zu orientieren.

Das gestörte Gleichgewicht — ohne sachlichen Grund sind zum Nachteil des einen und zum Vorteil des anderen am Dienstverhältnis Beteiligten Umweltveränderungen vorgenommen worden — muß grundsätzlich durch Rückvollzug wieder hergestellt werden.

Am erstrebenswertesten wäre ein Rückgängigmachen im Sinne eines logischen Ungeschehenseins. Eine solche Abwicklung scheitert an den Naturgesetzen[7]. Es kann also nur versucht werden, einen Zustand zu schaffen, der dem früheren möglichst weit angenähert ist. Als Maßstab dieses Rückvollzuges bieten sich die Gesetze der Logik an.

Es sollen jedoch keine feststehenden, logisch völlig erfaßbaren Größen, sondern gegensätzliche menschliche Interessen ausgeglichen werden[8]. Deshalb verlangt die Gerechtigkeitsfunktion eine Gleichstellung, ausgerichtet nicht an logischen, sondern an sozialen Gesichtspunkten. Radbruch[9] spricht von einer spezifischen „Zweckmäßigkeit“, die der Gleich-

---

[5] *Radbruch* § 4 S. 124 ff.; § 10 S. 180 ff.; *Erman* Personengesellschaften S. 60 f.; *Enneccerus-Nipperdey* § 33 S. 214, § 209 S. 1295; vgl. auch *Coing* Vom Sinngehalt des Rechts, in: Die ontologische Begründung des Rechts, S. 33 (43).

[6] *Radbruch* § 4 S. 125 mit Nachweisen.

[7] BVerwGE 2, 259 (262) „... da ein Ausspruch, daß eine Verurteilung fortan ungeschehen sein soll, außerhalb des Machtbereichs staatlicher Gesetze liegt “

[8] Die Rechtswissenschaft ist nicht eine rein logische, sondern eine wertende, wertbeziehende Disziplin, *Radbruch* § 15 S. 220 ff.

[9] § 7 S. 146.

heit Inhalt verleihen müsse. Es muß ein Zustand hergestellt werden, der dem ursprünglichen im Hinblick auf die Beziehungen zwischen Dienstherrn und de facto Beamten (Soldaten) zu anderen Individuen und Gruppen sowie in Anbetracht ihrer Position in der menschlichen Güter- und Vermögensordnung möglichst entspricht.

Als Beispiel, wie in der Zivilrechtsprechung der logische zugunsten eines Rückvollzuges, ausgerichtet an sozialen Gesichtspunkten, zurückgedrängt wird, mag die Entwicklung der Saldotheorie dienen. Geht die auf Grund eines nichtigen Kaufvertrages übereignete Sache beim Käufer unter, müßte nach logisch angewandten Bereicherungsgrundsätzen der Verkäufer den vollen Kaufpreis zurückgeben. Der Käufer dagegen, der nichts mehr in Händen hält, würde frei. Diese Entscheidung, im Gesetz angelegt, §§ 812, 818 BGB, widerspricht den Grundsätzen sozialer Gleichheit. Dem Käufer wird es ermöglicht, einen in seiner beherrschbaren Sphäre entstandenen Schaden auf den insoweit unbeteiligten Verkäufer abzuwälzen. Das Reichsgericht[10] und der Bundesgerichtshof[11] nehmen deshalb an, daß dem Wegfall der Bereicherung auf der einen ein Wegfall der Bereicherung auf der anderen Seite entspreche. Der Verkäufer muß nur seine Gewinnspanne herausgeben. War eine solche nicht vereinbart, wird im Ergebnis von der *Ausführung des Rückvollzugsbefehls völlig abgesehen.*

b) Hindernisse

Das Postulat eines sozial gerechten Rückvollzugs stößt beim faktischen Dienstverhältnis auf mehrere Hindernisse, auf dessen lange Dauer, die Schwierigkeit, den wirtschaftlichen Wert der vom Unterworfenen erbrachten Leistungen zu messen, den persönlichen Gehalt des Dienstverhältnisses.

Selbst wenn ein öffentliches Dienstverhältnis nicht — wie beim Beamten im Regelfall, § 3 Abs. 1 BRRG — auf Lebenszeit begründet worden ist, so erstreckt es sich doch über einen erheblichen Zeitraum, der den eines zivilrechtlichen Arbeitsverhältnisses im allgemeinen weit übersteigt. Je weiter das Dienstverhältnis zurückverfolgt werden muß, desto schwieriger wird es, die oben dargelegte Vielzahl seiner Einzelausprägungen einmal beweismäßig zu erfassen, zum anderen in einer Form zurückzugewähren, die ihrem ursprünglichen Gehalt noch jetzt entspricht. Auch Geldentwertung und Verschiebung des allgemeinen Lebensstandards verzerren die Maßstäbe des Rückvollzuges. „Das Recht wiegt schwerer in der Waage der Gerechtigkeit als der bloße tatsächliche Zustand, aber das Zünglein neigt sich auf die Seite des letzteren, wenn das

[10] RGZ 94, 253 (254); 163, 348 (360).

[11] BGHZ 1, 75 (81).

Gewicht der Jahre hinzutritt. Verhältnisse, welche lange Zeit unangefochten bestanden, werden für die Lebensbeziehungen maßgebend, und sollen sie trotzdem auf dem Wege Rechtens beseitigt werden, so entstehen Störungen ... Was tatsächlich seit langem abgetan ist, gilt auch rechtlich als zum Untergang reif[12]."

Weiterhin sind die im Rahmen eines öffentlichen Dienstverhältnisses erbrachten Leistungen nur in eingeschränktem Maße von wirtschaftlich meßbarem Wert. Der Wert der gesamten landesverteidigenden Tätigkeit des Soldaten und der Vorbereitung hierfür kann nicht in finanziellen Maßstäben ausgedrückt werden. Gleiches gilt im Ergebnis für alle Tätigkeiten eines Beamten, die seiner Ausbildung dienten, Vorbereitungsdienst, Lehrgänge, Schulungskurse. Obgleich der Beamte Dienst geleistet hat, ist beim Dienstherrn ein Vermögenszuwachs nicht eingetreten.

Die sozial gerechte Rückgewähr der übrigen, in ihrem wirtschaftlichen Wert meßbaren Dienstleistungen wird dadurch erschwert, daß sie nicht gegenständlich in die Herrschaftssphäre des Empfängers gelangen konnten. Sie haben bei diesem nur einen Vermögens- oder Chancenzuwachs bewirkt. Solche Umweltveränderungen, die sich selbst nicht aufspeichern lassen, müssen, um überhaupt zurückgewährt werden zu können, in einen speicherbaren Wert — Geld — umgesetzt werden.

Schon dieser Umsetzungsprozeß bietet vielfache Möglichkeiten einer sozial ungleichen Behandlung. Man kann objektive oder subjektive Maßstäbe anlegen, die Wertberechnung aus der Sicht des Ent- oder Bereicherten betrachten usw. Die Schwierigkeiten erhöhen sich in dem Maße, in dem der Inhalt der Leistung an bestimmte persönliche Voraussetzungen geknüpft ist. Die Dienste eines einen Garten umgrabenden Arbeiters können von fast jedem Menschen erbracht werden. Sie sind wertmäßig leichter zu berechnen als der wichtige, nur Minuten in Anspruch nehmende Ratschlag eines Rechtsanwalts, dieser wiederum leichter als das Werk eines Künstlers.

Schließlich haben gerade die gesamten Beziehungen zwischen Dienstherrn und Beamten (Soldaten) einen persönlich-menschlichen Gehalt, der sich nicht in finanziellen Maßstäben ausdrücken, also nicht speichern und daher nicht zurückgewähren läßt. Die gegenseitige persönliche Bindung, die sich in der Treue- und Hingabepflicht einerseits, in der Fürsorgepflicht andererseits äußert, ist der bestimmende Faktor des Dienstverhältnisses. Disziplinar-, Besoldungs-, Versorgungs-, Beihilfe-, Arbeitszeit- und Urlaubsrecht sind lediglich konkretisierter Ausfluß dieser tragenden, wertmäßig nicht berechenbaren Elemente[13].

---

[12] *Dernburg* § 129 S. 266.

[13] *Schütz* LBG § 85 Anm. 3; *Wiedow* § 79 Anm. 5.

Im Ergebnis soll festgehalten werden, daß die Gerechtigkeitsfunktion der Ausführung des grundsätzlichen Rückvollzugsbefehles entgegenstehen kann[14], so immer dann, wenn sich ein auf fehlerhafter Vertragsgrundlage beruhendes Rechtsverhältnis wegen seiner Zeitdauer, seines personenrechtlichen Gehalts zu einem eigenen Komplex sozialer Machtbeziehungen gefestigt hat. An dessen Eigengesetzlichkeit sind die Beteiligten deshalb gebunden, weil es ihnen unmöglich ist, einen dem ursprünglichen auch nur annähernd sozial gleichen Zustand zu schaffen.

2. Versagen der Ordnungsfunktion

Der Staat gewährleistet die Ordnungsfunktion des Rechts[15] durch Errichtung und Aufrechterhaltung der Rechtssicherheit — als Ausfluß des Rechtsstaatsprinzips ein Grundsatz von Verfassungsrang[16] — in Gestalt der Rechtsklarkeit und des Rechtsfriedens. Inhalt der Rechtsklarheit ist es auch, allen erkennbar festzusetzen, was Rechtens sein soll, Inhalt des Rechtsfriedens, daß diese Festsetzung von einer Stelle erfolgt, die, um ein Selbsthilferecht des einzelnen, einen Kampf aller gegen alle zu unterbinden, grundsätzlich ein Monopol zur gewaltsamen Durchsetzung der durch ihre Entscheidung erkannten Rechte des Einzelnen besitzt[17].

Das Recht vermag seine Funktion, Rechtsklarheit zu schaffen, durch Anordnung der Rückgewähr aller Leistungen, die ihm Rahmen eines personenrechtlichen Dauerschuldverhältnisses erbracht worden sind, nach einem gewissen Zeitablauf nicht mehr zu erfüllen. Der Unentwirrbarkeit aller abgewickelten Einzelbeziehungen ist die menschliche Erkenntnisfähigkeit nicht gewachsen[18]. Mangels objektiver Erkenntnismöglichkeiten ist die Rechtsordnung zur Klärung allein auf die Aussagen der Beteiligten angewiesen. Keiner von ihnen entsinnt sich mit Sicherheit jeder rückvollziehbaren Vermögens- und Güterverschiebung. Keiner kann die Gewißheit haben, daß es ihm gelingen wird, selbst solche Bereicherungen, deren er sich erinnert, zur Überzeugung der anderen Partei oder des Gerichts nachzuweisen.

3. Einzelausprägungen

Eine Reihe paralleler Fallgruppen macht deutlich, daß Gesetzgeber, Rechtsprechung und Schrifttum dem aufgezeigten Versagen von Gerechtigkeits- und Ordnungsfunktion des Rechts mit einem gesteigerten

---

[14] *Erman* Personalgesellschaften S. 61.

[15] *Erman* Personalgesellschaften S. 62.

[16] BVerfGE 2, 380 (403); 3, 4 (11); 3, 225 (237); BSGE 21, 35 (39) mit Nachweisen.

[17] Vgl. insgesamt *Radbruch* § 9 S. 169.

[18] *Erman* Personalgesellschaften S. 62; *Siebert* S. 48.

Bestandsschutz von Dauerrechtsverhältnissen begegnen, die auf fehlerhafter Rechtsgrundlage beruhen.

a) Gesetzliche Beispielsfälle

Eine solche gesetzgeberische Konzeption hat ihren Ausdruck gefunden in § 346 Satz 2 BGB[19]. Die Bestimmung schränkt die rückwirkende Kraft der Erklärung eines Rücktritts vom Vertrage ein und ordnet an, die wirtschaftlichen Folgen eines rechtsgrundlosen Leistungsaustausches aufrecht zu erhalten. War nämlich im durch Rücktritt vernichteten Vertrage für geleistete Dienste eine Gegenleistung bestimmt worden, so ist diese — und nicht Wertersatz, Gedanke des § 818 Abs. 2 BGB — zu entrichten. Weiterhin schließen §§ 723 Abs. 1 Satz 2 BGB und 133 HGB die Möglichkeit rückwirkender Vernichtung des Gesellschaftsvertrages durch Erklärung eines Rücktritts, § 346 Satz 1 BGB, aus. Während nämlich im sonstigen Recht der Schuldverhältnisse Leistungsstörungen unter gewissen Voraussetzungen zum Rücktritt berechtigen, §§ 280, 286, 325, 326, 636 BGB, ist dieses Recht der Parteien im Rahmen eines Gesellschaftsvertrages durch ex nunc wirkende fristlose Kündigung aus wichtigem Grund ersetzt[20].

Speziell in bezug auf die hier untersuchte dienstrechtliche Problematik bestimmt das Bayerische Gesetz über kommunale Wahlbeamte vom 16. 6. 1964 (GVBl S. 113) in Art. 13 Abs. 1: Ist zwischen Dienstherrn und Gewähltem wegen Mängel der Wahl oder wegen Nichtigkeit der Ernennung ein Beamtenverhältnis nicht zustande gekommen, so sind auf das „entstandene öffentlich-rechtliche Dienstverhältnis ... die Vorschriften dieses Gesetzes über Rechte und Pflichten der kommunalen Wahlbeamten ... entsprechend anzuwenden".

Geringere Einstellungsfehler werden nach den Beamtengesetzen des Bundes und der Länder sogar mit Wirkung für die Zukunft geheilt, §§ 8, 1 Abs. 1 BRRG, 11 Abs. 1 Satz 2 BBG, 11 Abs. 3 Satz 2 LBG NW.

b) Außergesetzliche Beispielsfälle

Ist eine Personalgesellschaft auf mangelhafter Vertragsgrundlage in Vollzug gesetzt worden, so scheitert jeder Rechtsbefehl, sie auch für die Vergangenheit als nicht vorhanden zu betrachten, an der Fülle der Rechtsbeziehungen, die sie im Außen- und Innenverhältnis geknüpft hat. Das Reichsgericht[21] und der Bundesgerichtshof[22] haben unter Billigung

---

[19] Beispiel von *Siebert* S. 54.

[20] *Siebert* S. 52.

[21] RGZ 165, 193 (203).

[22] BGHZ 3, 285 (288); 8, 157 (166); 17, 160 (166).

der Rechtslehre[23] anerkannt, daß — jedenfalls für die Vergangenheit — ihrer faktischen auch eine rechtliche Existenz entspricht.

Am stärksten ähnelt der untersuchten Problematik[24] die auf nichtigem oder vernichtetem Arbeitsvertrag beruhende Beziehung zwischen Arbeitgeber und Arbeitnehmer. Die Rechtsfigur des „faktischen Arbeitsverhältnisses" ist im Arbeitsrecht seit langem anerkannt[25]. Dieses Rechtsverhältnis gewährt dem Arbeitnehmer für seine geleisteten Dienste einen echten Lohnanspruch. Es stellt ihn auch sonst für die Vergangenheit im wesentlichen demjenigen gleich, der sich auf einen fehlerfreien Arbeitsvertrag berufen kann.

II. Postulat des sozialen Schutzes

Schließlich könnte es der besondere soziale Schutz, den das Grundgesetz und die Länderverfassungen jedem Arbeitenden gewährleisten, rechtfertigen, den de facto Beamten (Soldaten) vor dem Rückvollzug seines Dienstverhältnisses zu bewahren[26].

Zunächst soll der Inhalt dieses Schutzes (1.), danach die Frage untersucht werden, ob auch der de facto Beamte (Soldat) von seinen Auswirkungen erfaßt wird (2.).

1. Inhalt des Schutzes

Jeder Gemeinschaft ist, ebenso wie den Bindungen der Individuen an die Erfordernisse des gemeinen Wohls[27], auch eine Mindestsorge für das Wohl ihrer Mitglieder immanent. Daher kann die ausdrückliche Sozialstaatsklausel des Grundgesetzes, Art. 20 Abs. 3, nur als Bekenntnis zur Übernahme weitergehender Sorgepflichten verstanden werden. Gegenstand dieser Pflichten ist der Schutz derjenigen Gemeinschaftsmitglieder, die der staatlichen Fürsorge wegen ihrer schwachen gesellschaftlichen und wirtschaftlichen Position besonders bedürfen[28].

Zu diesem Personenkreis gehört der Arbeitnehmer aus zwei Gründen:

Er ist in eine seine Person als Ganzes unmittelbar erfassende Pflichtbindung gestellt[29], gibt also in einem seiner zentralen Lebensbereiche weitgehend seine Selbstbestimmtheit auf. Er steht einem wirtschaftlich

---

[23] *Erman* Personalgesellschaften S. 8; *Siebert* S. 41 mit Nachweisen.

[24] Worauf *Schröcker* DVBl 1957, 664 besonders hingewiesen hat.

[25] *Nikisch* I § 19 S. 137 ff.; *Hueck* § 21 S. 112 ff.; *Siebert* S. 69 ff. mit Nachweisen; BAG NJW 1958, 516.

[26] So für das Arbeitsrecht *Ramm* S. 31 ff.

[27] *Weber* Der Staat 1965, 418.

[28] BVerfGE 5, 85 (206); *v. Mangoldt-Klein,* Art. 20 VII 2 c mit Nachweisen; vgl. auch *Weber* S. 40.

[29] *Siebert* S. 83.

ungleich mächtigeren Vertragspartner gegenüber, dem bei schrankenloser Vertragsfreiheit eine Ausbeutung, die Ausnützung der Arbeitskraft zu unwürdigen Bedingungen und unzureichendem Lohn[30], möglich wäre.

Arbeitsrechtliche Schutzvorschriften finden sich auch in einer Reihe von Länderverfassungen[31]. Es ist gleichgültig, ob man diese Bestimmungen als unmittelbar geltendes Recht[32] oder als Richtlinien für den Gesetzgeber[33] ansieht. In jedem Fall sind sie verfassungsrechtliche Grundlage einer im Arbeitsrecht allenthalben sichtbar werdenden Tendenz. Durch Festlegung einer zwingenden unteren Grenze der Arbeitsbedingungen soll dem Arbeitnehmer ein Existenzminimum garantiert sein[34]. Der im Grundgesetz und den Länderverfassungen geforderte Schutz ist dann nicht gewährleistet, wenn dem Arbeitgeber gestattet wird, alle Konsequenzen aus der Nichtigkeit eines Arbeitsvertrages zu ziehen[35].

2. Erstreckung des Schutzes auf den de facto Beamten (Soldaten)

Der Status des fehlerfrei eingestellten Beamten wird durch Art. 33 Abs. 5 GG, nach Ansicht des Bundesverfassungsgerichts[36] eine Konkretisierung der Sozialstaatsklausel, verfassungsmäßig gesichert. Wenn diese Bestimmung auch keine institutionelle Garantie des Berufssoldatentums enthält[37], so verhindern doch die starren Regeln des Soldatengesetzes und des Wehrpflichtgesetzes eine Ausbeutung des Soldaten durch den wirtschaftlich und gesellschaftlich mächtigeren Dienstherrn. Den Interessen der fehlerfrei eingestellten Beamten und Soldaten ist also in vollem Umfang Rechnung getragen, sie bedürfen eines weiteren Schutzes nicht.

Bei konsequenter Durchführung des Gedankens der Fehlerhaftigkeit seiner Einstellung wird dagegen dem de facto Beamten (Soldaten) die Berufung auf die Schutzbestimmungen des Art. 33 Abs. 5 GG und der Beamten- bzw. der Wehrgesetze zum großen Teil versagt.

Um die Betroffenen nicht völlig rechtsschutzlos zu lassen, werden in diesem Falle immer subsidiär die, wenn auch mindere, Garantie der Sozialstaatsklausel des Grundgesetzes und, soweit dem Geltungsbereich

---

[30] BVerfGE 5, 85 (206); *Ramm* S. 30; *Hueck* § 79 S. 737.

[31] Z. B. Bayern Art. 168, Hessen Art. 33 Abs. 1, Nordrhein-Westfalen Art. 24 Abs. 2: „Der Lohn muß der Leistung entsprechen und den angemessenen Lebensbedarf des Arbeitenden und seiner Familie decken. Für gleiche Tätigkeit und gleiche Leistung besteht Anspruch auf gleichen Lohn." Rheinland-Pfalz Art. 56 Abs. 1.

[32] Für Nordrhein-Westfalen, Hessen und Rheinland-Pfalz: *Ramm* S. 34.

[33] Für Nordrhein-Westfalen: *Geller-Kleinrahm-Fleck* Art. 24 Anm. 5 a; für Bayern: *Ramm* S. 34.

[34] *Ramm* S. 34.

[35] *Ramm* S. 31 ff.

[36] BVerfGE 8, 1 (17); 17, 337 (355).

[37] BVerfGE 3, 288 (289, 334).

unterworfen, die Arbeitsschutzbestimmungen der Länderverfassungen eingreifen.

Die Tatsache, daß der de facto Beamte (Soldat) gegenüber einem Arbeitnehmer der Privatrechtsordnung ein gesteigertes soziales Schutzbedürfnis hat, ergibt sich aus der umfassenden und tiefgreifenden Wirkung, die sein scheinbarer Status auf seine gesamte Lebensführung geübt hat.

Primär, wenn auch nicht allein, wird die berufliche Stellung von dem weitgehenden Pflichtenkreis eines Beamten und Soldaten geprägt. Dessen Umfang und der Dauer des Dienstverhältnisses entspricht das Vertrauen, das der Gewaltunterworfene in den Bestand der Bindung setzt. Sie bildet seinen beruflichen Lebensinhalt, gewährleistet in Gegenwart und Zukunft seine und seiner Familie soziale Sicherheit und stellt weitgehend auch den gesellschaftlichen und privaten Lebensmittelpunkt dar. Schon der Wohnort, heute sogar die Wohngegend wird beim Beamten und Soldaten in viel größerem Maße vom Dienstherrn bestimmt, als es beim vergleichbaren Verhältnis Arbeitnehmer—Arbeitgeber der Fall ist.

Es leuchtet ein, daß ein Staatsdiener, der sich selbst voll in den Dienst eines Dienstherrn stellt, vom Fortfall jeder Rechtsbeziehung zu dieser juristischen Person des öffentlichen Rechts viel mehr getroffen wird als der Arbeitnehmer der Privatrechtsordnung, der ohnehin häufiger seinen Arbeitsplatz wechselt. Der Staatsdiener muß in allen Lebensbereichen vollends neu aufbauen.

Daher erfordern auch die Sozialstaatsklausel des Grundgesetzes und die Arbeitsschutzbestimmungen der Länderverfassungen eine gewisse Anerkennung des faktischen Status.

III. Rechtsvergleich

Schließlich soll ein Hinweis auf andere Rechtssysteme deutlich machen, daß die Problematik des de facto Beamten (Soldaten) für die Vergangenheit nur durch eine Angleichung des rechtlichen an den faktischen Status gelöst werden kann.

1. Le fonctionnaire de fait (Frankreich)

Im französischen Beamtenrecht wird eine Person, die wie ein Beamter tätig gewesen ist, ohne auf Grund eines wirksamen Einstellungsaktes dazu verpflichtet oder berechtigt gewesen zu sein, „fonctionnaire de fait" genannt[38].

---

[38] Grundlegend zum Problemkreis *Jèze* S. 48 ff.; vgl. auch *de Laubadère* No 441; *Plantey* No 80, 81; Anmerkung zum Urteil des C. E. 5. 3. 1948; *Dalloz* 1949 S. 148 f. mit weiteren Nachweisen.

Zwei Gruppen von Tatbeständen sind für fähig befunden worden, ein solches Rechtsverhältnis zu begründen. Die eine ist gestützt auf den Begriff der Notwendigkeit (nécessité), die andere auf den des Rechtsscheines (apparence)[39].

Der Entstehungstatbestand der nécessité knüpft an die Handlungsunfähigkeit juristischer Personen des öffentlichen Rechts in Krisenzeiten. Der Bürger, der in diesen Fällen die öffentliche Gewalt zu ersetzen versucht und „hoheitliche" Funktionen wahrnimmt, ohne dazu ermächtigt worden zu sein, ist ein fonctionnaire de fait[40]. Seine Amtshandlungen werden als gültig angesehen[41]. Der Staat muß ihn überdies von Forderungen Dritter freistellen, die gegen den fonctionnaire de fait in unmittelbarer Ausübung seiner angemaßten Amtsgeschäfte begründet worden sind[42].

Ein typisches Beispiel dieser Fallgruppe und ihrer Rechtsfolgen bietet die Entscheidung des Conseil d'Etat „Marion et autres"[43]: Vor der deutschen Besetzung im 2. Weltkrieg waren alle Inhaber von Hoheitsrechten in einer Gemeinde geflüchtet. Ein Komitee von Gemeindebürgern hatte die notwendigen hoheitlichen Funktionen übernommen. Es gewährleistete unter anderem die Versorgung der Bevölkerung mit Lebensmitteln. Zu diesem Zweck erließen Mitglieder des Komitees auch Befehle hoheitlichen Inhalts. Der Conseil d'Etat hat den Befehlen Verwaltungsaktsqualität zuerkannt.

Das deutsche Beamtenrecht kennt zu diesem Entstehungstatbestand des Rechtsverhältnisses eines fonctionnaire de fait keine Parallele.

Die Rechtsfigur des fonctionnaire de fait, dessen Status auf der apparence beruht[44], entspricht jedoch der untersuchten Problematik des de facto Beamten. Auch seine Einstellung leidet an einem so schweren Fehler[45], daß die beabsichtigten Rechtswirkungen dieses Aktes nicht eintreten konnten. Die Amtshandlungen des fehlerhaft Eingestellten werden als voll wirksam angesehen[46]. Diese Folge ist insofern beachtlich, als es im französischen Beamtenrecht einen den §§ 14 Satz 1 BBG, 14 Abs. 2 Satz 1 LBG NW entsprechende Vorschrift, die die Wirksamkeit von Amtshandlungen des fehlerhaft Ernannten anordnet, nicht gibt. Die fran-

---

[39] *De Laubadère* No 442; *Jèze* S. 71 ff., 77 ff.

[40] *Jèze* S. 71 nennt ihn aus „usurpateur de fonction".

[41] *De Laubadère* No 444; *Plantey* No 80, 81; noch zweifelnd *Jèze* S. 71 ff.

[42] C. E. 5. 3. 1948 Marion et autres, Rec. p. 113.

[43] Rec. 1948 p. 113.

[44] *Plantey* No 152, *de Laubadère* No 442, *Jèze* S. 77.

[45] Eine ausführliche Darstellung der Tatbestände, auf denen eine solche Fehlentscheidung beruhen kann, findet sich bei *Jèze* S. 77 ff.

[46] *De Laubadère* No 441; C. E. 21. 7. 1876 *Ducastel* Rec. p. 701.

zösische Beamtenrechtswissenschaft begründet die Wirksamkeit der Amtshandlungen mit dem Schutz des guten Glaubens[47] des betroffenen Bürgers. Da er den Einstellungsfehler nicht habe erkennen können, dürfe man ihn auch nicht mit den Folgen der Fehlentwicklung belasten[48].

Nur wenige Entscheidungen des Conseil d'Etat befassen sich mit der rechtlichen Ausgestaltung des Innenverhältnisses eines fonctionnaire de fait zu seinem Dienstherrn. Es ist in der jüngeren höchstrichterlichen Rechtsprechung kein entschiedener Fall bekannt, in dem es ein Dienstherr unternommen hätte, den in der Vergangenheit liegenden Teil der Beziehung durch Rückvollzug neu zu ordnen. Dem entspricht die im Schrifttum vertretene Ansicht, daß der fonctionnaire de fait vor einem Rückforderungsverlangen der gezahlten Bezüge geschützt ist[49].

Zu der Frage, inwieweit auf der Grundlage des faktischen Dienstverhältnisses auch noch nach Erkentnis des Einstellungsfehlers Umweltveränderungen erzwungen werden können, läßt sich in der Kasuistik der höchstrichterlichen Rechtsprechung eine einheitliche Konzeption nicht erkennen. Es besteht jedoch die Tendenz, dem faktischen Dienstverhältnis in gewissem Umfang auch derartige Rechtswirkungen zuzuschreiben.

Es werden drei Komplexe unterschieden: Garantien bei der Entlassung, Gehaltsansprüche und Anrechnung auf die ruhegehaltsfähige Dienstzeit.
Garantien bei der Entlassung

Der Conseil d'Etat[50] hat die Entlassung eines Stadtsekretärs aufgehoben, die sich darauf stützte, daß der „Entlassene" nicht fehlerfrei eingestellt worden war. Das Gericht entschied, daß trotz dieser Tatsache der Dienstherr die Beziehungen zum fonctionnaire de fait nicht frei habe lösen können. Jener habe tatsächlich Amtsfunktionen ausgeübt und müsse daher behandelt werden „comme un agent communal". Er habe auch die Rechte, die Art. 65 des Gesetzes vom 22. April 1905[51] jedem Beamten gewährleiste, nämlich die Befugnis, vor seiner Entlassung Einsicht in seine Personalakten zu nehmen.

Die Bedeutung dieser Entscheidung, die den fehlerhaft und fehlerfrei Eingestellten völlig gleich zu behandeln scheint, darf nicht überbewertet werden. Der zitierte Art. 65 gewährt eine Minimalgarantie, auf die sich nicht nur ein Beamter, sondern auch jeder Arbeiter im öffentlichen Dienst berufen kann.

---

[47] „Bonne foi", *Jèze* S. 53.

[48] *Jèze* S. 53 ff.; 78 ff.; *de Laubadère* No 443.

[49] *Plantey* No 153; so schon *Jèze* S. 132 für den Fall, daß den fonctionnaire de fait kein Verschulden an dem Einstellungsfehler trifft.

[50] 12. 1. 1923, Menguy Rec. p. 32.

[51] *Dalloz* 1905 S. 129.

Gehaltsansprüche

Nach Erkenntnis des Einstellungsfehlers kann der fonctionnaire de fait keine Gehaltsansprüche mehr durchsetzen[52]. Allerdings vermögen die von Plantey zitierten Entscheidungen, C. E. 7. 6. 1910, Commune de Verfeuil, Rec. p. 482, C. E. 28. 7. 1926, Mattéi, Rec. p. 800, diese Rechtsfolge nicht zu stützen. Im ersten Fall hatte ein Architekt einen Pauschalvertrag mit einer Gemeinde über die Errichtung von Gebäuden abgeschlossen. Er ließ mehr bauen als vereinbart war. Das Gericht gab seinen daraufhin erhöhten Honorarforderungen nicht statt. Im Fall Mattéi hatte der Direktor einer Schule für einen beurlaubten Kollegen Unterricht gegeben, ohne dazu verpflichtet gewesen zu sein. Seine Klage auf zusätzliche Bezahlung wies der Conseil d'Etat ab.

In beiden Entscheidungen ist mit Recht auf die Problematik des fonctionnaire de fait nicht Bezug genommen worden. Beide Kläger haben nämlich Aufgaben erfüllt, die generell im Rahmen des ihnen rechtlich Zugewiesenen lagen. Deren Erfüllung konnte daher lediglich im Rahmen des bestehenden Rechtsverhältnisses, des öffentlich-rechtlichen Architektenvertrages, der Lehreranstellung, die eine Vergütung für Mehrarbeit nicht vorsahen, berücksichtigt werden. Ausgeschlossen ist es, durch solche nicht geschuldete Mehrarbeit einen neuen Status, den des fonctionnaire de fait, zu begründen.

Aus der Entscheidung Bergeon[53] läßt sich aber entnehmen, daß der Conseil d'Etat dem fonctionnaire de fait einen Gehaltsanspruch nicht gewähren wollte: Das Dienstverhältnis eines fehlerfrei eingestellten Beamten endete rechtlich zum 1. Januar. Er wurde aber tatsächlich bis Mitte des Monats Januar beschäftigt. Das Gericht erkannte ihm lediglich einen Anspruch auf rémunération (Entgelt) für die geleisteten Dienste zu. Hätte es ihn als Beamten angesehen, hätte ihm das Recht auf traitement (Gehalt) gewährt werden müssen.

Anrechnung auf ruhegehaltsfähige Dienstzeit

Die im faktischen Dienstverhältnis verbrachte Zeit soll nach Jèze[54] und Plantey[55] nicht als ruhegehaltsfähig anerkannt werden können. Beide Autoren berufen sich auf die Entscheidung des C. E. vom 11. 12. 1912, Seignon, Rec. p. 1180, die ihnen aber m. E. nur scheinbar Recht gibt.

Der Kläger hatte von 1884 bis 1886 für ein Jahresentgelt von 100 Francs in einer Gemeinde Straßengebühren zu erheben. Am 1. Juni 1886 wurde

---

[52] *Plantey* No 153; *Jèze* S. 128.

[53] C. E. 9. 6. 1899, Rec. p. 415.

[54] S. 127 f.

[55] No. 153.

er von der Gemeinde zum Beamten ernannt und mit anderen Aufgaben betraut. 1909 wurde bei der Berechnung seiner ruhegehaltsfähigen Dienstzeit seine Tätigkeit von 1884—1886 nicht mitberücksichtigt, weil die einschlägigen Bestimmungen den Beginn der Dienstzeit an eine Ernennung durch Regierung oder Bürgermeister knüpften. Diese war erst am 1. Juni 1886 ausgesprochen worden. Der Kläger wandte sich gegen die Berechnung mit der Begründung, er habe von 1884 bis 1886 die gleiche Tätigkeit wie ein städtischer Bediensteter ausgeübt.

Der Conseil d'Etat begnügte sich *nicht* mit der Feststellung, daß eine Ernennung erst 1886 ausgesprochen worden war. Er untersuchte vielmehr genau Inhalt und Umfang der Aufgaben des Klägers von 1884 bis 1886. Dabei kam das Gericht zu dem Ergebnis, jener sei nur Aushilfskraft gewesen. Er habe nicht ständig dem gemeindlichen Verwaltungsapparat angehört. Die von ihm erbrachten Dienste seien nicht von der Art gewesen, daß sie einen Pensionsanspruch hätten begründen können. Hätten die Dienste aber rein tatsächlich einen solchen Gehalt gehabt — so läßt sich schließen —, hätte der Conseil d'Etat trotz der nicht vorhandenen Einstellung ihre Berücksichtigung bei der Dienstzeitberechnung gefordert.

2. The de facto officer (U.S.A.)

Im englischen Rechtskreis hatte die Krone die Praerogative, jeden, der als Inhaber von Hoheitsrechten auftrat, zum Nachweis zu zwingen, daß ihm die ausgeübten Machtbefugnisse ordnungsgemäß übertragen worden waren[56]. Diese Befugnis, mit einem sogenannten „Writ of quo warranto" in jedem gerichtlichen Verfahren, in dem die Wirksamkeit der Einstellung eines Staatsbediensteten von Bedeutung sein konnte, diese Tatsache in Frage zu stellen, ist in den U.S.A. der prozessuale Ausgangspunkt der de facto officer doctrine geworden[57]. Der de facto officer ist eine Person, die Hoheitsfunktionen ausgeübt hat, zu deren Erfüllung sie nicht berufen worden ist. Ihre Einstellung kann nichtig gewesen sein[58], sie kann auf einer unwirksamen Wahl beruht haben[59], ein fehlerfrei eingestellter Beamter oder Richter kann über den Zeitpunkt der rechtlichen Beendigung seines Dienstverhältnisses hinaus tätig gewesen sein[60]. Die Aner-

---

[56] Dictionary of English Law II, Stichwort „quo warranto" S. 1466.

[57] Vgl. The de facto officer doctrine, Columbia Law Review 1963, 909 f. mit Hinweisen; Anmerkung zur Entscheidung des Supreme Court Ball v. United States in: Cases argued and decided by the Supreme Court of the United States, Lawyers' Edition, Band 35 S. 377.

[58] Vgl. zur parallelen Problematik einer nichtigen Beförderung zum Major: United States v. Royer, 268 U. S. 394 (1925).

[59] The de facto officier doctrine aaO S. 913.

[60] Waite v. Santa Cruz, 184 U. S. 302, 322 (1902); Anmerkung zu Ball v. United States aaO S. 378.

kennung des Status eines de facto officer wird in diesen Fällen damit gerechtfertigt, daß die Öffentlichkeit dem erweckten Rechtsschein vertraut und sich der Scheinautorität gefügt habe (public acquiescence in the reputed authority)[61]. Diesen Erfordernissen soll grundsätzlich dann Genüge getan sein, wenn der fehlerhaft Eingestellte wie ein Amtsinhaber die Funktionen und Pflichten des Amtes erfüllt hat, ohne daß sein wahrer Status den betroffenen Bürgern erkennbar gewesen wäre[62]. Die Rechtsfigur des de facto officer wird auf der einen Seite von der des de iure officer, dem fehlerfrei Eingestellten, auf der anderen Seite der des usurper abgegrenzt[63]. Letzterer ist ein bloßer Eindringling. Für ihn sprechen weder der Anschein eines *Amtes* noch ein sonstiger Rechtsschein.

In doppelter Hinsicht kann die Anerkennung des faktischen Status von Bedeutung werden. Sie gestaltet das Verhältnis des Staates zum Bürger und die Beziehungen des Staates zum fehlerhaft Eingestellten. Nach klassischer Lehre sind die Amtshandlungen des de facto officer — im Gegensatz zu denen des usurper — grundsätzlich in gleichem Umfang gültig wie die eines fehlerfrei Eingestellten[64].

Dieser Rechtssatz wird — zuweilen ohne ausdrückliche Erwähnung — hauptsächlich herangezogen, um die Wirksamkeit von Gerichtsurteilen zu begründen, an denen ein fehlerhaft eingestellter oder bereits pensionierter[65], unzuständiger[66] oder kraft Gesetzes ausgeschlossener Richter[67] mitgewirkt hat.

Aus diesem Grunde werden auch Bedenken gegen die uneingeschränkte Anwendung der de facto officer doctrine erhoben[68]. Sie hat nämlich die unerwünschte Folge, das Vorgehen auch gegen solche gerichtlichen Entscheidungen abzuschneiden, an denen unzuständige, nicht qualifizierte oder sogar befangene Richter mitgewirkt haben. Damit birgt sie die Gefahr in sich, prozessuale Sicherheiten auszuschließen, die Verfassung

---

[61] The de facto officer doctrine aaO S. 919 und 912.

[62] Zu Einzelheiten vgl. The de facto officer doctrine aaO S. 912 ff. mit umfangreichen Hinweisen auf höchstrichterliche Rechtsprechung; Anmerkung zu Ball v. United States aaO S. 377 f.

[63] The de facto officer doctrine S. 911.

[64] McDowell v. United States 159 U. S. 596, 602 (1895); Anmerkung zu Ball v. United States aaO S. 377 f. mit Hinweisen auf weitere höchstrichterliche Rechtsprechung.

[65] Z. B. ex parte Ward 173 U. S. 452 (1899); McDowell v. United States 159 U. S. 596 (1895); Ball v. United States 140 U. S. 118 (1891).

[66] Frad v. Kelly, 302 U. S. 312 (1937); vgl. auch United States v. Emholt, 105, U. S. 414 (1881).

[67] American Construction Company v. Jacksonville, Tampa and Key West Railroad Company 148 U. S. 372, 387 f. (1893); vgl. auch insgesamt die Anmerkung zu Ball v. United States aaO 377 f.

[68] Vgl. *Harlan*, opinion in Glidden Company v. Zdanok 370 U. S. 530 f. (1962).

und Gesetze jedem an einem Gerichtsverfahren Beteiligten gewährleisten wollten[69].

Auch zu der Ausgestaltung des Innenverhältnisses eines de facto officers zu seinem Dienstherrn sind höchstrichterliche Entscheidungen ergangen. Wenn dem nur tatsächlich Dienenden auch ein Gehaltsanspruch nicht zugebilligt wird[70], so ist er doch vor einer Rückforderung der empfangenen Bezüge immer geschützt, wie der Supreme Court[71] besonders betont hat. Der de facto officer hat sogar einen fortbestehenden Anspruch auf Entschädigung für seine in der Vergangenheit geleisteten Dienste[72]. Darüber hinaus kann ihm der Dienstherr das volle Gehalt zahlen, wenn er es für angebracht hält[73].

C. Vereinbarkeit mit gesetzlichen Vorschriften

Es soll geprüft werden, ob und ggf. in welchem Umfang es mit den beamten- und wehrrechtlichen Vorschriften in Einklang gebracht werden kann, einem Gewaltunterworfenen, dessen Einstellung fehlerhaft gewesen ist, den Beamten-(Soldaten-)status für die Vergangenheit zuzuerkennen.

I. Definition des Statusverhältnisses

Die Normen, welche die beamten- und soldatenrechtlichen Statusverhältnisse definieren, sind als Grundentscheidungen des Gesetzgebers an den Anfang eines jeden Beamten- bzw. des Soldatengesetzes gestellt worden. Ihr Wortlaut und Inhalt stimmen im wesentlichen überein: Beamter ist, wer zum Bund, Land usw. in einem öffentlich-rechtlichen Dienst- und Treueverhältnis steht, §§ 2 Abs. 1 BRRG, 2 Abs. 1 BBG, 2 LBG NW; Soldat ist, wer in einem Wehrdienstverhältnis steht, § 1 Abs. 1 SG.

---

[69] The de facto officer doctrine aaO S. 920.

[70] Meager v. Country of Storey, 5 Nevada 244 (1869); People v. Oulton, 28 California 45 (1865); Dolliver v. Parks, 136 Massachusetts 499 (1884); sämtliche Entscheidungen sind zitiert nach The de facto officer doctrine aaO S. 910; vgl. auch Anmerkung zu Ball v.United States aaO S. 378.

[71] United States v. Royer, 268 U. S. 394 (1925).

[72] Malaley v. City of Marysville, 37 California App. 638, 174 Pac 367 (Dist. Ct. Appeal 1918), zitiert nach The de facto officer doctrine aaO S. 910.

[73] State v. Kelly 154 Wisconsin 482, 143 N. W. 153 (1913), zitiert nach The de facto officer doctrine aaO S. 910.

Der de facto Beamte (Soldat) stand zu seinem Dienstherrn in einem Rechtsverhältnis, das dem öffentlichen Recht angehört. Beim de facto Beamten hatte es rein tatsächlich das Leisten von Diensten im Rahmen einer besonderen Treue- und Vertrauensatmosphäre zum Inhalt. Die Tätigkeit des de facto Soldaten, Vorbereitung auf eine Landesverteidigung, besteht im Ableisten von Wehrdienst. Auch die Dienstverhältnisse des de facto Beamten (Soldaten) werden also vom Wortlaut der die beamten- und soldatenrechtlichen Statusverhältnisse definierenden Bestimmungen erfaßt[74]. Daraus könnte der Schluß gezogen werden, daß auch de facto Beamter (Soldat) Beamter und Soldat im statusrechtlichen Sinne seien.

II. Ernennung und Beamtenverhältnis

Dieser Annahme scheinen die Bestimmungen der Beamtengesetze bzw. des Soldatengesetzes entgegenzustehen, nach denen es zur Begründung eines Beamten-(Soldaten-)verhältnisses einer Ernennung bedarf, §§ 5 Abs. 1 BRRG, 6 Abs. 1 BBG, 8 Abs. 1 Satz 1 LBG NW, 41 SG.

1. Begründung durch Ernennung

Da de facto Beamter und -Soldat nicht ernannt worden sind, können sie auch nicht in einem den gesetzlichen Vorschriften entsprechend „begründeten" Beamten-(Soldaten-)verhältnis gestanden haben. Diese Erkenntnis schließt jedoch die Anerkennung eines faktischen Dienstverhältnisses als Beamten- oder Soldatenverhältnis im statusrechtlichen Sinne nicht zwingend aus.

Der Ausdruck „Begründung" deutet schon sprachlich, aber auch dem Sinn der gesetzlichen Regelung entsprechend, auf einen Akt hin, der rechtlich in die Zukunft wirken und dort aus sich heraus neue Rechtsfolgen schöpfen soll. Die Ernennung bringt ein Dienstverhältnis zum Entstehen und ist gleichzeitig Rechtsgrund für eine Vielzahl von Rechten und Pflichten, die erst im Laufe der Zeit aus diesem hervorgehen. Diese Wirkungen können nur von einer Ernennung, nie von tatsächlichem Handeln ausgehen, es sei denn, der Gesetzgeber ordne sie ausdrücklich an, z. B. §§ 17 Abs. 2 Ehegesetz, 11 Abs. 3 Satz 2 LBG NW. Damit ist jedoch jedenfalls durch die Bestimmungen, die zur Begründung eines Dienstverhältnisses eine Ernennung erfordern, nicht ausgeschlossen, daß in der Vergangenheit ein Beamten-(Soldaten-)verhältnis existiert hat, das nie begründet, d. h. nie wirksam für die Zukunft konstituiert worden ist. Die rechtlichen Voraussetzungen, die an eine derartige Anerkennung

---

[74] So wohl auch *Scherer* § 1 IV 5.

gestellt werden müssen, sind nämlich erheblich geringer als diejenigen, deren Erfüllung es bedarf, um einen in die Zukunft wirkenden Rechtsgrund zu setzen.

Nicht nur in der naturwissenschaftlichen Ordnung, sondern auch in der Rechtsordnung hat das Trägheitsprinzip seinen Niederschlag gefunden. Der Grundsatz des quieta non movere, des Rechtsfriedens, das Institut der Verjährung sind seine Ausprägungen. Aus ihm ergibt sich die überall im Recht erkennbare Entscheidung des Gesetzgebers, daß die Partei, die sich auf eine Rechtsänderung berufen will, erheblich mehr an Voraussetzungen zu erfüllen hat als diejenige, welche einen bestehenden Zustand aufrechtzuerhalten trachtet. Es sei auf die Bestimmungen der §§ 813 Abs. 1 Satz 2, 222 Abs. 2, 762 Abs. 1 Satz 2 BGB, 31 Abs. 1 Gaststättengesetz[75], 64 Abs. 2 Börsengesetz[76] verwiesen. Die Position des Forderungsgläubigers ist nicht stark genug, um eine Umweltveränderung zu erzwingen, sie genügt aber, um die Folgen einer dennoch vorgenommenen Umweltveränderung aufrechtzuerhalten.

Aus dem Grundsatz, daß ein Dienstverhältnis nur durch Ernennung für die Zukunft begründet werden kann, läßt sich also nicht entnehmen, welcher geringeren Voraussetzungen es bedarf, um seine Existenz für die Vergangenheit anzuerkennen.

2. Verknüpfung von Ernennung und Beamtenverhältnis

Eine solche Möglichkeit, durch differenzierende Betrachtungsweise der Gerechtigkeits- und Ordnungsfunktion und dem Postulat des sozialen Schutzes Rechnung zu tragen, wäre nur dann ausgeschlossen, wenn das Beamtenverhältnis und sein Begründungsakt, die Ernennung, kraft Gesetzes oder strukturell so eng verknüpft wären, daß sich eine rechtliche Sonderbehandlung der einen oder anderen Komponente verbietet.

a) § 27 Abs. 1 Satz 2 DBG

Eine solche Verknüpfung fand sich in § 27 Abs. 1 Satz 2 DBG. Nachdem in Abs. 1 Satz 1 zur Begründung eines Beamtenverhältnisses die Aushändigung einer Ernennungsurkunde gefordert wird, stellt Satz 2 fest: „Wer keine solche Urkunde erhalten hat, ist nicht Beamter im Sinne dieses Gesetzes."

Mag auch zweifelhaft sein, ob der Gesetzgeber der modernen Beamtengesetze durch seinen Verzicht auf eine entsprechende Regelung eine Trennung zwischen Ernennung und Beamtenverhältnis hat anordnen wollen, so steht doch fest, daß er zumindest sie nicht ausgeschlossen hat.

---

[75] Vom 28. 4. 1930 (RGBl I S. 146).

[76] I. d. F. vom 28. 5. 1908 (RGBl S. 215).

b) § 14 Abs. 1 LBG NW

Nur scheinbar widerspricht § 14 Abs. 1 LBG NW dieser Erkenntnis. Die Bestimmung lautet: „Die Rücknahme nach § 12 hat die Wirkung, daß das Beamtenverhältnis von Anfang an nicht bestanden hat." § 12 LBG NW zählt eine Reihe von Tatbeständen auf, bei deren Vorliegen eine Ernennung zurückgenommen werden muß oder kann. Das Wort „Ernennung" wird von den Beamtengesetzen, §§ 5 Abs. 1 BRRG, 6 Abs. 1 BBG, 8 Abs. 1 LBG NW, als Oberbegriff für gewisse Verwaltungsakte des Dienstherrn verwandt, die den Status des Staatsdieners begründen oder einschneidend ändern[77]. Ernennung ist daher neben der Begründung eines Beamtenverhältnisses auch dessen Umwandlung, auch eine Beförderung[78]. Würde man dem Wortlaut der Bestimmung des § 14 Abs. 1 LBG NW folgen, so müßte jede zurückgenommene Beförderung die rückwirkende Vernichtung des gesamten Beamtenverhältnisses nach sich ziehen. Eine solche Annahme ist so abseitig, daß der Gesetzgeber sie unmöglich in seinen Willen aufgenommen haben kann. Allein sinnvoll ist es, der Rücknahme einer Ernennung nicht die Wirkung zuzuschreiben, „daß ein Beamtenverhältnis von Anfang an nicht bestanden" habe, sondern, daß die zurückgenommene Ernennung von Anfang an nicht bestanden hat, so z. B. § 15 Abs. 3 Satz 1 des Bayerischen Beamtengesetzes[79], § 16 Abs. 1 LBG BW. Es ist anerkannt, daß die Fassung des § 14 Abs. 1 LBG NW als Redaktionsversehen im hier erörterten Sinne auszulegen ist[80].

Zwar hat der Bundesdisziplinarhof[81] mit der Rücknahme einer Ernennung zum Postinspektor gleichzeitig die Beamteneigenschaft des Ernannten als erloschen betrachtet. Dieser war jedoch zuerst zum Postinspektor und erst ein Jahr später zum Beamten auf Lebenszeit ernannt worden. Es war daher sinnvoll, die spätere mit dem Schicksal der früheren Ernennung zu verknüpfen. Daraus läßt sich jedoch nicht der Rechtssatz ableiten, jede vernichtete Beförderung entziehe dem gesamten Beamtenverhältnis die Rechtsgrundlage.

Nach § 14 Abs. 1 LBG NW werden also mit der Rücknahme einer Ernennung lediglich die Wirkungen dieses Verwaltungsaktes, nicht aber die des Beamtenverhältnisses ex tunc beseitigt. Diese Bestimmung steht einer rechtlichen Trennung zwischen Ernennung und Beamtenverhältnis nicht entgegen.

---

[77] *Wiedow* § 6 Anm. 2 und 3; *Schütz* LBG § 8 Anm. 3 und 4.

[78] *Wiedow* § 6 Anm. 22 und 23.

[79] I. d. F. vom 30. 10. 1962 (GVBl S. 291).

[80] *Schütz* LBG § 14 Anm. 2.

[81] BDHE 2, 39 (40).

3. Trennung auf Grund systematischer Stellung

Für die Zulässigkeit einer rechtlichen Trennung spricht die Tatsache, daß die Definition des Beamtenverhältnisses und die Erfordernisse seines Begründungsaktes nicht nur in zwei verschiedenen Bestimmungen, sondern sogar in zwei verschiedenen Kapiteln der Beamtengesetze normiert sind.

4. Struktur des Statusverhältnisses

Auch von der Struktur des beamtenrechtlichen Statusverhältnisses her bestehen keine Bedenken, diese umfassende Rechtsbeziehung losgelöst von ihrem Begründungsakt zu betrachten, wie sich aus einem Vergleich mit dem Arbeitsrecht ergibt.

Wie Beamter und Soldat ist auch der Arbeitnehmer des Privatrechts in eine seine Person als Ganzes erfassende Position gestellt, auch bei ihm kann man von einem Status sprechen[82]. In diesem Punkt stimmen Arbeitsverhältnis und öffentlich-rechtliches Dienstverhältnis bis auf graduelle Abweichungen überein[83]. Im Arbeitsrecht ist schon seit langem zwischen Arbeitsvertrag als gegenseitigem, schuldrechtlichem Vertrag und dem Arbeitsverhältnis unterschieden worden. Letzteres ist die zwischen einem Arbeitnehmer und Arbeitgeber durch Eingliederung in einen Betrieb in der Vergangenheit und Gegenwart geschaffene tatsächliche Beziehung[84].

Auch der Gesetzgeber geht von diesem Begriff aus. Wenn er in §§ 119 a Abs. 1 und 134 Abs. 1 Gewerbeordnung[85] an die widerrechtliche „Auflösung des Arbeitsverhältnisses“ durch den Arbeitnehmer gewisse Rechtsfolgen knüpft, kann als Arbeitsverhältnis nur das tatsächliche Zusammenarbeiten von Arbeitnehmer und Arbeitgeber verstanden werden. Der Arbeitsvertrag kann durch rechtswidriges Verhalten nie aufgelöst werden. Demnach differenziert auch der Gesetzgeber zwischen Arbeitsvertrag und Arbeitsverhältnis.

5. Ergebnis

Im Ergebnis sei festgehalten, daß die Ernennung als Rechtsgeschäft und das Beamtenverhältnis als ein durch tatsächliches Verhalten geschaffener Komplex sozialer Machtbeziehungen ihrer Natur zufolge in Entstehung und Bestand an verschiedene Voraussetzungen geknüpft sind. Weder aus den zitierten gesetzlichen Vorschriften noch aus der Struktur

---

[82] *Siebert* S. 83.

[83] *Nikisch* I § 19 S. 145; *Hueck* § 9 S. 46.

[84] *Nikisch* I § 19 S. 139 mit Nachweisen.

[85] I. d. F. vom 25. 7. 1961 (BGBl I S. 1076).

des Statusverhältnisses läßt sich ein Gebot zur rechtlichen Gleichbehandlung entnehmen.

III. Nichtigkeit, Vernichtbarkeit

Der Möglichkeit, auch den de facto Beamten (Soldaten) als Beamten oder Soldaten im statusrechtlichen Sinne anzuerkennen, stehen weder Wortlaut noch Sinn der §§ 8, 9 BRRG, 11, 12 BBG, 11, 12 LBG NW — Nichtigkeits- bzw. Vernichtbarkeitsgründe einer Einstellung — entgegen. Denn ausdrücklich wird von diesen Vorschriften lediglich der in die Zukunft wirkende Rechtsakt der Ernennung erfaßt und für unwirksam erklärt. Daß darüber hinaus auch das tatsächliche Gebilde des durchgeführten Beamtenverhältnisses als nicht existent behandelt werden müßte, ist damit nicht erwiesen.

Dagegen läßt sich einwenden, daß ein auf nichtiger oder vernichteter Rechtsgrundlage beruhendes Dienstverhältnis gegenüber dem fehlerfrei begründeten unterschiedlich behandelt werden müsse, da sonst die erschöpfende Normierung der Fehlergründe in den Beamtengesetzen nicht verständlich sei. Das Nichtigkeitsgebot behält jedoch seine Bedeutung auch bei Anerkennung des faktischen Dienstverhältnisses als Dienstverhältnis im statusrechtlichen Sinne. Gleiches gilt für die Anordnung, daß eine Rücknahme den entsprechenden Einstellungsakt rückwirkend vernichtet[86].

Das durch fehlerfreien Einstellungsakt begründete Beamtenverhältnis beginnt mit dem in der Urkunde bestimmten Tag, im Zweifel mit Aushändigung der Urkunde, §§ 10 Abs. 2 BBG, 10 Abs. 3 LBG NW. Ist die Einstellung nichtig oder rückwirkend vernichtet, so entsteht ein Beamtenverhältnis erst nach einer Zeit längeren, tatsächlichen Zusammenarbeitens. Solange nämlich die rechtlichen und persönlichen Beziehungen zwischen Beamten und Dienstherrn noch nach sozial gerechten Gesichtspunkten rückwirkend abgewickelt werden können, solange die Ausführung eines Rückvollzugsbefehls noch nicht mit Gerechtigkeits- und Ordnungsfunktion in unvereinbaren Widerspruch tritt, bestehen keine Bedenken, alle Konsequenzen aus der Fehlerhaftigkeit einer Einstellung zu ziehen.

Das durch fehlerfreien Einstellungsakt begründete Dienstverhältnis endet mit Eintritt eines der Beendigungstatbestände, §§ 21 BRRG, 6 Abs. 3 und 4 BBG, 30 LBG NW. Das faktische Dienstverhältnis endet grundsätzlich in dem Zeitpunkt, in dem der de facto Beamte (Soldat) seine Arbeit niederlegt in der Absicht, sie nicht wieder aufzunehmen. Gleich-

---

[86] *Wiedow* § 12 Anm. 1 und 13.

gültig ist, aus welchem Grund das tatsächliche Verhältnis aufgehoben wurde, ob die Beteiligten die Fehlerhaftigkeit der Einstellung erkannten oder ob die Arbeitsniederlegung in Ausführung einer dienstrechtlichen Entscheidung erfolgte.

In diesen Fällen der Divergenz zwischen fehlerfrei begründetem und faktischem Dienstverhältnis ist das Gebot, daß eine Ernennung unter gewissen Voraussetzungen nichtig, unter anderen rückwirkend vernichtbar sein soll, sinnvoll.

IV. Wirksamkeit von Amtshandlungen

Aus §§ 14 BBG, 14 Abs. 2 LBG NW scheint hervorzugehen, daß der durch nichtigen oder vernichteten Akt zum Beamten Ernannte diesen Status nicht erlangt haben kann. Die von ihm vorgenommenen Amtshandlungen sind in gleicher Weise gültig, „wie wenn sie ein Beamter ausgeführt hätte“, die gezahlten Dienst- und Versorgungsbezüge können ihm belassen werden. Wäre der fehlerhaft Eingestellte wirklich Beamter geworden, hätte es dieser Vorschriften nicht bedurft.

Allerdings schließen sie nicht ausdrücklich die Beamteneigenschaft des de facto Beamten aus. Eine solche Annahme mag Motiv des Gesetzgebers gewesen sein[87]. Dieses Motiv ist deshalb nicht verbindlich, weil der Wortlaut der Bestimmungen eine sinnvolle Auslegung auch dann zuläßt, wenn man die Beamteneigenschaft des de facto Beamten nicht von der fehlerfreien Einstellung, sondern von der tatsächlichen Zusammenarbeit mit dem Dienstherrn abhängig macht. Damit sind nämlich §§ 14 BBG und 14 Abs. 2 LBG NW nur eines Teils, nicht aber des vollen Inhaltes beraubt, der den Bestimmungen dann zukäme, wenn für die statusrechtliche Beamteneigenschaft die fehlerfreie Einstellung Voraussetzung wäre. Für den Zeitraum zwischen fehlerhafter Einstellung und Entstehen des faktischen Dienstverhältnisses, zwischen seiner Auflösung und dem Rechtsakt, der das scheinbar begründete Dienstverhältnis beenden sollte, bedarf es einer Vorschrift, die die Wirksamkeit der Amtshandlungen des faktisch Dienenden anordnet, die es dem Dienstherrn erlaubt, die gezahlten Dienst- und Versorgungsbezüge zu belassen.

V. Beendigungstatbestände

In den §§ 21 BRRG, 6 Abs. 3 und 4 BBG, 30 LBG NW sind eine Reihe von Tatbeständen normiert, die das Beamtenverhältnis beenden. Aus der

---

[87] *Schröcker* DVBl 1957, 668, 669.

Tatsache, daß darunter nicht die Auflösung der tatsächlichen Beziehungen aufgeführt ist, könnte sich im Umkehrschluß ergeben, daß der Gesetzgeber das faktische Dienstverhältnis nicht als auflösungsfähiges Beamtenverhältnis habe anerkennen wollen. Dieser Schluß hat jedoch zur Voraussetzung, daß die genannten Bestimmungen erschöpfend alle Beendigungsgründe eines Beamtenverhältnisses aufzählen. Es ist anerkannt, daß diese Voraussetzung nicht zutrifft[88]. Das faktische Dienstverhältnis, das im allgemeinen dadurch beendet wird, daß der Vorgesetzte dem Dienenden die weitere Führung der Dienstgeschäfte verbietet, §§ 13 Abs. 1 BBG, 13 Abs. 1 Satz 2 LBG NW, wird nicht nur in seinem vergangenen Bestand anerkannt, sondern in gewissen Fällen sogar vom Gesetzgeber in seinem Fortbestand geschützt. Die durch eine sachlich unzuständige Behörde vorgenommene Ernennung zum Beamten ist nichtig, §§ 8 Abs. 1 Satz 1 BRRG, 11 Abs. 1 Satz 1 BBG, 11 Abs. 1 Satz 1 LBG NW, und vermag daher ein Dienstverhältnis nicht zu begründen. Dennoch ist der Dienstherr gehindert, die Konsequenzen aus dem Einstellungsfehler zu ziehen und ein entstandenes faktisches Dienstverhältnis aufzulösen. Er muß es vielmehr aufrechterhalten und warten, bis die zuständige Behörde die Bestätigung der Ernennung abgelehnt hat, §§ 13 Abs. 1 BBG, 13 Abs. 1 LBG NW.

VI. Gesetzmäßigkeit der Verwaltung

Auch der Grundsatz der Gesetzmäßigkeit der Verwaltung steht nicht in Widerspruch mit der Behandlung des faktisch Dienenden als Beamten (Soldaten) im statusrechtlichen Sinne. Dieses Prinzip verlangt für hoheitliche Eingriffe in rechtlich geschützte Sphären des Bürgers, für die Begründung abstrakter oder konkreter Verpflichtungen eine gesetzliche Ermächtigung[89]. Dies ist historisch aus dem Bedürfnis entstanden, der hoheitlichen Gewalt ihre für den Polizeistaat charakteristische unbegrenzte Verfügungsmacht über die Rechtssphäre des Bürgers zu entziehen[90]. Sowohl dieser Entwicklung als auch dem juristischen Sprachgebrauch zufolge bezeichnet ein Eingriff lediglich die Handlung, mit der eine von außen kommende Macht in einen geschützten Rechtskreis eindringt und aus dem geschützten Rechtskreis etwas wegnimmt. Die bloße Weigerung, einen eingetretenen, belastenden Zustand zu beseitigen, ist kein Eingriff.

Durch die Anerkennung des faktischen Dienstverhältnisses als Dienstverhältnis im Sinne der Beamtengesetze werden dem faktisch Dienenden

[88] *Schütz* LBG § 30 Anm. 1; *Wiedow* vor § 28 Anm. 1.
[89] *Jellinek* Verwaltungsrecht § 5 S. 88; *Wolff* I § 30 III a.
[90] Otto *Mayer* I § 4 S. 38 ff.; § 6 S. 69 ff.

auch keine Pflichten auferlegt. Pflicht ist ein rechtlich gefordertes Verhalten. Eine solche Forderung kann nur Sinn und Inhalt haben, wenn sie auf eine zukünftige Verhaltensweise geht. Die Begründung einer Pflicht zu vergangenem Verhalten ist deshalb unmöglich, weil entweder die geforderte Handlung ohnehin, unabhängig von der Pflicht, vorgenommen worden ist oder nicht mehr vorgenommen werden kann. Wenn also das faktische Dienstverhältnis rechtlich so ausgestaltet ist, daß es lediglich Rechts- und Bestandsgrund für vergangenen Leistungsaustausch darstellt, in keinem Fall aber zu Zukünftigem verpflichtet, steht es mit dem Grundsatz der Gesetzmäßigkeit der Verwaltung nicht in Widerspruch.

VII. Besonderheiten des Statusrechts

Auch die Besonderheiten des Statusrechts stehen der rechtlichen Ähnlichbehandlung eines fehlerfrei und fehlerhaft eingestellten Beamten (Soldaten) nicht entgegen.

1. Rückwirkende Einstellung

Bedenken könnten sich zunächst daraus ergeben, daß dem zu einem bestimmten Zeitpunkt einsetzenden Schutz des Bestandes aller in der Vergangenheit ausgetauschten Leistungen ein rückwirkendes Element innewohnt. Bevor nämlich das Stadium der Stabilität erreicht wird, steht einem Rücktausch des gegenseitig Erbrachten nichts entgegen. Dieser wird erst danach für sämtliche von Anfang an geleisteten Dienste und Güter ausgeschlossen. Eine solche rückwirkende Begründung des dienstrechtlichen Status könnte gegen einen allgemeinen statusrechtlichen Grundsatz, der in §§ 5 Abs. 4 BRRG, 10 Abs. 2 BBG, 10 Abs. 3 LBG NW seinen Ausdruck gefunden hat, verstoßen. Die Vorschriften verbieten jede Ernennung auf einen zurückliegenden Zeitpunkt. Diese Regelung ist aber keine zwingende Folge der Struktur des dienstrechtlichen Status, dann hätte es ihrer besonderen Normierung nicht bedurft. Sie verfolgt lediglich ein rechtspolitisches Ziel. Die grundsätzliche Zulässigkeit der rückwirkenden Begründung eines Beamtenstatus ergibt sich aus §§ 8 Abs. 1 Satz 2 BRRG, 10, 11 Abs. 1 Satz 2 BBG, 11 Abs. 3 LBG NW. Auch § 34 Abs. 1 Schulverwaltungsgesetz von Nordrhein-Westfalen[91] geht von ihr aus. Die Bestimmung ordnet an, daß Lehrer, die an öffentlichen Schulen im Angestelltenverhältnis beschäftigt sind, mit rückwirkender Kraft, § 38, in das Beamtenverhältnis zu übernehmen sind. Da dieser Personenkreis schon vorher tatsächlich für eine dienstherrnfähige juristische Person des öffentlichen Rechts eine beamtenähnliche Tätigkeit ausgeübt hatte, konnte der entsprechende Status auch rückwirkend dem

---

[91] Vom 3. 6. 1958 (GVBl S. 241).

Verhältnis zuerkannt werden. §§ 5 Abs. 4 BRRG, 10 Abs. 2 BBG, 10 Abs. 3 LBG NW wollen nur verhindern, daß funktionärsbedürftige Dienstherrn den potentiellen Bewerbern einen besonderen Anreiz über die im öffentlichen Dienst weitgehend vereinheitlichen und gesetzlich normierten Arbeitsbedingungen hinaus bieten. Dieser Anreiz könnte dadurch geschaffen werden, daß sie auf einen zurückliegenden Zeitpunkt zum Beamten ernannt würden. Damit stünden ihnen alle beamtenrechtlichen Ansprüche auch für die Vergangenheit zu, ohne daß sie irgendwelche Dienstleistungen erbracht hätten. Sowohl der Lehrer des § 34 Abs. 1 Schulverwaltungsgesetz als auch der de facto Beamte (Soldat) haben sich jedoch rein tatsächlich wie Beamte (Soldaten) verhalten, insbesondere entsprechende Dienste geleistet. Sie fallen nicht unter den Personenkreis, den die §§ 5 Abs. 4 BRRG, 10 Abs. 2 BBG, 10 Abs. 3 LBG NW erfassen wollten.

2. Rechtsklarheit des Statusrechts

Schließlich soll versucht werden, den Einwand zu entkräften, die im Statusrecht erforderliche Rechtsklarheit und die dadurch bedingte Starrheit jeder ein derartiges Rechtsverhältnis konstituierenden Regelung verbiete es, rein tatsächlichem Geschehen überhaupt einen Einfluß auf den Rechtsstatus zuzuerkennen.

Die Eheschließung begründet für den Ehegatten einen umfassenden Pflichtenkreis, § 1353 Abs. 1 BGB einen Status. Wiederholt ist von der Rechtsprechung[92] angenommen worden, daß diese Rechtsposition trotz rechtlich fehlerfreier Begründung dann nicht in vollem Umfange entstehen kann, wenn tatsächliche Umstände der Schaffung einer dem Wesen der Ehe entsprechenden Lebensgemeinschaft von Anfang an entgegenstanden. Auf eine zwischen Zuhälter und Dirne geschlossene Ehe werden die Scheidungsgründe des § 43 Ehegesetz nur entsprechend angewandt. Diese Verbindung erfüllt nämlich nur die äußere Form einer Ehe. Wenn die Gerichte sie einmal so nennen, so kennzeichnen sie ihre Besonderheit damit, daß sie das Wort Ehe in Anführungszeichen setzen[93].

Die entgegengesetzte Sach- und Interessenlage hatte kürzlich das Bundessozialgericht zu beurteilen[94]. Ein landwirtschaftlicher Arbeiter lebte mit einer Witwe in einer Onkelehe zusammen. Auf der Rückfahrt von ihrer Wohnung wurde er bei einem Verkehrsunfall verletzt. Gegenüber seiner Ersatzforderung machte die Unfallversicherung geltend, er habe sich auf keiner Fahrt von einer „Familienwohnung“ zur Arbeitsstätte

---

[92] OLG Braunschweig NJW 1965, 1720; OLG Köln NJW 1966, 1224; BGH LM Nr. 44 zu § 48 Abs. 2 Ehegesetz.

[93] OLG Braunschweig NJW 1965, 1720; OLG Köln NJW 1966, 1224.

[94] Unveröffentlichte Entscheidung vom 29. 6. 1966 II RU 63/62.

befunden, die allein eine Zahlungspflicht der Versicherung begründet hätte. Das Gericht entschied, wenn die tatsächlichen Lebensumstände nach Form, Inhalt und sittlichem Gehalt denen einer Ehe ähnelten, gelte für den Verletzten der Versicherungsschutz wie bei Verheirateten.

Der Anerkennung eines allein auf unwirksamem Ernennungsakt und tatsächlichem Geschehensablauf beruhenden Statusverhältnisses stehen auch nicht Wille und Vorstellungen des Gesetzgebers entgegen. Daß dieser sehr wohl dem Faktischen, also allein tatsächlichen Umständen, die Kraft beimißt, einen Beamtenstatus tiefgreifend zu ändern, ergibt sich aus §§ 24 Abs. 2 BRRG, 51 Abs. 1 BBG, 54 Abs. 1 LBG NW. Bestimmte strafgerichtliche Verurteilungen beenden mit Rechtskraft ipso iure die Wirkungen einer beamtenrechtlichen Einstellung, §§ 24 Abs. 1 BRRG, 48 BBG, 51 LBG NW. Nach §§ 24 Abs. 2 BRRG, 51 Abs. 1 BBG, 54 Abs. 1 LBG NW gilt ein Beamtenverhältnis als nicht unterbrochen, wenn eine Entscheidung, durch die der Verlust der Beamtenrechte bewirkt worden ist, im Wiederaufnahmeverfahren durch eine Entscheidung ersetzt wird, die diese Wirkung nicht hat. Aus dem Wort „gilt" geht hervor, daß der Gesetzgeber den Fortbestand des Beamtenverhältnisses fingiert. Die juristische Fiktion besteht in der gewollten Gleichsetzung eines als ungleich *Gewußten*[95]. Das Bewußtsein der tatsächlichen Ungleichheit des Gleichgesetzten gehört zum Tatbestand einer jeden Fiktion[96]. Der Gesetzgeber hat also „gewußt", daß der Verurteilte und im Wiederaufnahmeverfahren Rehabilitierte nicht Beamter sein kann. Diese Konzeption, ihn, der in Wirklichkeit kein Beamter sei, dennoch in den Genuß dieser Rechtsstellung kommen zu lassen, ergibt sich auch aus §§ 51 Abs. 4 BBG, 54 Abs. 4 LBG NW. Der Beamte muß sich ein Arbeitseinkommen auf *die ihm nach Abs. 1 zustehenden* Dienstbezüge anrechnen lassen. Der Gesetzgeber geht also davon aus, den Verurteilten durch Abs. 1 in eine besondere Rechtsstellung eingewiesen zu haben, die ihm nach anderen gesetzlichen Bestimmungen nicht zustand.

Es ist im Strafprozeßrecht anerkannt, daß der Beschluß, der die Wiederaufnahme eines Strafverfahrens zuläßt, § 370 Abs. 2 StPO, *alle* Wirkungen des angefochtenen rechtskräftigen Urteils beseitigt. „Der Beschluß, durch den das Gericht ... die Wiederaufnahme ... verfügt ... ist von grundlegender Bedeutung[97]." Er stellt die „tatsächliche Beseitigung des früheren rechtskräftigen Urteils"[98] dar, das frühere Urteil hat durch den „Beschluß seine rechtliche Wirksamkeit gänzlich verloren"[99].

---

[95] *Larenz* Methodenlehre S. 166.

[96] Vgl. *Larenz* Methodenlehre S. 166 Fußnote 4.

[97] *Schmidt* § 370 Anm. 1 mit Nachweisen.

[98] *Dalcke-Fuhrmann-Schäfer* § 370 StPO Anm. 4; RGSt 29, 278 (280), 58, 52.

[99] RGSt 57, 317.

Dieses Urteil bildete jedoch den Tatbestand der Beendigung des Beamtenverhältnisses (Tatbestandswirkung)[100]. Entfallen seine gesamten Wirkungen ex tunc, kann rechtlich auch das Beamtenverhältnis nicht beendet worden sein. Mit dem Wiederaufnahmebeschluß steht somit fest, daß der Verurteilte, statusrechtlich gesehen, immer Beamter gewesen ist. Tatsächlich hat er spätestens mit Rechtskraft des ersten strafgerichtlichen Urteils keinen Dienst mehr geleistet, keine Bezüge mehr empfangen, alle Bindungen zum Dienstherrn abgebrochen. Er war faktischer Nichtbeamter. Der Gesetzgeber ist von diesem „faktischen Status“, der in unvereinbarem Gegensatz zum „rechtlichen Status“ steht, ausgegangen, als er die §§ 24 Abs. 2 BRRG, 51 Abs. 1 BBG, 54 Abs. 1 LBG NW schuf. Er hat es keiner weiteren Motivierung bedürftig angesehen, daß durch ein tatsächliches Verhalten als Nichtbeamter der rechtlich fehlerfrei begründete Beamtenstatus erlöschen kann.

Dann ist aber nicht einzusehen, warum das tatsächliche Dienen als Beamter jedenfalls für die Vergangenheit und jedenfalls dann einen Status schaffen kann, wenn Gerechtigkeits- und Ordnungsfunktion des Rechts der Ausführung eines Rückvollzugsbefehls zwingend entgegenstehen.

[100] *Wolff* I § 20 IV; *Forsthoff* § 6 S. 93.

§ 6. Konkrete Ausgestaltung der Rechtsfolgen fehlerhafter Einstellungen

Zuletzt soll, stufenweise gegliedert nach der Intensität ihrer Rechtswirkungen, die konkrete Ausgestaltung der einzelnen faktischen Dienstverhältnisse untersucht werden.

A. Bis zum Zeitpunkt des Dienstantritts

Der Zeitpunkt, in dem eine Einstellung ausgesprochen wird, braucht nicht mit demjenigen ihres Wirksamwerdens und demjenigen des tatsächlichen Dienstantrittes übereinzustimmen. Die Zulässigkeit einer Einstellung auf einen späteren Tag ergibt sich aus §§ 5 Abs. 4 BRRG, 10 Abs. 2 BBG, 10 Abs. 3 LBG NW, 41 Abs. 2 SG. Im Wehrpflichtrecht wird immer zwischen Einberufung und festgesetztem Datum des Dienstantrittes ein gewisser Zeitraum verstreichen, § 21 Abs. 1 WPflG. Darüber hinaus können äußere Umstände, seien sie auf Zufall oder Verschulden des Ernannten (Einberufenen) zurückzuführen, den Zeitpunkt des tatsächlichen Dienstantrittes weiter verschieben.

Ist der Begründungsakt fehlerfrei, so beginnt in diesen Fällen das Dienstverhältnis in dem für den Dienstantritt festgesetzten Zeitpunkt[1], § 2 SG. Ist er nichtig, so kann der Dienstherr deshalb die uneingeschränkten Konsequenzen aus dem Ernennungsfehler ziehen, weil ein Dienstverhältnis auch nicht durch tatsächliches Zusammenarbeiten entstehen konnte. Gleiches gilt von der vernichtbaren Einstellung. Es bestehen keine Bedenken, deren Rücknahme auch bereits vor Wirksamwerden der fehlerhaften Einstellung zuzulassen.

Im Soldatenrecht wird man sogar das Recht des Dienstherrn anerkennen müssen, zu diesem Zeitpunkt noch die Rücknahme einer Einstellung deshalb auszusprechen, weil ihr Berufungshindernisse, §§ 37 Abs. 1, 38 SG, entgegengestanden haben[2], obgleich diese Tatsache *nach* Wirksamwerden der Einstellung zu einer Vernichtung des Dienstverhältnisses nicht mehr ermächtigt. Denn dem gesetzgeberischen Willen ent-

---

[1] *Wiedow* § 10 Anm. 14.

[2] *Scherer* § 41 III 3.

spricht es lediglich, daß sich der Soldatenstatus gegenüber dem Berufungshindernis durchsetzt. Darüber hinaus besteht kein Anlaß, eine rechtlich verfestigte Chance, diesen Status zu erwerben, in gleichem Umfange zu schützen.

B. Bis zum Zeitpunkt der Stabilisierung

Hat der fehlerhaft Eingestellte seinen Dienst tatsächlich angetreten, beginnen sich seine Beziehungen zum Dienstherrn immer mehr zu verdichten.

I. Inhalt der Beziehungen

Bis zu einem gewissen Zeitpunkt können sie noch im einzelnen zurückverfolgt, nachgewiesen und ihr wirtschaftlicher Wert ungefähr berechnet werden. Die wirtschaftlich nicht meßbaren, persönlichen Beziehungen, beispielsweise die Treuebindung des Beamten (Soldaten) an seinen Dienstherrn, die ohnehin nicht befohlen werden können, sondern aus dem Zusammenarbeiten erwachsen müssen, sind noch nicht so zum Inhalt des Dienstverhältnisses geworden, daß sie der finanziellen Bewertung der Gesamtbeziehung entgegenstünden. Die Minimalforderungen, die Gerechtigkeits- und Ordnungsfunktion des Rechts und das verfassungsrechtliche Postulat des sozialen Schutzes an die Ausführung eines Rückvollzugsbefehls stellen, sind auch dann gewahrt, wenn nach Bereicherungsregeln unter Beachtung des Gesichtspunktes des Vertrauensschutzes die erbrachten Leistungen zurückgetauscht werden.

Zur Einzelausgestaltung dieses Rücktausches wird auf die Darstellungen § 3 verwiesen, wo versucht wurde, alle Konsequenzen eines Rückvollzuges des durchgeführten Dienstverhältnisses, ausgerichtet rein an formal logischen Gesichtspunkten, darzustellen.

Sonderprobleme, die sich bei der rechtlichen Behandlung scheinbar verwirklichter Tatbestände von Beamten-(Soldaten-)delikten und Dienstvergehen ergeben, sollen wegen des engen Sachzusammenhanges im einzelnen unten unter § 6 C II 2 und 3 erörtert werden.

II. Bestimmung des Zeitpunktes

Bis zu welchem Zeitpunkt eine solche vollständige Abwicklung möglich ist, richtet sich nach mehreren Faktoren.

1. Bestimmende Elemente

Die Grundlage, von der bei der Beurteilung ausgegangen werden muß, ist die Dauer des Dienstverhältnisses. Es gibt sowohl einen frühesten Zeitpunkt, in dem noch jedes Verhältnis rückabgewickelt werden kann, als auch einen spätesten, in dem sich die Beziehungen zu einem Komplex verdichtet haben, dessen Bestand jedenfalls nicht mehr für die Vergangenheit in Frage gestellt werden kann. Innerhalb dieser Spanne kann ein Mittelwert mit Anspruch auf Allgemeingültigkeit nur annähernd bestimmt werden. § 11 Abs. 3 LBG NW mag als Anhaltspunkt dienen. Nach dieser Bestimmung wird die Nichtigkeit einer ohne die Mitwirkung des Landespersonalausschusses oder einer Aufsichtsbehörde ausgesprochenen Einstellung mit Ablauf von zwei Jahren geheilt. Das zweijährige Dienen schafft dort auch für die Zukunft Rechtsbeziehungen. Diesem Faktum wird — allerdings in Verbindung mit einer Einstellung, die an einem nicht allzu schwerwiegenden Mangel krankt — ein Mehr an Rechtsfolgen zugeschrieben, als es für einen Bestandsgrund für vergangenen Leistungsaustausch erforderlich wäre.

Man wird davon ausgehen können, daß etwa dieser Zeitraum genügt, um einen Verdichtungsgrad eintreten zu lassen, der der rückwirkenden Entflechtung des Verhältnisses entgegensteht. Die für diesen Verdichtungsgrad erforderliche Zeitspanne von generell zwei Jahren kann durch die Umstände des Einzelfalles verkürzt oder verlängert werden.

a) Verkürzung

Die ausgetauschten Leistungen können, sei es wegen ihrer Vielzahl, ihres Umfanges, ihres Wertes, sei es wegen ihres besonderen persönlichen Gehalts, bereits vor Ablauf von zwei Jahren zur Folge haben, daß das Verhältnis nicht mehr gerecht rückvollzogen werden kann.

Besondere Umstände können den de facto Beamten (Soldaten) fester an den Dienstherrn binden, als es gewöhnlich der Fall ist. Der Schaden, den ein Beamter durch einen schweren Dienstunfall, eine im Dienst zugezogene Krankheit erlitten hat, der ihm dadurch entstanden ist, daß Opfer falscher dienstlicher Anschuldigungen und persönlicher Anfeindungen, Opfer einer ungerechtfertigten Pressekampagne in Hinblick auf sein dienstliches Verhalten geworden ist, läßt sich bei einem Rückvollzug des Dienstverhältnisses nie ausgleichen. Er bewirkt, daß das Stadium der Stabilität früher eintritt.

Hat ein de facto Beamter (Soldat) sich durch hervorragende dienstliche Leistungen ausgezeichnet, hat er für den Dienstherrn besonders schwierige Probleme lösen können, so stehen auch diese nicht wirtschaftlich meßbaren Elemente des Dienstverhältnisses einem Rückvollzug entgegen.

b) Verlängerung

Auf der anderen Seite können die Beziehungen auch erst später als nach zwei Jahren den für ihre Unentwirrbarkeit erforderlichen Verdichtungsgrad erreichen.

War der de facto Beamte (Soldat) zu Diensten mehr mechanischer Art herangezogen worden, wird er von dem rückwirkenden Verlust seines tatsächlichen Status nicht so schwer betroffen. Hat er sich dienstlich nicht bewährt, hat er sich als seines Status nicht würdig erwiesen, so haben sich seine Beziehungen zum Dienstherrn lockerer als üblich gestaltet. Er wurde nicht immer ins Vertrauen gezogen, nicht mit wichtigen Entscheidungen betraut, der Dienstherr hatte kein besonderes Interesse daran, ihn fortzubilden. Schließlich verzögert die Kenntnis, sei es des Dienstherrn, sei es des de facto Beamten (Soldaten), von der Fehlerhaftigkeit der Rechtsgrundlage des Dienstverhältnisses eine Verdichtung der Beziehungen. Der Wissende lebt in der ständigen Erwartung, daß sich die wirkliche Rechtslage realisieren könnte. Er wird sich kaum voll auf die als Scheinstatus erkannte dienstliche Stellung verlassen. Er wird oft nur solche Leistungen erbringen, zu denen er sich unmittelbar gezwungen fühlt, weil er weiß, daß das erfüllte „Übersoll" mit Lösung des Verhältnisses ohne Anerkennung bleiben wird.

2. Lösung von Grenzfällen

Es soll nicht verkannt werden, daß die genaue Bestimmung dieses für die Rückabwicklung und den dienstrechtlichen Status bedeutsamen Zeitpunktes Schwierigkeiten bereiten kann. Diese beschränken sich jedoch auf Grenzfälle. Sie werden ferner gemindert durch die Tatsache, daß immer nur abgeschlossene, invariable, nie variable Sachverhalte[3] beurteilt werden. Dadurch steht die Entscheidungsgrundlage für die Vergangenheit und Zukunft bindend fest.

a) Kein „non liquet"

Die Feststellung des Zeitpunktes, in dem sich ein Dienstverhältnis aus einem Bündel einzelner, gegenseitiger Rechte und Pflichten zu einem eigengesetzlichen sozialen Machtfaktor wandelt, wird weiterhin dadurch begünstigt, daß alle dafür erheblichen Tatsachen aus den Akten des Dienstherrn oder des de facto Beamten (Soldaten) entnommen werden können. Eine Besonderheit ist darin begründet, daß auch die Unmöglichkeit, gegenseitige Leistungen anhand der Unterlagen nachzuweisen, nicht lediglich ein non liquet ergibt, sondern einen positiven Schluß zuläßt: Die Beziehung ist in das Stadium der Stabilität getreten.

---

[3] Zur Unterscheidung: vgl. *Forsthoff* § 13 S. 235.

b) Zurechenbarkeit der Fehlentwicklung

Bestehen bei Anwendung der geschilderten Kriterien noch Zweifel, ob die Beziehung bereits in das erforderliche Verdichtungsstadium getreten ist, so läßt sich die Entscheidung orientieren an dem Maß, in dem entweder dem Dienstherrn oder dem de facto Beamten (Soldaten) die Fehlentwicklung zurechenbar ist. Bei dieser Untersuchung der Zurechenbarkeit bleibt allerdings Vorsatz außer Betracht. Er stellt ein eigenes negatives Verdichtungselement dar. Kam die Fehlentwicklung aus der beherrschbaren Sphäre des Dienstherrn, wird man dem de facto Beamten (Soldaten) eher die Berufung auf seinen erdienten Status erlauben müssen; er hat ein gesteigertes soziales Schutzbedürfnis. War sie dagegen mehr jenem zuzurechnen, so ist es gerecht, die Voraussetzungen, unter denen sich der Dienstherr vom Verhältnis lösen kann, zu erleichtern.

C. Nach Stabilisierung

Von diesem Stadium an setzt sich die Bestandskraft der Beziehungen zwischen Dienstherrn und de facto Beamten (Soldaten) gegenüber dem prinzipiellen Rückabwicklungsbefehl durch.

I. Grundsatz

Gerechtigkeits- und Ordnungsfunktion des Rechts erfordern die Bindung an den in der Vergangenheit durch tatsächliches Dienen geschaffenen Status. Diese Bindung schützt vom Zeitpunkt der Stabilisierung an grundsätzlich alle zwischen tatsächlichem Dienstantritt und der Entdeckung des Einstellungsfehlers erfolgten Umweltveränderungen. Dieser Schutz verhindert die Rückabwicklung von Leistungen, die während der Dauer des faktischen Dienstverhältnisses ausgetauscht worden sind.

Er reicht jedoch noch weiter. Es ist nämlich möglich, daß ein unerkannt gebliebenes faktisches Dienstverhältnis nicht durch Verbot der Weiterführung der Geschäfte, sondern dadurch erloschen ist, daß der faktisch Dienende z. B. auf Grund Entlassung oder Eintritt in den Ruhestand rein tatsächlich seine Arbeit niedergelegt hat mit der Absicht, sie nicht wieder aufzunehmen. Nach einer solchen Beendigung werden häufig noch eine Reihe von Leistungen ausgetauscht, gegenseitige Restforderungen aus dem vermeintlich fehlerfrei begründeten Dienstverhältnis werden erfüllt, Übergangsbeihilfen und Versorgungsbezüge bezahlt. Diese Leistungen verdienen den gleichen Bestandsschutz, wie ihn das eigentliche faktische Dienstverhältnis genießt. Sie sind dessen unmittelbarer Ausfluß und ein

Teil jener rechtlichen und persönlichen Beziehungen, deren Rückabwicklung an ihrer Unentwirrbarkeit scheitert.

Da die Anerkennung eines dienstrechtlichen Status allein mit dem tatsächlichen Umstand gerechtfertigt wird, daß der de facto Beamte (Soldat) bis zum Stadium der Stabilisierung seiner Beziehungen gedient hat, ist gleichgültig, an welchem Fehler seine Einstellung krankt. Eine nichtige und eine vernichtbare, eine erschlichene Einstellung und eine solche, die auf sonstigem, vom Gesetz für relevant erklärten Irrtum beruht, vermögen im gleichen Maße Ausgangspunkt eines faktischen Dienstverhältnisses im statusrechtlichen Sinne zu sein.

II. Einzelausgestaltung

Die Einzelausgestaltung eines faktischen Dienstverhältnisses, das in das Stadium der Stabilität getreten ist, soll orientiert werden an einem Denkmodell, mit dem der Gesetzgeber einen parallelen Interessenkonflikt gelöst hat. Stellt das Bundesverfassungsgericht die Nichtigkeit von Bundesrecht fest, § 78 BVerfGG[4], bleiben die nicht mehr anfechtbaren Entscheidungen, die auf dieser für nichtig erklärten Norm beruhen, unberührt. Die Vollstreckung aus einer solchen Entscheidung ist unzulässig, sie kann mit der Vollstreckungsgegenklage angegriffen werden. Ansprüche aus ungerechtfertigter Bereicherung sind ausgeschlossen, § 79 Abs. 2 BVerfGG. Die Interessenlage entspricht der des faktischen Dienstverhältnisses. Der Gesetzgeber hat abwägen müssen zwischen der Bedeutung des Rückvollzugsbefehls aller auf nichtiger Norm beruhender Umweltveränderungen und der Unmöglichkeit, diesen Befehl unter Beachtung der Gerechtigkeits- und Ordnungsfunktion des Rechts durchzuführen. Er hat sich entschlossen, grundsätzlich Durchgeführtes aufrechtzuerhalten, ohne jedoch den Beteiligten die Möglichkeit zu geben, den Partner zu zukünftigem Verhalten zu zwingen.

Bei der hier untersuchten Problematik müssen drei Rechtskomplexe unterschieden werden: Die Auswirkungen der Fehlerhaftigkeit der Einstellung auf Forderungen, sei es des de facto Beamten (Soldaten), des Dienstherrn oder eines Dritten (1.), auf allgemeine staatliche Strafansprüche (2.), auf die rechtliche Behandlung von Dienstvergehen des de facto Beamten (Soldaten) (3.).

1. Auswirkungen der Fehlerhaftigkeit auf Forderungen

Die Erkenntnis der Fehlerhaftigkeit der Einstellung kann — bei Erklärung ihrer Rücknahme — die Begründung und Vernichtung von An-

---

[4] Vom 12. 3. 1951 (BGBl I S. 243).

sprüchen nach sich ziehen, sie kann auch — bei anfänglicher Nichtigkeit — die an dem faktischen Dienstverhältnis Beteiligten und Dritte rein tatsächlich in die Lage versetzen, seit langem bestehende Ansprüche zu realisieren.

a) Begründung von Forderungen

Bei der Begründung solcher echten oder vermeintlich neuen Forderungen muß auf eine bereits oben § 3 A durchgeführte Differenzierung zurückgegriffen werden. In einer ersten Fallgruppe sind Ansprüche zusammengefaßt, die aus der „Umkehrung" (vgl. § 3 A II) früherer — wie sich nunmehr herausstellt — ohne Rechtsgrund erbrachter Leistungen entstehen. Zur zweiten Fallgruppe gehören alle übrigen Ansprüche, solche nämlich, die dem Verhältnis selbst unmittelbar nach Erkenntnis der Unwirksamkeit oder Nicht-Mehr-Wirksamkeit des Einstellungsaktes entspringen.

aa) Ansprüche aus der „Umkehrung"

Ordnungs- und Gerechtigkeitsfunktion des Rechts verbieten die Rückabwicklung und schließen damit alle solche Ansprüche, die auf der „Umkehrung" beruhen und mit dem Gedanken der Herausgabepflicht wegen einer ungerechtfertigten Bereicherung begründet werden könnten, aus. Dem wirtschaftlichen Interesse des Dienstherrn, die Folgen seines eigenen, den Gewaltunterworfenen begünstigenden Verhaltens rückgängig zu machen, steht die Bestandskraft des faktischen Dienstverhältnisses in vollem Umfange entgegen. Sie hindert den Dienstherrn, allein unter Berufung auf die Fehlerhaftigkeit der Einstellung die von ihm unmittelbar auf Grund der Gesetze erbrachten Leistungen zurückzufordern, den Gewaltunterworfenen begünstigende Entscheidungen aufzuheben oder ihre Aufhebung im zivil- oder verwaltungsgerichtlichen Wiederaufnahmeverfahren zu erzwingen.

Gleichermaßen ist es dem faktischen Staatsdiener verwehrt, mit dieser Begründung belastende und vollstreckte Entscheidungen anzugreifen, z. B. Zivil- oder Verwaltungsgerichtsurteile, Disziplinarverfügungen, Erstattungsbeschlüsse usw., ferner solche dem Dienstherrn erbrachten Leistungen zurückzufordern, zu deren Erfüllung ihn unmittelbar dienstrechtliche Vorschriften verpflichtet hatten. Immer ist der Status Rechtsgrund für das beiderseitige Behaltendürfen der erlangten rechtlichen und tatsächlichen Positionen.

Allerdings schneidet er lediglich die Möglichkeit ab, sich auf Einstellungsfehler zu berufen. Inwieweit aus anderen Gründen Entscheidungen aufgehoben werden können, die rechtswidrigerweise entweder Dienstherrn oder faktischen Staatsdiener belasten, unter welchen Voraussetzungen ansonsten ohne gesetzlichen Grund erbrachte Leistungen vom einen oder anderen zurückverlangt werden können, ist eine allgemeine dienstrechtliche Frage und keine spezielle des faktischen Dienstverhältnisses. Haben der Dienstherr und der faktische Staatsdiener Leistungen erbracht, auf die der andere auch bei fehlerfreier Einstellung keinen Anspruch gehabt hätte, so sind Bereicherungsansprüche gegeben. Irrtümlich „zuviel" gezahlte Bezüge kann der Dienstherr z. B. nach §§ 53 Abs. 2 BRRG, 87 Abs. 2 BBG, 98 Abs. 2 LBG NW zurückfordern.

bb) Ansprüche, die dem Verhältnis unmittelbar entspringen

Diese Ansprüche, stehen sie dem Dienstherrn oder de facto Beamten (Soldaten) zu, sind unmittelbare Rechtsfolgen der Nicht- oder Nicht-Mehr-Wirksamkeit des Einstellungsaktes. Wird jener nämlich z. B. zurückgenommen und die ursprüngliche dienstrechtliche Beziehung rückwirkend vernichtet, treten an die Stelle der beamten- oder soldatenrechtlichen Fürsorge-, Dienst- und Treuepflichten die rudimentären Pflichten aus sozialem Kontakt in oben § 3 A I geschildertem Umfang. Das rechtliche Schicksal dieser dem Verhältnis unmittelbar entspringenden Ansprüche teilen auch jene Forderungen Dritter, am Dienstverhältnis nicht Beteiligter, für deren Entstehung Nichtigkeit oder Vernichtung des Einstellungsaktes tatbestandsmäßige Voraussetzung ist. Dazu gehört etwa der Mietzinsanspruch eines Vermieters, dem der Mietvertrag von einem bis dahin unerkannt gebliebenen de facto Beamten in der verkürzten Frist des § 570 BGB gekündigt worden ist[5]. Dazu muß ferner gerechnet werden ein Anspruch des Gläubigers eines de facto Beamten (Soldaten), der lediglich scheinbar durch Abtretung einer Gehaltsforderung an Erfüllungs Statt nach § 364 BGB erloschen ist und nunmehr zum Beispiel durch Rücknahme der Einstellung und dadurch Vernichtung der abgetretenen Gehaltsforderung, rückwirkend wieder auflebt.

Die Gemeinsamkeit dieser Ansprüche ist darin begründet, daß ihre Erfüllung nicht wie im eben behandelten Fall der „Umkehrung" die Ergebnisse abgeschlossener und befriedeter Lebens- und Rechtsvorgänge zerschlägt, um danach die gesamten Beziehungen *neu* zu ordnen, sondern lediglich eine ursprüngliche, vorgegebene Ordnung erstmalig verwirklicht. Einer solchen Verwirklichung stehen Bedenken weder aus der Ordnungs- noch aus der Gerechtigkeitsfunktion des Rechts entgegen.

Diese These widerspricht auch nicht dem oben aufgestellten Grundsatz, wonach der durch Stabilisierung des Verhältnisses erworbene dienstrechtliche Status nicht fähig sein soll, die am Dienstverhältnis Beteiligten zu zukünftigem Verhalten zu zwingen. Mit dieser Aussage sind lediglich die Forderungen des de facto Beamten (Soldaten) abgeschnitten, auf die ein fehlerfrei Eingestellter Anspruch hätte, Gehalts-

[5] Vgl. oben § 3 C V.

nachzahlung, noch nicht ausgezahlte Beihilfen usw. Es liegt auf der Hand, daß der faktische Status die Ansprüche, die auf Verletzung der rudimentären Fürsorge- und Dienstpflicht beruhen, nicht ausschließen kann. Das damit erzielte Ergebnis ist sinnvoll und entspricht auch dem Grundgedanken gesetzgeberischer Gerechtigkeit. Der de facto Beamte (Soldat), der bereits, wenn auch rechtswidrigerweise, nämlich in Unkenntnis der Fehlerhaftigkeit seiner Einstellung, wie ein Beamter (Soldat) besoldet und versorgt worden ist, dem entsprechende Beihilfen gezahlt worden sind, hat eine stärkere Rechtsposition, als derjenige, der sich nur auf scheinbare, dem Dienstverhältnis entspringende Forderungen berufen kann. Jener letztere muß sich mit der Erfüllung der rudimentären Pflichten begnügen, die dem Dienstherrn gegenüber jedermann obliegen, zu dem er in besonders engen sozialen Kontakt getreten ist.

Auch die Tatsache, daß diese Fallgruppe in § 79 BVerfGG keine Sonderregelung erfahren hat, — es ist allerdings auch schwer denkbar, daß die Nichtigkeit einer Norm andere als Bereicherungsansprüche entstehen läßt — macht deutlich, daß entsprechend allgemeinen Grundsätzen derartige Ansprüche nicht abgeschnitten werden sollen.

b) Vernichtung von Forderungen

Gegenstand dieses Untersuchungsabschnittes ist das rechtliche Schicksal nur derjenigen auf dem Scheindienstverhältnis beruhenden Forderungen des de facto Beamten (Soldaten), Dienstherrn oder eines Dritten, die bei Erkenntnis der Fehlerhaftigkeit der Rechtsgrundlage des Dienstverhältnisses noch nicht erfüllt worden sind.

Die Unwirksamkeit oder Nicht-Mehr-Wirksamkeit des Einstellungsaktes kann nämlich auch im Stadium der Stabilität zur Folge haben, daß Forderungen, die einmal scheinbar oder wirklich bestanden haben, als nicht bestehend erkannt bzw. mit rückwirkender Kraft vernichtet werden. Zum Beispiel Gehalts- und Beihilfeforderungen des de facto Beamten (Soldaten), Schadensersatzansprüche des Dienstherrn, die auf den scheinbar anwendbar gewesenen dienstrechtlichen Vorschriften beruhen, sind nunmehr ihrer vermeintlichen oder auch wirklichen (bei Rücknahme) gesetzlichen Grundlage beraubt. Welche Rechtsfolgen diese Tatsache im einzelnen nach sich zieht, hängt von dem Grad der rechtlichen Verwirklichung ab, den der gesetzwidrige Anspruch bereits erworben hatte.

aa) Forderungen, die unmittelbar auf gesetzlicher Vorschrift beruhen

Beruhte er unmittelbar auf einer gesetzlichen Vorschrift, ohne bereits z. B. durch Verwaltungsakt konkretisiert worden zu sein, so ist es nicht schwierig, die veränderte Sach- und Rechtslage zu realisieren. Der Scheinberechtigte kann in keiner denkbaren prozessualen Form die Begünstigung mehr durchsetzen.

bb) Durch begünstigenden Verwaltungsakt konkretisierte Forderungen

War der Anspruch durch Verwaltungsakt rechtlich gefestigt, stellt diese grundsätzlich wirksame Staatsäußerung den — wenn auch gesetzwidrigen — Grund für das Verlangen-Dürfen der Begünstigung dar. Erst mit ihrer Aufhebung entfällt dieser Grund. Wenn auch die Vernichtung dieses rechtswidrig begünstigenden Verwaltungsaktes nur unter dem Gesichtspunkt des Vertrauensschutzes zulässig ist, fällt bei der Interessenabwägung entscheidend ins Gewicht, daß der Begünstigte selten schutzwürdig sein wird. Seinem Vermögen wird lediglich eine Forderung, eine rechtlich verfestigte Chance auf Erzwingung einer Umweltveränderung entzogen. Er hat nie einen tatsächlichen Sachwert erhalten, den er hat ausgeben und auf dessen Behaltendürfen er sich hat verlassen können.

cc) Durch belastenden Verwaltungsakt konkretisierte Forderungen

Im umgekehrten Fall ist es die Verwaltung, die durch ihren eigenen Verwaltungsakt, rechtswidrigerweise, wie sich nunmehr herausstellt, begünstigt worden ist. Das trifft immer dann zu, wenn dieser Verwaltungsakt, z. B. ein Leistungsbescheid oder Erstattungsbeschluß, eine nach dem oben Ausgeführten nicht oder nicht mehr bestehende Forderung gegen den de facto Beamten (Soldaten) konkretisierte und vollstreckbar machte.

Sind diese Verwaltungsakte noch nicht bestandskräftig geworden, kann der zu Unrecht Belastete durch Widerspruch und Klage der veränderten Sach- und Rechtslage Geltung verschaffen. Im anderen Fall muß gegen die bestandskräftige Vollstreckungsgrundlage die verwaltungsgerichtliche Vollstreckungsgegenklage eröffnet sein[6], wie sich aus einem argumentum a maiore ad minus ergibt. Wenn schon der Verurteilte gegen die Vollstreckung rechtskräftiger Gerichtsurteile auf diesem Wege vorgehen kann, vgl. dazu im einzelnen unten § 6 C II 1 b ee, so muß es ihm erst recht gestattet sein, sich in diesen Fällen vor den Wirkungen der mit minderer rechtlicher Kraft und Verbindlichkeit ausgestalteten bestandskräftigen Verwaltungsakte zu schützen.

---

[6] Zur grundsätzlichen Zulässigkeit dieses Verfahrens im Rahmen unanfechtbar gewordener Verwaltungsakte vgl. *Renck* NJW 1964, 850; *Wolff* III § 160 III e; OVG Münster JZ 1965, 366 mit zustimmender Anmerkung von *Rupp* S. 370; vgl. *Rupp* JZ 1965, 756; dagegen *Gross-Kreiling* JZ 1965, 754.

dd) Durch Gerichtsurteil konkretisierte Forderungen

Wird der durch Unwirksamkeit oder Nicht-Mehr-Wirksamkeit des Einstellungsaktes scheinbar oder wirklich vernichtete Anspruch in einem Zivil- oder Verwaltungsprozeß streitbefangen, so muß die nunmehr veränderte Sach- und Rechtslage in jedem Stadium des Verfahrens bis zur letzten mündlichen Verhandlung berücksichtigt werden. Zusprechende Urteile der Instanzgerichte können bis zur Rechtskraft mit Rechtsmitteln angegriffen werden; damit wird der nächsten Instanz die Möglichkeit eröffnet, der neuen Erkenntnis Rechnung zu tragen und die Klage abzuweisen.

ee) Durch rechtskräftige, noch nicht vollstreckte Gerichtsurteile konkretisierte Forderungen

Rechtskräftige, noch nicht vollstreckte Zivil- oder Verwaltungsgerichtsentscheidungen, die, sei es den Dienstherrn, den de facto Beamten (Soldaten) oder einen Dritten zur Erfüllung einer Forderung verurteilen, die durch die Fehlerhaftigkeit des Einstellungsaktes als nicht oder nicht mehr bestehend angesehen werden muß, bleiben in analoger Anwendung des § 79 Abs. 2 Satz 1 BVerfGG unberührt. Allerdings wird prozessual der veränderten Rechtslage dadurch Rechnung getragen, daß die Vollstrekkung aus einer derartigen Entscheidung unzulässig ist und mit der Vollstreckungsgegenklage, § 167 VWGO, abgewendet werden kann, so ausdrücklich § 79 Abs. 2 Satz 3 BVerfGG.

ff) Ergebnis

Lediglich in den Fällen also, in denen, sei es auf Grund Gesetzes unmittelbar, sei es auf Grund Verwaltungsaktes oder Urteils, die nicht geschuldete Forderung beglichen worden ist, setzt sich der Bestandsschutz des faktischen Dienstverhältnisses durch und verbietet die Rückforderung. Bis zu diesem Leistungszeitpunkt jedoch hat der zu Unrecht Belastete immer die Möglichkeit, eine Vollstreckung der Forderung abzuwenden, die ihm unter irriger Anwendung dienstrechtlicher Vorschriften aufgebürdet worden war.

2. Auswirkungen der Fehlerhaftigkeit der Rechtsgrundlage auf allgemeine Strafansprüche des Staates

a) Grundsätze

Beamter und Soldat im statusrechtlichen Sinne stehen einerseits in einem gegenüber jedem anderen Bürger erhöhten strafrechtlichen Pflichtenkreis, andererseits genießen sie in ihrer dienstlichen Tätigkeit einen besonders intensiven Schutz[7].

Es ist der mögliche Einfluß der Fehlerhaftigkeit des Einstellungsaktes auf diesen Pflichten- und Schutzkreis zu untersuchen. Die oben unter § 6 C I entwickelten Grundsätze erfahren für das Strafrecht eine bedeutsame Modifizierung, die sich daraus ergibt, daß in dieser Rechtsmaterie ein bestimmtes menschliches Fehlverhalten hic et nunc bewertet wird, wobei alle rückwirkenden rechtlichen Gestaltungsmöglichkeiten außer Betracht bleiben. Oben (§ 3 D I) wurde begründet, daß auch demjenigen de facto Beamten die vollen strafrechtlichen Wohlverhaltenspflichten oblegen haben, dessen Einstellung rückwirkend vernichtet worden ist. Bis zum Zeitpunkt der Rücknahme seiner Einstellung ist der Betroffene rechtlich und tatsächlich Beamter gewesen und hat im erhöhten strafrechtlichen Pflichtenkreis, im besonderen strafrechtlichen Schutzkreis gestanden.

b) Einzelausgestaltung

aa) Bis zur Stabilisierung

Die zwischen unwirksamer Einstellung und Stabilisierung seiner Beziehungen vom oder gegenüber dem faktisch Dienenden verwirklichten Tatbestände der Beamten-(Soldaten-) bzw. Beamtenschutzdelikte erscheinen durch die Erkenntnis des Einstellungsfehlers in neuem rechtlichen Licht. Der de facto Beamte (Soldat) konnte in diesem Zeitpunkt weder Objekt noch Täter eines dieser Tatbestände gewesen sein. Ein Dienstverhältnis war weder durch fehlerfreie Einstellung begründet noch durch tatsächliches Dienen geschaffen worden.

Treten die Beziehungen des straffällig gewordenen de facto Beamten (Soldaten) zu seinem Dienstherrn nunmehr in das Stadium der Stabilität, stehen Gerechtigkeits- und Ordnungsfunktion wohl der Rückabwicklung aller wirtschaftlichen Folgen des dienstrechtlichen Verhältnisses entgegen; so wird durch Bindung an das Geschehene — rechtlich zulässigerweise — im Ergebnis rückwirkend ein Status begründet. Diese Rechtsgestaltung vermag jedoch auf die strafrechtliche Betrachtungsweise vergangenen Tuns nicht einzuwirken. Sie kann rückwirkend eine Strafbarkeit des de facto Beamten (Soldaten) nicht begründen.

Diese Erkenntnis — gleichgültig, ob vor oder erst nach Eintritt der Stabilisierung gewonnen — kann und muß in jeder Phase eines mög-

---

[7] Allerdings ist zu beachten, daß die nachstehenden Erörterungen nur für die Minderzahl der Fälle von Bedeutung sind, in denen dem straffälligen oder geschützten Staatsdiener die strafrechtliche Beamteneigenschaft nicht bereits wegen des hoheitlichen Inhalts der von ihm ausgeübten Tätigkeit zusteht, § 359 StGB, in denen er also fiskalisch gehandelt hat.

lichen strafgerichtlichen Verfahrens berücksichtigt werden. Wird die Unwirksamkeit der Einstellung entdeckt, so ist die Staatsanwaltschaft gehindert, Ermittlungen gegen den de facto Beamten (Soldaten) oder einen Dritten im Fall der §§ 113 und 114 StGB einzuleiten. Sie darf nicht Anklage erheben, das Gericht muß den Scheintäter wegen erwiesener Unschuld freisprechen. Gegen verurteilende, noch nicht rechtskräftige Entscheidungen sind die allgemeinen Rechtsmittel eröffnet. Rechtskräftige Strafurteile können zwar zunächst vollstreckt werden[8], müssen aber im Rahmen eines anzustrengenden Wiederaufnahmeverfahrens aufgehoben werden, § 79 Abs. 1 BVerfGG, gleichgültig, ob sie bereits vollstreckt worden sind oder nicht.

Dieser Ausnahme gegenüber allen anderen rechtskräftigen und vollstreckten Entscheidungen, denen irrigerweise der Bestand eines fehlerfrei eingegangenen Dienstverhältnisses zugrundegelegt wurde, liegt auch die vom Gesetzgeber, § 79 Abs. 1 BVerfGG, bestätigte Auffassung zugrunde, das elementare Rechtsgefühl gebiete es, dem Verurteilten die Möglichkeit einzuräumen, das Strafverfahren noch einmal aufzurollen[9].

bb) Nach Stabilisierung

Zwischen Eintritt der Stabilisierung und Realisierung seines Einstellungsfehlers kann der de facto Beamte (Soldat) tauglicher Täter eines Beamten-(Soldaten-)deliktes und taugliches Objekt eines Beamtenschutzdeliktes sein. Denn auch er steht — wie der fehlerfrei Eingestellte — in einem dienstrechtlichen, die Strafbarkeit begründenden Status. Allerdings ist dieser Status nicht durch staatlichen Hoheitsakt, sondern dadurch entstanden, daß Gerechtigkeits- und Ordnungsfunktion seine zunächst rein faktischen Beziehungen zum Staat mit ihrer zunehmenden Stabilisierung rechtlich sanktioniert und von einem gewissen Zeitpunkt an den durch Rechtsakt begründeten gleichgestellt haben.

Bedenken könnten sich hinsichtlich der Vereinbarkeit einer solchen Regelung mit den Eigenheiten des Strafrechts, insbesondere dem Postulat ergeben, Straftatbestände in allen Einzelheiten gesetzlich scharf zu umreißen und zu präzisieren. In den dargelegten Fällen muß als Tatbestandsmerkmal die Frage geprüft werden, ob der de facto Beamte (Soldat) bereits einen Status erworben hat. Ihre Beantwortung hängt von einer Reihe tatsächlicher Elemente ab, deren Gesamtbeurteilung im Einzelfall gegensätzliche Entscheidungen als richtig zulassen kann. Eine solche Problematik ist aber dem Strafrecht nicht fremd. Es sei auf den

---

[8] So in Hinblick auf rechtskräftige Strafurteile, die auf für nichtig erklärter Norm beruhen, BVerfG 15, 309 ff.; *Schmidt-Bleibtreu* § 79 Anmerkung 3; a. A. *Majer* S. 174 mit Nachweisen.

[9] *Schmidt-Bleibtreu* § 79 Anm. 2.

Tatbestand der Beleidigung und die offene Rechtswidrigkeit der Nötigung verwiesen. Sollten daher trotz Zuhilfenahme der oben erarbeiteten Abgrenzungskriterien noch Zweifel an der Beamten-(Soldaten-)eigenschaft des Täters bestehen, so kann nach den Grundsätzen des in dubio pro reo eine strafgerichtliche Verurteilung nicht ausgesprochen werden.

Das von oder gegenüber einem de facto Beamten (Soldaten) im geschilderten Zeitraum begangene Beamten-(Soldaten-)delikt bzw. Beamtenschutzdelikt kann und muß also strafrechtlich zu jedem Zeitpunkt, sei es vor, sei es nach Erkenntnis und Realisierung des Einstellungsfehlers, geahndet werden. Die Staatsanwaltschaft muß ermitteln und anklagen, die Gerichte müssen den Täter verurteilen, rechtskräftige Strafurteile müssen vollstreckt werden.

Diese These, Strafurteile seien auch nach Beendigung des Dienstverhältnisses noch zu vollstrecken, ist nur scheinbar mit der oben gewonnenen Erkenntnis unvereinbar, daß nach Auflösung des faktischen Dienstverhältnisses jede Vollstreckung von Zivil- und Verwaltungsgerichtsurteilen verhindert werden kann. Ein sachlicher Grund rechtfertigt die unterschiedliche rechtliche Behandlung. Zivil- und Verwaltungsgerichtsurteile konkretisieren dienstrechtliche Pflichten und machen sie vollstreckbar. Wenn keine Dienstpflichten für die Zukunft bestehen, so kann ihre Konkretisierung durch gerichtliches Urteil nur inhaltsloser Ausspruch sein, dessen formelle Folgen beseitigt werden müssen. Strafurteile dagegen konkretisieren keine Dienstpflichten. Sie ergehen auch nicht im Rahmen eines besonderen Gewaltverhältnisses, das zeitlich begrenzt ist, sondern im zeitlich unbeschränkten allgemeinen Gewaltverhältnis des Bürgers zum Staat. Sie knüpfen an den Lebenssachverhalt, daß jemand als Beamter (Soldat) alle Tatbestände eines Beamten-(Soldaten-)delikts verwirklicht hat, eine Straffolge. Für diese Folge, die lediglich staatliche Reaktion auf zeitlich begrenztes vergangenes Fehlverhalten darstellt, ist der Fortbestand von Dienstpflichten weder logische noch juristische Voraussetzung.

3. Auswirkungen der Fehlerhaftigkeit auf die rechtliche Bewertung von Dienstvergehen

a) Beamtenrecht

Im Beamtenrecht umfaßt das Dienststrafverfahren auch die Vollstreckung der Strafe und der vom Verurteilten zu tragenden Kosten[10]. Für dessen Durchführung ist die Eigenschaft des Betroffenen als Beamter oder Ruhestandsbeamter Voraussetzung. Da jedenfalls nach Erkenntnis

[10] *Lindgen* Bundesdiziplinarrecht S. 658; a. A. *Schütz* Disziplinarrecht §§ 110, 111 Anm. 13.

und Realisierung der Fehlerhaftigkeit des Einstellungsaktes dem ehemaligen de facto Beamten diese Eigenschaft fehlt, kann gegen ihn in keiner Form eine dienststrafrechtliche Maßnahme mehr ergriffen werden. Weder kann er disziplinar bestraft noch können rechtskräftig ausgesprochene Strafen, z. B. finanzieller Art, vollstreckt werden.

Damit beschränkt sich die Untersuchung auf die Frage, in welchem Umfange und auf welche Weise die Folgen von disziplinarrechtlichen Entscheidungen, die gegenüber dem de facto Beamten ausgesprochen worden sind, rückgängig gemacht werden können. Die Problematik ergibt sich insbesondere, wenn jener die Rückerstattung bezahlter Geldstrafen fordert. Dabei müssen mehrere Fallgruppen unterschieden werden. Ausgangspunkt der Differenzierung ist die Tatsache, ob die Fehlerhaftigkeit der Rechtsgrundlage vor oder nach dem Stabilisierungszeitpunkt erkannt worden ist.

aa) Erkenntnis vor Stabilisierungszeitpunkt

Eine Displinarstrafe, die gegen einen de facto Beamten verhängt worden ist, bevor seine Beziehung zum Dienstherrn in das Stadium der Stabilisierung eingetreten ist, leidet an einem doppelten Mangel. Dem Bestraften haben einerseits keine materiellen Pflichten oblegen, deren Verletzung hätte geahndet werden können. Andererseits hatte er auch nicht in den formellen Zugriffsbereich des Dienstherrn gelangen können. Wie oben dargelegt[11], bewirkt dieser Fehler Nichtigkeit der verhängten Dienststrafe. Die vom „Bestraften" auf Grund solcher Entscheidungen erbrachten Geldleistungen wie Strafen und Kosten können frei zurückgefordert werden, weil auch eine den Rückabwicklungsbestrebungen der Beziehungen entgegenstehende Stabilisierung nicht eingetreten ist.

bb) Erkenntnis nach Stabilisierungszeitpunkt

Es ergeben sich mehrere mögliche Konstruktionen.

aaa) Tat und Bestrafung lagen vor Eintritt der Beziehung in das Stadium der Stabilität

Die Strafmaßnahme ist nichtig, weil der Betroffene nicht der formellen Strafgewalt des Dienstherrn unterlag. Diese Tatsache vermag allerdings nicht ein Wiederaufrollen des Verfahrens zu rechtfertigen. Der erworbene faktische Status schützt alle getätigten Umweltveränderungen vor Rückabwicklungsbestrebungen jeder Art. Die Argumentation, das Dienststrafverfahren ähnele in so starkem Maße dem allgemeinen Strafverfahren, daß hier wie dort dem Belasteten immer die Möglichkeit eröffnet sein

---

[11] § 3 A I 2 e bb.

müßte, die Folgen ergangener rechtwidriger Entscheidungen zu revidieren, ist nicht zwingend[12]. Die verschiedenen Zielsetzungen des allgemeinen Strafrechts — Spezial- und Generalprävention, Resozialisierung — und des standesgebundenen Dienststrafrechts — Reinhaltung des Berufsstandes, Schutz des Standesansehens — rechtfertigen die unterschiedliche rechtliche Behandlung. Sie haben nämlich eine unterschiedliche gesellschaftliche Bewertung des Makels, der sich aus der jeweiligen Verurteilung ergibt, zur Folge. Dieser Unterschied macht deutlich, warum das elementare Rechtsgefühl nur dem strafrechtlich und nicht dem dienststrafrechtlich Verurteilten zur Seite steht und ihm die Möglichkeit einräumt, die Folgen rechtswidriger Verfahren rückgängig zu machen.

bbb) Die Tat lag vor oder nach, die Bestrafung nach dem Stabilisierungszeitpunkt

In diesem Fall ist die Strafmaßnahme nicht nichtig. Der Bestrafte hatte nämlich im Zeitpunkt der Bestrafung einen dienstrechtlichen Status erworben. Ihm haben — jedenfalls bei rückschauender Betrachtungsweise — Pflichten gegenüber dem Dienstherrn oblegen. Wenn auch weder sie noch ihre Verletzung Rechtswirkungen entfalten können, die über den Zeitpunkt der Beendigung des faktischen Dienstverhältnisses hinausragen, so verhindern sie doch ein Wiederaufrollen des Dienststrafverfahrens und die Rückforderung gezahlter Geldstrafen und Kosten.

b) Soldatenrecht

aa) Zulässigkeit von Disziplinarmaßnahmen nach Erkentnis der Fehlerhaftigkeit der Rechtsgrundlage

Im Gegensatz zum de facto Beamten ist sogar der erkannte de facto Soldat wie ein fehlerfrei Eingestellter dem formellen disziplinarrechtlichen Zugriff — hier dem Geltungsbereich der Wehrdisziplinarordnung — unterworfen[13]. Gegen ihn könnte also formell die Fortführung eines bereits begonnenen, ja sogar die Einleitung eines neuen Diziplinarverfahrens zulässig sein. Diese Möglichkeit scheitert jedoch daran, daß der faktische Status nicht die Kraft hat, materielle Dienstpflichten zu begründen, deren Verletzung vom Dienstherrn noch nach Beendigung des faktischen Dienstverhältnisses geahndet werden könnte. Der faktische Status vermag in keinem Falle, zukünftige Umweltveränderungen zu rechtfertigen. Lediglich bei einer Betrachtung von in der Vergangenheit abgeschlossenen Vorgängen ist er imstande, pflichtenähnliche Rechtsbeziehungen zu schaffen, die als Grund für das Behaltendürfen der entsprechenden Leistungen dienen können.

---

[12] a. A. ohne Begründung *Majer* S. 176.

[13] Vgl. oben § 3 A III 1.

Nachdem die Fehlerhaftigkeit der Rechtsgrundlage des Dienstverhältnisses eines de facto Soldaten erkannt worden ist, kann demnach gegen ihn grundsätzlich eine Dienststrafe nicht mehr verhängt werden. Eine Ausnahme gilt nur für den fehlerfrei zum Unteroffizier oder Offizier beförderten de facto Soldaten, dem auch in die Zukunft wirkende Dienstpflichten obliegen[14].

Die geschilderte Rechtslage erfaßt lediglich solche Dienststrafverfahren, die noch nicht durch unanfechtbare Entscheidung abgeschlossen worden sind. Anders als im Beamtenrecht mag eine solche Entscheidung fehlerhaft sein, sie ist jedoch nie nichtig[15] und könnte daher grundsätzlich noch vollstreckt werden. Die auch noch nach dem Entlassungstag zulässige Vollstreckung einer vor dem Entlassungstag unanfechtbar gewordenen Geldbuße sieht § 40 Abs. 1 WDO bei fehlerfrei begründetem Dienstverhältnis vor. Allerdings dehnt diese Bestimmung lediglich das formelle Unterworfensein eines Soldaten unter die disziplinare Vollstreckungsgewalt seines Dienstherrn über den Entlassungszeitpunkt hinaus aus. Sie vermag dagegen nicht, die materielle Fehlerhaftigkeit der gegen den de facto Soldaten verhängten Disziplinarmaßnahme zu heilen und damit zukünftige Umweltveränderungen zu erzwingen. Diese Erkenntnis gilt auch im Vollstreckungsverfahren. Oben[16] wurde dargelegt, auf welchem prozessualen Wege auch noch in diesem Stadium die Vollstreckung einer Disziplinarverfügung verhindert werden kann.

Im Gegensatz hierzu eröffnet die Wehrdisziplinarordnung keine prozessuale Möglichkeit des Vorgehens gegen ein rechtskräftiges Disziplinarurteil, durch das eine Geldbuße verhängt worden ist, § 103 WDO[17].

bb) Revision der Folgen vollstreckter Disziplinarmaßnahmen

Schließlich stellt sich die Frage, in welchem Umfange im Soldatenrecht die Folgen bereits gegenüber dem de facto Soldaten vollstreckter Dienststrafen rückgängig gemacht werden können. Liegen Verwirklichung des Tatbestandes, Verurteilung und Vollstreckung der Strafe sowie Erkenntnis der Mangelhaftigkeit der Rechtsgrundlage vor Eintritt in die Stabilisierungsphase, gelten die oben dargelegten Grundsätze[18].

Wird der Einstellungsfehler nach diesem Zeitpunkt entdeckt, so kann die ahndende Entscheidung des Dienstherrn deshalb nicht mehr angegriffen werden, weil dem Bestraften, jedenfalls bei rückblickender Be-

---

[14] Vgl. oben § 3 A I 2 a.
[15] Vgl. oben § 3 A I 2 e bb.
[16] § 3 A I 2 e bb.
[17] Vgl. oben § 3 A I 2 e bb.
[18] § 3 A I 2 e bb.

trachtungsweise, in der Vergangenheit Pflichten oblegen haben, die eine Rückabwicklung ausschließen.

D. Beamten(Soldaten)eigenschaft als Lebensinhalt

Die Stabilisierung ist noch nicht die höchste Intensitätsstufe, zu der sich die Beziehungen eines de facto Beamten (Soldaten) zu seinem Dienstherrn verfestigen können. Hat das faktische Dienstverhältnis sich über einen weiteren Zeitraum hin erstreckt, wird der Status des faktisch Dienenden nicht allein zu seinem beruflichen, sondern auch zu seinem gesellschaftlichen und privaten Lebensinhalt. Seine soziale Position, sein und seiner Familie Freundes- und Bekanntenkreis, sein Lebensstandard und Lebensstil, sogar seine außerberuflichen Interessen werden geprägt und bestimmt durch den dienstrechtlichen Status. Auf ihn baut der de facto Beamte (Soldat) auch die Erwartung, die er an seine und seiner Familie Krankheits-, Invaliditäts- und Altersversorgung knüpft.

Wann dieses Stadium und ob es überhaupt je eintritt, ist weitgehend abhängig von den Umständen des Einzelfalles. Die Art des Dienstverhältnisses muß bei der Beurteilung ebenso berücksichtigt werden wie die Tatsache, daß im Einzelfall das Amt möglicherweise lediglich als nobile officium ausgeübt wurde, während sonstige Vermögensgüter den eigentlichen Lebenskern des faktisch Dienenden darstellten.

Die Beamtengesetze selbst geben einen Anhalt für den Zeitraum, in dem allgemein die Beamten-(Soldaten-)eigenschaft Lebensmittelpunkt des Staatsdieners wird. Ein Beamtenverhältnis auf Probe ist nach fünf Jahren, § 9 Abs. 3 LBG NW, oder sechs Jahren, § 9 Abs. 2 BBG, in ein solches auf Lebenszeit umzuwandeln, § 6 Abs. 2 BRRG. Fischbach[19] hebt als Motiv dieser Vorschrift den Gedanken des sozialen Schutzes des Probebeamten hervor. Nach längerem Dienen würde ihn die Beendigung des Status seines Lebensinhalts berauben. Gleichermaßen hat der de facto Beamte (Soldat) ein Interesse daran, nach entsprechendem Zeitablauf in seinem gegenwärtigen (bei vernichtbarer Einstellung) bzw. vermeintlichen (bei nichtiger Einstellung oder rechtlich beendetem Dienstverhältnis) Status zu verbleiben. Im ersten Fall könnte der Gesichtspunkt des Vertrauensschutzes einer Rücknahme der Einstellung entgegenstehen, im zweiten ein Einstellungsanspruch aus der Rechtsfigur des venire contra factum proprium gegeben sein.

---

[19] I § 9 II.

I. Abwicklung bei Vernichtbarkeit der Einstellung

Jeder Vernichtung eines begünstigenden Verwaltungsaktes steht das schutzwürdige Vertrauen des Betroffenen auf den Bestand der ihm vorteilhaften Sach- und Rechtslage entgegen[20]. Dieser Schutz wird auf die Prinzipien von Treu und Glauben[21] und Rechtssicherheit[22] gestützt. Aus dem Verfassungsrang dieser beiden Grundsätze[23] folgt auch der des Vertrauensschutzes. Seine Kollision mit dem Postulat der Gesetzmäßigkeit der Verwaltung, das die Wiederherstellung des rechtmäßigen Zustandes durch Vernichtung der rechtswidrigen Staatsäußerung verlangt, muß durch eine Interessenabwägung gelöst werden. Die Rücknahme für die Vergangenheit ist in der Regel schon dann unzulässig, wenn die Ursache für das Zustandekommen des rechtswidrigen Verwaltungsaktes nicht in den Verantwortungsbereich des Begünstigten fällt[24]. Zukünftige Wirkungen des fehlerhaften Verwaltungsaktes können unter minderen Voraussetzungen, im allgemeinen also auch schon dann abgeschnitten werden, wenn die Umstände, die zu seinem Erlaß geführt haben, in den Verantwortungsbereich der Behörde fallen[25].

Das schutzwürdige Interesse des Begünstigten an der Aufrechterhaltung des rechtswidrigen Verwaltungsakts für die Zukunft überwiegt das öffentliche Interesse an seiner Vernichtung allerdings dann, wenn im Einzelfalle besonders schwerwiegende Umstände vorliegen und die Entziehung eine so einschneidende und dauernde Änderung der Lebensführung bewirkt, daß sie die Existenzgrundlage des Begünstigten für die Zukunft erschüttert[26]. Die Rücknahme der begünstigenden Entscheidung auch für die Zukunft ist der Behörde ebenfalls versagt, wenn vom Betroffenen im Vertrauen auf den Fortbestand der Rechtslage Vermögensdispositionen getroffen wurden, die sich nicht mehr rückgängig machen lassen[27], wenn ein unlösbarer Zusammenhang zwischen den in der Vergangenheit erbrachten Leistungen und den darauf beruhenden, sich in die Zukunft erstreckenden Dispositionen des Begünstigten besteht oder wenn die Entziehung der Leistung für ihn so einschneidend ist, daß sie

---

[20] St. Rspr., BSGE 10, 72 (74); 21, 35 (39); und BVerwGE 5, 312; 8, 261 (269); 13, 253 (254); vgl. auch OVG Berlin DVBl 1957, 503 mit zustimmender Anmerkung von *Haueisen* S. 506 ff.; a. A. *Forsthoff* § 13 S. 240.

[21] BVerwGE 8, 261 (269).

[22] BSGE 21, 35 (39) mit Nachweisen.

[23] *Flatten* DöV 1962, 940; Bundesfinanzhof Bundessteuerblatt 1954 III 241; BSGE 21, 35 (39); BVerfGE 2, 380 (403); 3, 213 (237).

[24] BSGE 8, 11 (14); 10, 72 (77); BVerwGE 8, 261 (271): *Haueisen* NJW 1958, 642; *Plog* § 87 Anm. 17 e.

[25] BSGE 21, 35 (39); BVerwGE 5, 312 (314); BVerwG DVBl 1961, 380 (381).

[26] BSGE 21, 35 (40) mit Nachweisen.

[27] BVerwGE 13, 253 (254).

ihm nicht zugemutet werden kann. Diese Kriterien müssen unter Abwägung aller für die weitere Lebensführung des Betroffenen bedeutsamen Umständen geprüft werden[28].

Bei der Abwägung zwischen öffentlichem und schutzwürdigem Interesse des Begünstigten ist auf der einen Seite zu berücksichtigen, daß die Gründe, die eine Rücknahme seiner Einstellung rechtfertigen, immer aus dem Verantwortungsbereich des Begünstigten kommen, §§ 9 BRRG, 12 BBG, 12 LBG NW. Auf der anderen Seite würde, wenn der dienstrechtliche Status Lebensinhalt geworden ist, seine Entziehung eine tiefgreifende Änderung der Lebensführung des Staatsdieners bewirken und dessen Existenzgrundlage für die Zukunft nicht nur erschüttern[29], sondern völlig vernichten. Der Beamte hat ausbildungsmäßige und berufliche Dispositionen im Vertrauen auf den Status getroffen, die sich um so weniger rückgängig machen lassen, als er zu Spezialaufgaben ausgebildet und mit ihnen betraut worden ist (z. B. Gefängnis-, Schrankenwärter).

Dennoch wird die durch Zwang oder arglistige Täuschung herbeigeführte Einstellung meistens vernichtbar sein. Bei den übrigen Rücknahmetatbeständen ist zu beachten, daß das Gesetz bei keinem ein vorsätzliches Verschweigen des Einzustellenden voraussetzt. Sonst erfüllten sie bereits den Tatbestand der arglistigen Täuschung, und es hätte ihrer besonderen Normierung nicht bedurft. Der Grad der Fahrlässigkeit in Bezug auf die Nichtmitteilung oder Art und Schwere der Tat, wegen derer eine Verurteilung ausgesprochen wurde, §§ 9 Abs. 1 Satz 2, Abs. 2 Satz 2 BRRG, 12 Abs. 1 Satz 2, Abs. 2 Satz 2 BBG, 12 Abs. 1 Satz 2, Abs. 2 Satz 2 LBG NW, müssen der Dauer und Intensität der dienstrechtlichen Beziehung und der Bedeutung des dienstrechtlichen Status für das berufliche, gesellschaftliche und persönliche Leben des Beamten gegenübergestellt werden. Dabei fällt gegen die Vernichtbarkeit ins Gewicht, daß anders als in allen vorliegenden Entscheidungen[30] die Aufrechterhaltung des rechtswidrigen Verwaltungsaktes auch für die Zukunft der Behörde nicht nur finanzielle Belastungen, sondern auch Vorteile bieten kann. Sofern das Dienstverhältnis nämlich noch nicht durch Eintritt in den Ruhestand beendet worden ist, steht ihr weiterhin die Arbeitskraft des fehlerhaft Eingestellten zur Verfügung. Deren Wert, der sich an der bisherigen Bewährung des Staatsdieners messen läßt, ist dabei auch ein Faktor, der die abwägende Entscheidung beeinflußt. Ist das Dienstverhältnis in einer Weise beendet worden, daß dem de facto

---

[28] Vgl. insgesamt BSGE 21, 35 (40).

[29] BSGE 21, 35 (40).

[30] OVG Berlin DVBl 1957, 503; BVerwG NJW 1958, 154; DVBl 1958, 652; BVerwGE 13, 253; BSG NJW 1958, 645; BSGE 10, 72; 21, 35.

Beamten oder seinen Hinterbliebenen eine Versorgung gewährt wird, so kann berücksichtigt werden, daß das öffentliche Interesse ihrer Fortzahlung nicht entgegensteht, weil sie nicht ohne Gegenwert erbracht wird. Der Beamte hat sie sich vorher erdient.

Ein solcher Vertrauensschutz ist auch weder durch die §§ 9 Abs. 1 BRRG, 12 Abs. 1 BBG, 12 Abs. 1 LBG NW, die eine Pflicht des Dienstherrn zur Rücknahme begründen, noch durch § 16 Abs. 3 des Beamtengesetzes für Schleswig-Holstein[31] ausgeschlossen, wonach die Rücknahme grundsätzlich nicht mehr zulässig ist, wenn seit der Einstellung zwanzig Jahre verstrichen sind.

Wenn der Rücknahmepflicht eine generelle Rücknahmezulässigkeit entsprechen würde und der Umkehrschluß aus § 16 Abs. 3 Beamtengesetz für Schleswig-Holstein die uneingeschränkte Zulässigkeit jeder Rücknahme bis zum Ablauf von zwanzig Jahren begründen würde, wäre die Vereinbarkeit der zitierten Bestimmungen mit dem bundesverfassungsrechtlichen Grundsatz des Vertrauensschutzes zumindest zweifelhaft.

Die verfassungskonforme Auslegung der §§ 9 Abs. 1 BRRG, 12 Abs. 1 BBG, 12 Abs. 1 LBG NW ergibt, daß trotz der generellen Rücknahmepflicht im speziellen Fall eine Rücknahme unzulässig ist, wenn das Vertrauen des Begünstigten geschützt werden muß.

§ 16 Abs. 3 des Beamtengesetzes für Schleswig-Holstein — die Rücknahme ist nicht mehr zulässig, wenn seit der Einstellung 20 Jahre vergangen sind — muß so ausgelegt werden, daß nach zwanzig Jahren auf jeden Fall immer das Vertrauen des Betroffenen auf den Fortbestand der Rechtslage geschützt werden muß. Nach Ablauf dieser Frist hat das tatsächliche Dienstverhältnis sich gegenüber dem Einstellungsfehler in einem solchen Maße durchgesetzt, daß auch eine durch Zwang, arglistige Täuschung und Bestechung herbeigeführte Einstellung geheilt wird. Diese Regel kann deshalb Allgemeingültigkeit beanspruchen, weil sie lediglich gesetzlicher Ausdruck der fast jeder Rechtsbefugnis immanenten Selbstverminderungsfunktion ist[32]. Wie jedes Recht, findet auch das Rücknahmerecht des Dienstherrn seinen Zweck nicht in sich selbst. Es dient der Erreichung sozialer Ziele und ist deshalb niemals unveränderlich, sondern unterliegt Wandlungen, die sich aus faktischen Tatbeständen ergeben können und zu einer inhaltlichen Selbstverminderung des Rücknahmerechts führen[33].

---

[31] I. d. F. vom 9. 7. 1962 (GVBl S. 294).

[32] *Naritomi* NJW 1966, 1347 f.

[33] *Naritomi* NJW 1966, 1347 f.

II. Abwicklung bei nichtiger Einstellung

Der Grundsatz von Treu und Glauben verbietet ein widersprüchliches Verhalten, das sogenannte venire contra factum proprium[34]. Allerdings ist die Aussage, eine Rechtsausübung sei unzulässig, sofern sie im Widerspruch zum eigenen vorherigen Verhalten steht[35], in dieser Allgemeinheit mißverständlich. Jeder kann sich im Rechtsverkehr widersprüchlich verhalten, wenn ihn ein rechtlich anerkennenswerter Grund dazu veranlaßt. Jede Anfechtung, jedes Geltendmachen der Nichtigkeit eines ganz oder teilweise erfüllten Vertrages stellt sich als unvereinbar mit dem vorherigen, erfüllenden und Erfüllung verlangenden Verhalten dar. Entscheidend ist es, daß anerkennenswerte Interessen den Widerspruch rechtfertigen. Das Interesse eines Schuldners, seine Zahlungsverpflichtung nicht erfüllen zu müssen, ist dann nicht anerkennenswert, wenn er erst das rechtzeitige Geltendmachen der Forderung arglistig verhindert hat, sich später auf Verjährung beruft[36], oder wenn er selbst den Formmangel arglistig herbeigeführt hat, sich später auf die Formnichtigkeit des Rechtsgeschäfts beruft[37].

Der Dienstherr, der die Dienste eines nichtig zum Beamten oder Soldaten Ernannten in Anspruch nimmt, sich aber nach Erkenntnis des Einstellungsfehlers weigert, das Verhältnis bis zum ursprünglich geplanten Ende fortzusetzen, handelt zwar widersprüchlich, aber grundsätzlich aus rechtlich anerkennenswertem Anlaß. Das Gesetz selbst räumt ihm auf Grund des Fehlerhaftigkeit der Rechtsgrundlage des Dienstverhältnisses die Möglichkeit ein, jederzeit seine Beziehungen zum faktisch Dienenden zu lösen. Diese Rechtsmacht steht dem Dienstherrn in der Mehrzahl aller Fälle zur Verfügung. Selbst wenn sich das faktische Dienstverhältnis bereits in der Stabilitätsphase befindet, muß es aus diesem Grund allein noch nicht auch für die Zukunft durch ein rechtliches ersetzt werden. Diese Pflicht ergibt sich erst, wenn der dienstrechtliche Status zum Lebensinhalt des faktisch Dienenden geworden ist. In dem Umfang nämlich, in dem die Beziehungen zum fehlerhaft Eingestellten ein Eigengewicht erlangen, verliert der Ernennungsfehler an Bedeutung. Die Tatsache, daß jemand vor zwanzig Jahren durch *nichtigen* Verwaltungsakt zum Beamten oder Soldaten gemacht wurde, tritt hinter einem über einen solchen Zeitraum hinweg treu erfüllten Beamten- und Soldatendasein völlig in den Hintergrund. Deshalb setzt sich zu einem Zeitpunkt,

---

[34] *Erman* § 242 Anm. III 3 b aa; *Enneccerus-Lehmann* § 4 S. 23; *Esser* § 35 Anm. 2.

[35] *Esser* § 35 Anm. 2.

[36] RGZ 156, 291 (302).

[37] RGZ 170, 203 (205).

der nach den oben[38] erarbeiteten Kriterien zu bestimmen ist, auch für die Zukunft der faktische Status gegenüber dem Einstellungsfehler durch[39]. Diese Rechtsfolge kann ausgeschlossen sein durch das Bestehen eines gesetzlichen Einstellungshindernisses, §§ 4 BRRG, 7 BBG, 6 LBG NW, 37, 38 SG. Weiterhin ist die Berufung auf mangelnde Leistungsfähigkeit des faktisch Dienenden jedenfalls dann zulässig, wenn der Dienstherr sie auch bei fehlerfreier Einstellung hätte geltend machen können, etwa beim Beamtenverhältnis auf Probe oder auf Widerruf.

Allein daraus, daß dem Dienstherrn verwehrt ist, auch für die Zukunft die Konsequenzen aus dem nichtigkeitsbegründenden Einstellungsfehler zu ziehen, erwächst dem faktisch Dienenden noch kein Ernennungsanspruch.

Aus §§ 812 Abs. 2, 813 Abs. 1 Satz 1, 1169 BGB, 63 Schiffsgesetz[40] ergibt sich ein allgemeiner Rechtsgedanke: Sofern der Realisierung einer Rechtsposition eine dauernde Einrede entgegensteht, kann der Einredebegünstigte verlangen, daß die materiell für immer ausgeschlossene Rechtsposition auch formell beseitigt wird. Ein rechtsgrundlos eingegangenes abstraktes Schuldanerkenntnis kann kondiziert werden, auf eine Hypothek muß verzichtet werden, wenn sie mit einer peremtorischen Einrede behaftet ist. Dem entspricht die Forderung, daß der Dienstherr die formelle der materiellen Lage angleichen und seine Verpflichtung für die Zukunft, den fehlerhaft wie einen fehlerfrei Eingestellten zu behandeln, durch dessen Ernennung auch formell konstituieren muß.

Der Dienstherr muß den de facto Beamten (Soldaten) in das Amt ernennen, das jener tatsächlich innehat. Der Erfüllung dieses Einstellungsanspruchs scheinen eine Reihe gesetzlicher Bestimmungen entgegenzustehen.

Nach §§ 4 Abs. 1 BBG, 4 Abs. 1 LBG NW ist die Berufung in ein Beamtenverhältnis nur zulässig zur Wahrnehmung hoheitlicher Aufgaben. Der mögliche Einwand, der ohnehin kurz vor dem Eintritt in den Ruhestand stehende de facto Beamte werde nicht nur zur Wahrnehmung hoheitlicher Aufgaben eingestellt, sondern auch, um ihn später nach beamtenrechtlichen Grundsätzen versorgen zu können, verkennt den Zweck der §§ 4 Abs. 1 BBG und 4 Abs. 1 LBG NW. Die Bestimmungen müssen in ihrer Wechselwirkung zum Funktionsvorbehalt des Art. 33

---

[38] Vgl. § 6 B II.

[39] Einen in der Interessenlage ähnlichen Fall entschied das OLG Köln MDR 1956, 738. Käufer und Verkäufer haben in ihrem Verhältnis zueinander einen nichtigen Kaufvertrag über einen längeren Zeitraum hinweg als gültig und rechtsverbindlich behandelt. Gegenüber dem Provisionsanspruch des Maklers, der den Vertrag vermittelt hatte, konnte sich der Auftraggeber nunmehr — nach Ansicht des OLG Köln — nicht auf die Nichtigkeit berufen.

[40] Vom 15. 11. 1940 (RGBl I 1499).

Abs. 4 GG und § 2 Abs. 3 BRRG — die Ausübung hoheitlicher Befugnisse ist als ständige Aufgabe in der Regel Beamten vorzubehalten — gesehen und ausgelegt werden. So verstanden, verfolgen sie das Ziel, die Berufung in das Beamtenverhältnis zur ständigen Wahrnehmung fiskalischer Aufgaben zu unterbinden, nicht aber, ein koordiniertes Versorgungsmotiv des Einstellenden generell auszuschließen.

Auch die Vorschrift, daß ein Beamtenverhältnis in der Regel auf Lebenszeit begründet werden soll, §§ 3 Abs. 1 BRRG, 5 Abs. 2 LBG NW, schließt einen Einstellungsanspruch des de facto Beamten nicht aus. Die §§ 3 Abs. 1 BRRG und 5 Abs. 2 LBG NW ordnen nicht etwa an, daß nur derjenige Beamter werden könne, der noch wenigstens den größten Teil seines „Arbeitslebens" dem Dienstherrn zur Verfügung stellen kann. Die Bestimmungen tragen lediglich dem Bedürfnis Rechnung, das Beamtendasein zum Lebensinhalt und nicht nur zur vorübergehenden Beschäftigung des Dienenden zu machen. Gerade weil jedoch die Beamteneigenschaft Lebensinhalt des faktisch Dienenden geworden ist und bleiben soll, ist ihm der Einstellungsanspruch zugebilligt worden.

Nach §§ 25 LBG NW, 8 LVO NW ist die Anstellung eines Beamten nur im Eingangsamt seiner Laufbahn zulässig. Fast immer wird der de facto Beamte, dem ein Einstellungsanspruch zusteht, tatsächlich bereits ein höheres als das Eingangsamt seiner Laufbahn bekleiden. Ihn lediglich in dieses Eingangsamt einzustellen, würde im Ergebnis einer Degradierung gleichkommen. § 25 LBG NW sieht selbst eine Ausnahmeregelung vor. Der Landespersonalausschuß kann den Dienstherrn von der Beachtung dieser Vorschrift entbinden. Der Gesetzgeber erkennt also an, daß es Fälle gibt, in denen die Anwendung des § 25 LBG NW nicht im wohlverstandenen Verwaltungsinteresse liegen kann. Das wird immer dann anzunehmen sein, wenn sich die Befürchtung, die Motiv der Normierung des § 25 LBG NW gewesen ist, als unbegründet erweist. Die Bestimmung soll verhindern, daß im Wege einer generellen Durchbrechung der Laufbahnen ein hergebrachter Grundsatz des Berufsbeamtentums außer Kraft gesetzt und derjenige, der sich entsprechend den gesetzlichen Vorschriften in seiner Laufbahn emporgedient hat, ständig gegenüber Außenseitern benachteiligt wird.

Eine geschlossene Kategorie von Ausnahmefällen, in denen sich nämlich diese Befürchtung als unbegründet erweist, stellen jedoch die Dienstverhältnisse der de facto Beamten dar, denen ein Einstellungsanspruch zusteht. Jene Staatsdiener haben sich, wenn auch nur tatsächlich, in ihren Laufbahnen bewährt und emporgearbeitet. Sie sind keine Außenseiter, deren bevorzugte Behandlung § 25 LBG NW unterbinden will. Aus diesem Grunde steht die Verpflichtung des Dienstherrn, den de facto Beamten gegebenenfalls in ein höheres als das Eingangsamt seiner Laufbahn zu ernennen, mit dem Zweck, den § 25 LBG NW verfolgt, nicht in Widerspruch. Die Mitwirkung des Landespersonalausschusses wird, da dem Dienstherr in jedem dieser Fälle die rechtliche Möglichkeit fehlt, den de facto Beamten in ein niedrigeres Amt zu ernennen, als er de facto innehatte, überflüssig.

Mit Verwirklichung des Einstellungsanspruches ist gleichzeitig der Tatsache Rechnung getragen, daß das faktische Dienstverhältnis ein rechtspathologischer Zustand ist, der zwar für die Vergangenheit als gegeben hingenommen, aber grundsätzlich nicht in die Zukunft übertragen werden muß.

Wird die Nichtigkeit einer Einstellung nach Beendigung des Dienstverhältnisses entdeckt, kann ein Ernennungsanspruch nicht mehr bestehen. Der Dienstherr weigert sich nicht deshalb, die Beziehungen fortzusetzen, weil eine rechtswirksame Einstellung nicht erfolgt war, sondern, weil das Rechtsverhältnis auf Grund eines gesetzlich normierten Tatbestandes zulässigerweise erloschen ist. Das faktische Dienstverhältnis stellt dann einen organisch abgeschlossenen Rechts- und Lebenssachverhalt dar. Ist es durch Eintritt in den Ruhestand oder Tod des faktisch Dienenden beendet worden, so hängt die weitere rechtliche Bewertung der Beziehungen zu Dienstherrn davon ab, ob diese bereits in das Stabilitätsstadium getreten waren und wie lange der Betroffene in dem stabilisierten Verhältnis gedient hatte.

Da nämlich ein solches stabilisiertes faktisches Dienstverhältnis als echtes Dienstverhältnis im statusrechtlichen Sinne angesehen werden muß[41], ist es in gleichem Maße geeignet, Versorgungs- und Beihilfeansprüche des Dienenden und seiner Angehörigen zu begründen, wie ein auf fehlerfreier Einstellung beruhendes Dienstverhältnis.

---

[41] Vgl. oben § 5.

Literaturverzeichnis

Aufsätze

Ballerstedt, Kurt: Zur Haftung für Culpa in Contrahendo bei Geschäftsabschluß durch Stellvertreter. In: AcP 151, 501 ff.

Baring: Kann die Ernennung eines Kommunalbeamten noch nach seinem Tod durch den Innenminister für nichtig erklärt werden? In: DVBl 1952, 62 f.

Bender, B.: Der nichtige Verwaltungsakt. In: DVBl 1953, 33 ff.

Bettermann, Karl August: Vom Sinn der Amtshaftung. In: JZ 1961, 482.

De Clerck, Hans: Vorläufiger Rechtsschutz Dritter gegen begünstigende Verwaltungsakte. In: DöV 1964, 152 ff.

Coing, Helmut: Vom Sinngehalt des Rechts. In: Die ontologische Begründung des Rechts, S. 33 ff. Hrsg. v. Arthur Kaufmann, Bad Homburg 1965.

Dölle, Hans: Absurdes Recht? In: Festschrift für Nipperdey, Band I, S. 23 ff., München und Berlin 1965.

— Außergesetzliche Schuldpflichten. In: ZgeStW 103, 67 ff.

Dorn, Horst: Strukturgleichheit zwischen faktischen Vertragsverhältnissen und Geschäftsführung ohne Auftrag. In: NJW 1964, 799.

Erman, Walter: Faktische Vertragsverhältnisse oder Geschäftsführung ohne Auftrag. In: NJW 1965, 421 ff.

Fischer, Robert: Die faktische Gesellschaft. In: NJW 1955, 849 ff.

Flatten, Karl-Josef: Rückforderung zuviel gezahlter Bezüge im Beamtenrecht. In: DöV 1962, 938 ff.

Fromm, Günter: Hat die Anfechtungsklage des Nachbarn gegen die Bauerlaubnis aufschiebende Wirkung? In: BB 1962, 985 f.

— Zum Suspensiveffekt bei der Nachbarklage und in vergleichbaren Fällen. In: DVBl 1966, 241 ff.

Gernhuber, Joachim: Formnichtigkeit und Treu und Glauben. In: Festschrift zum 70. Geburtstag von Walter Schmidt-Rimpler, Karlsruhe 1957, S. 151 ff.

v. Gierke: Dauernde Schuldverhältnisse. In: Jherings Jahrbücher für die Dogmatik des Bürgerlichen Rechts, 64, 355 ff.

Gröbe, Klaus: Vollzugsunfähige Verwaltungsakte? In: DöV 1957, 233 ff.

Gross-Kreiling: Der Rechtsschutz gegen die Vollstreckung aus Verwaltungsakten nach Wegfall der Leistungspflicht. In: JZ 1965, 754 ff.

Haueisen, Fritz: Betrachtungen über die Rücknahme fehlerhafter Verwaltungsakte. In: DVBl 1959, 228 ff.

— Die Einbeziehung Dritter in öffentlich-rechtliche Unterordnungsverhältnisse. In: DVBl 1962, 547 ff.

— Die Rücknahme fehlerhafter Verwaltungsakte. In: NJW 1954, 1425 ff.

— Erstattungsansprüche im öffentlichen Recht. In: NJW 1954, 977 ff.

Hueck, Alfred: Mängel des Gesellschaftsvertrages bei der offenen Handelsgesellschaft. In: AcP 149, 1 ff.

Hurst, Karl: Ersatzvornahme und Geschäftsführung ohne Auftrag im Polizei- und Ordnungsrecht. In: DVBl 1957, 757 ff.

Kern, Ernst: Probleme der Rechtsprechung des Bundesverfassungsgerichts zur Verfassungsmäßigkeit des Gesetzes gemäß Art. 131 GG. In: DVBl 1954, 211 ff. und 273 ff.

Kilian, Peter: Der öffentlich-rechtliche Erstattungsanspruch gegen die Erben des Leistungsempfängers. In: NJW 1962, 1279 ff.

Jèze, Gaston: Essai d'une théorie générale des fonctionnaires de fait. In: Revue du droit public et de la science politique 1914, 48 ff.

Kreßel, Hans P.: Die aufschiebende Wirkung von Rechtsmitteln bei Entlassung aus dem Beamtenverhältnis. In: BayVBl 1958, 12 ff.

Larenz, Karl: Culpa in contrahendo, Verkehrssicherungspflicht und sozialer Kontakt. In: MDR 1954, 515 ff.

— Die Begründung von Schuldverhältnissen durch sozialtypisches Verhalten. In: NJW 1956, 1897 ff.

Lorenz, Werner: Das Problem der Aufrechterhaltung formnichtiger Schuldverträge. In: AcP 157, 381 ff.

Naritomi, Nobuo: Die Selbstverminderungsfunktionen von Rechten. In: NJW 1966, 1347 f.

Otto, W.: Die Nichtigkeit von Beamtenernennungen. In: ZBR 1955, 1 ff.

— Lebenszeitbeamte ohne formgerechte Ernennungsurkunde. In: ZBR 1955, 195 ff.

Pieck, Johannes: Beamtenähnliche öffentlich-rechtliche Dienstverhältnisse. In: DöV 1966, 217 ff.

Renck, Ludwig: Rechtsmittel gegen Verwaltungsvollstreckungsmaßnahmen. In: NJW 1964, 848 ff.

Rietdorf, Fritz: Grenzen der Geschäftsführung ohne Auftrag im Ordnungsrecht. In: DöV 1966, 253 ff.

Siegmund-Schultze, Gerhard: Die Klagebefugnis des Beamten. In: DVBl 1962, 508 ff.

Schäfer, Walter: Hat die Anfechtungsklage des von einem begünstigenden Verwaltungsakt benachteiligten Dritten aufschiebende Wirkung? In: DVBl 1962, 844.

Schreiber, Jürgen: Das faktische Wehrdienstverhältnis. In: Wehrkunde 1960, 38 ff.

Schröcker: Das fehlerhafte Beamtenverhältnis. In: DVBl 1957, 661 ff.

Tasche: Vertragsverhältnis nach nichtigem Vertragsschluß? In: Jherings Jahrbücher für die Dogmatik des Bürgerlichen Rechts, 90, 101 ff.

Wacke, Gerhard: Vollstreckbare „Leistungsbescheide" wegen „Eigenschäden" gegen Beamte? In: DöV 1966, 311 ff.

Weber, Werner: Die verfassungsrechtlichen Grenzen sozialstaatlicher Forderungen. In: Der Staat 1965, 409 ff.

Wilhelm, Bernhard: Beamtenähnliche öffentlich-rechtliche Dienstverhältnisse, Erwiderung auf Pieck, DöV 1966, 217 ff. In: DöV 1966, 221 ff.

Wirth-Dürig: Ein neuer Gedanke zur Rücknahme rechtswidriger begünstigender Verwaltungsakte. In: DöV 1960, 173 ff.

Wolff, Hans J.: Der Unterschied zwischen öffentlichem und privatem Recht. In: AöR 76, 205 ff.

— The de facto officer doctrine. In: Columbia Law Review 1963, 909 ff.

Kommentare

Ambrosius-Schütz-Ulland: Beamtengesetz für das Land Nordrhein-Westfalen. In: Grundriß des Verwaltungsrechts, 3. Aufl., Bd. 16, hrsg. v. L. Ambrosius, Düsseldorf 1963.

Baden-v. Mitzlaff: Wehrdisziplinarordnung, 6. Aufl., Frankfurt 1965.

Baumbach-Lauterbach: Zivilprozeßordnung, 28. Aufl., Berlin und München 1965.

Behnke, Kurt: Bundesdisziplinarordnung, Stuttgart und Köln 1954.

— Reichsdienststrafordnung, 2. Aufl., Berlin 1940.

Bochalli, Alfred: Landesbeamtengesetz von Nordrhein-Westfalen, 2. Aufl., Köln, Berlin, Bonn, München 1963.

Brandstetter, Elmar: Handbuch des Wehrrechts, Stand 1965, Köln, Berlin.

Dalcke-Fuhrmann-Schäfer: Strafrecht und Strafverfahren, 37. Aufl., Berlin 1961.

Dreher-Lackner-Schwalm: Wehrstrafgesetz, München und Berlin 1958.

Erman, Walter: Handkommentar zum Bürgerlichen Gesetzbuch, 1. Band, 3. Aufl., Münster/Westf. 1962.

Eyermann-Fröhler: Verwaltungsgerichtsordnung, 4. Aufl., München und Berlin 1966.

Fischbach, Oskar: Bundesbeamtengesetz, 3. Aufl., Band I 1964, Band II 1965, Köln und Bonn.

Geller-Kleinrahm-Fleck: Die Verfassung des Landes Nordrhein-Westfalen, 2. Aufl., Göttingen 1963.

Hahn, C.: Die gesamten Materialien zur Civilprozeßordnung, Erste Abteilung, Berlin 1880.

Hahnenfeld: Wehrpflichtgesetz, München und Berlin 1963.

Hanow-Lehmann-Bogs-v. Altrock: Reichsversicherungsordnung, 4. Buch Rentenversicherung der Arbeiter, Stand 1964, Köln, Berlin, Bonn, München.

Heuser-Kobel: Erstattungsgesetz, München und Berlin 1956.

Klinger, Hans: Verwaltungsgerichtsordnung, Göttingen 1960.

Koehler, Alexander: Verwaltungsgerichtsordnung, Berlin und Frankfurt 1960.

Maunz-Sigloch-Schmidt-Bleibtreu-Klein: Bundesverfassungsgerichtsgesetz, München und Berlin 1967.

Maurach, Reinhart: Deutsches Strafrecht, Allgemeiner Teil, 3. Aufl. 1965, Besonderer Teil, 4. Aufl. 1964, Karlsruhe.

Nadler-Wittland-Ruppert: Deutsches Beamtengesetz, Teil 1, Berlin 1938.

Palandt, Otto: Bürgerliches Gesetzbuch, 25. Aufl., München und Berlin 1966.

Plog-Wiedow: Kommentar zum Bundesbeamtengesetz, Stand 1966, Neuwied.

Redeker-v. Oertzen: Verwaltungsgerichtsordnung, 2. Aufl., Stuttgart 1965.

Rittau, Martin: Soldatengesetz, München und Berlin 1957.

Scherer, Werner: Soldatengesetz, 2. Aufl., Berlin und Frankfurt 1960.

Scherer-Krekeler: Wehrpflichtgesetz, 3. Aufl., Berlin und Frankfurt 1966.

Schmidt, Eberhard: Lehrkommentar zur Strafprozeßordnung und zum Gerichtsverfassungsgesetz, Göttingen 1957.

Schmidt-Räntsch, Günther: Deutsches Richtergesetz, München und Berlin 1962.

Schönke-Schröder: Strafgesetzbuch, 12. Aufl., München und Berlin 1965.

Schütz, Erwin: Disziplinarrecht des Bundes und der Länder, Bielefeld 1964.

Schwarz-Dreher: Strafgesetzbuch, 28. Aufl., München und Berlin 1966.

Vialon, Friedrich Karl: Haushaltsrecht, 2. Aufl., Berlin und Frankfurt 1959.

Lehr- und Studienbücher

Brackmann, Kurt: Handbuch der Sozialversicherung, Band III, 6. Aufl., Bad Godesberg 1965.

Dernburg-Sokolowski: System des Römischen Rechts, Der Pandekten 8. Aufl., 1. Teil, Berlin 1911.

Enneccerus-Nipperdey: Allgemeiner Teil des Bürgerlichen Gesetzbuches, 15. Aufl., 1. Halbband 1959, 2. Halbband 1960, Tübingen.

Esser, Josef: Schuldrecht, Allgemeiner und Besonderer Teil, 2. Aufl., Karlsruhe 1960.

Fleiner, Fritz: Institutionen des Deutschen Verwaltungsrechts, 8. Aufl., Tübingen 1928, Neudruck Aalen 1960.

Forsthoff, Ernst: Lehrbuch des Verwaltungsrechts, 1. Band, Allgemeiner Teil, 8. Aufl., München und Berlin 1961.

Huber, Ernst Rudolf: Wirtschaftsverwaltungsrecht, 2. Band, 2. Aufl., Tübingen 1954.

Hueck-Nipperdey: Lehrbuch des Arbeitsrechts, 1. Band, 6. Aufl., Berlin und Frankfurt 1959.

Jellinek, Georg: Gesetz, Gesetzesanwendung und Zweckmäßigkeitserwägung, Tübingen 1913, Neudruck Aalen 1964.

Jellinek, Walter: Verwaltungsrecht, 3. Aufl., Berlin 1931.

Larenz, Karl: Lehrbuch des Schuldrechts, 7. Aufl., 1. Band 1964, 2. Band 1965, München und Berlin.

— Methodenlehre der Rechtswissenschaft, Berlin, Göttingen, Heidelberg 1960.

Laubadère, André de: Traité Elémentaire de Droit Administratif, Troisième Edition, Tome I, Paris 1963.

Lindgen, Erich: Bundesdisziplinarrecht, Erster Teil, Stand Januar 1963, Hamburg, Berlin, Bonn.

— Handbuch des Disziplinarrechts, 1. Band, Berlin 1966.

Mayer, Otto: Deutsches Verwaltungsrecht, 1. und 2. Band, 3. Aufl., München und Leipzig 1924.

Nikisch, Arthur: Arbeitsrecht, 1. Band, 2. Aufl., Tübingen 1955.

Peters, Hans: Lehrbuch des Verwaltungsrechts, Berlin, Göttingen, Heidelberg 1949.

Plantey, Alain: Traité pratique de la fonction publique, Deuxième Edition, Paris 1963, Tome I.

Rosenberg, Leo: Lehrbuch des Deutschen Zivilprozeßrechts, 9. Aufl., München und Berlin 1961.

Turegg-Kraus: Lehrbuch des Verwaltungsrechts, 4. Aufl., Berlin 1962.

Weber, Max: Wirtschaft und Gesellschaft, 1. Halbband, Köln und Berlin 1964.

Wolff, Hans J.: Verwaltungsrecht, Band I 6. Aufl. 1965, Band III 1966, München und Berlin.

Monographien

Erman, Walter: Personalgesellschaften auf mangelhafter Vertragsgrundlage, Münster/Westf. 1947.

Grellert, Volker: Zusicherungen im Beamtenrecht, Bonn 1964.

Haupt, Günther: Über faktische Vertragsverhältnisse, Leipziger Rechtswissenschaftliche Studien, Heft 124, Leipzig 1941.

Huber, Ernst Rudolf: Die Gestalt des deutschen Sozialismus. In: Der Deutsche Staat der Gegenwart, Heft 2, Hamburg 1934.

Majer, Dietmund: Die Folgen verfassungswidriger Gesetze im öffentlichen Recht, Dissertation, 1966.

Radbruch, Gustav: Rechtsphilosophie, 6. Aufl., Stuttgart 1963.

Ramm, Thilo: Die Anfechtung des Arbeitsvertrages. In: Freiburger Rechts- und Staatswissenschaftliche Abhandlungen, Band 4, Karlsruhe 1955.

Siebert, Wolfgang: Faktische Vertragsverhältnisse, Karlsruhe 1958.

Lexikon

The Dictionary of English Law, Volume 2, London 1959.

Stichwortverzeichnis

Kolibri 360 GmbH
Ferdinand-Jühlke-Straße 7
99095 Erfurt, Deutschland
produktsicherheit@kolibri360.de

Druck:
CPI Druckdienstleistungen GmbH
im Auftrag der
Kolibri 360 GmbH
Ferdinand-Jühlke-Str. 7
99095 Erfurt